Hans-Helmut Röhring

Wie ein Buch entsteht

Hans-Helmut Röhring

Wie ein Buch entsteht

Einführung in den modernen Buchverlag

Vollständig überarbeitet und aktualisiert
von Klaus-W. Bramann

Die Deutsche Bibliothek verzeichnet diese Publikation
in der Deutschen Nationalbibliografie;
detaillierte bibliografische Daten sind im Internet über
http://dnb.ddb.de abrufbar.

9., aktualisierte Auflage 2011

Die Herausgabe des Werkes wurde durch die Vereinsmitglieder
der WBG ermöglicht.
Gedruckt auf säurefreiem und alterungsbeständigem Papier
Einbandgestaltung: Jutta Schneider, Frankfurt a. M.
Printed in Germany

www.primusverlag.de

ISBN 978-3-89678-735-4

Lizenzausgabe für die WBG (Wissenschaftliche Buchgesellschaft),
Darmstadt

ISBN 978-3-534-24071-5

Einbandgestaltung der WBG-Lizenzausgabe: Peter Lohse, Heppenheim

www.wbg-wissenverbindet.de

Elektronisch sind folgende Ausgaben erhältlich:
eBook (PDF): ISBN 978-3-86312-648-3
eBook (epub): ISBN 978-3-86312-649-0
eBook (PDF): ISBN 978-3-534-71988-4 (für Mitglieder der WBG)
eBook (epub): ISBN 978-3-534-71989-1 (für Mitglieder der WBG)

Inhalt

Anhang

Vorwort zur neunten Auflage

Es ist immer eine große Ehre, einen Klassiker überarbeiten zu dürfen. Im vorliegenden Fall ist diese Ehre umso größer, da es sich um einen Titel handelt, mit dem ich selber in die Verlagswelt hineingewachsen bin. Aber ist es ein Zufall, dass ich angesprochen wurde? Vielleicht nicht – schließt sich doch nur ein Kreis. Denn das Buch ist wieder dort angelangt, von wo es seinen Ursprung nahm: Seinerzeit entstand es aus dem Lektorenseminar der Schulen des Deutschen Buchhandels, dessen Leitung ich im Jahr 2000 übernahm und das auch unter dem geänderten Namen des Veranstalters (mediacampus frankfurt | die schulen des deutschen buchhandels) fortgeführt wird.

Natürlich gibt es bei einer Neubearbeitung zahlreiche Änderungen, die sowohl den Aufbau des Werkes als auch die Aktualität der Inhalte betrifft. Trotzdem habe ich mich bemüht, Hans-Helmut Röhrings erzählenden Ton beizubehalten, um auch weiterhin die höchst komplexen Strukturen der Medienbranche ohne großen akademischen Fachapparat verständlich zu machen. So möge dieses Buch über das Machen von Büchern auch weiterhin Studenten und interessierten Quereinsteigern als Einführung in den modernen Buchverlag dienen.

Bedanken möchte ich mich bei Wolfgang Hornstein, dem Geschäftsführer des Primus Verlags, für das in mich gesetzte Vertrauen. Ich hoffe, ich habe ihn nicht enttäuscht. Ferner möchte ich mich bedanken bei Michaela von Koenigsmarck, einer Dozentin am mediacampus, die mir wertvolle Hinweise für das Kapitel Urheber- und Verlagsrecht gegeben hat. Der größte Dank aber gehört meiner Frau, die meinem schriftstellerischen Treiben gleichermaßen aufgeschlossen, interessiert und nachsichtig gegenübersteht.

Frankfurt a. M., im Oktober 2010 Dr. Klaus-Wilhelm Bramann

1. Die Verlagslandschaft in der Bundesrepublik Deutschland

Ein Verlag war zur Zeit des Spätmittelalters und der Frühneuzeit ein Wirtschaftsunternehmen, das aufgrund seiner finanziellen Möglichkeiten Geld vorlegen konnte, um Handwerker mit der Herstellung von Waren beauftragen zu können. In diesem Sinne gab es Buchverlage, aber auch Bierverlage, Tuchverlage u.a.m. Diese etymologische Annäherung hilft allerdings nur noch wenig zum Verständnis moderner Verlage, denn die Sichtweise hat sich verschoben: Heute definiert man Verlage als Wirtschaftsunternehmen, die auf Grund von Verträgen, die sie mit Autoren als geistige Urheber geschlossen haben, für die Dauer des gesetzlichen Urheberrechts Verwertungs- und Nutzungsrechte an den geistigen Produkten erworben haben. Einen Verlag versteht man also am besten aus seiner Position als Rechteinhaber und -verwerter. In diesem Sinne gibt es Verlage für Printmedien und Non-Print-Medien, wobei die Grenzziehung im Einzelnen schon Schwierigkeiten aufwirft. Traditionelle Publikumsverlage publizieren mit Hörbüchern (Audiobooks) auditive Medien, Lexikaverlage konzipieren Multimedia-Produkte und wissenschaftliche Verlage denken und handeln in Richtung von Online-Publikationen, die jederzeit über das Internet abrufbar sind. Bei dem vorliegenden Buch geht es um eine Einführung in den modernen Buchverlag, wobei die Printproduktion im Mittelpunkt der Ausführungen stehen wird.

Die Hauptaufgabe eines Buchverlags besteht darin, das Werk eines Autors als Buch zu veröffentlichen und zu verbreiten. Daraus erwächst das gemeinsame Ziel des Autors und des Verlags: Das Buch soll von möglichst vielen Menschen gelesen und somit auch in möglichst vielen Exemplaren verkauft werden. Dabei ist es im Allgemeinen der Verlag bzw. der Verleger, der das notwendige Geld aufbringen muss, um die Bücher herzustellen, am Lager zu halten und den Absatz zu fördern – all dies, ohne eine Gewähr dafür zu haben, dass alle gedruckten Exemplare auch zum kalkulierten Preis verkauft werden können. Im Regelfall sind der Verleger und die Mitarbeiter eines Verlages jedoch nicht nur Hersteller und Händler bedruckten Papiers, sondern sie sind auch an den Inhalten interessiert. Es ist den Verlagen normalerweise also nicht gleichgültig, welche Bücher sie verlegen, sondern sie wählen Programmbereiche, d.h. thematische oder zielgruppenspezifische Inhalte, und Autoren aus.

Neben dem Kriterium der Verkäuflichkeit sind es meist objektive oder zumindest selbst definierte Kriterien der fachlichen oder literarischen Qualität, der künstlerischen oder ideologischen Zielsetzung.

Kein Verlag kann es sich auf Dauer leisten, kaufmännische Überlegungen zu vernachlässigen. Das Fehlen von betriebswirtschaftlichem Know-how führt fast zwangsläufig in die Pleite und bedeutet damit das Ende des verlegerischen Engagements. Diese eigentlich selbstverständliche Tatsache muss dennoch hervorgehoben werden, weil es die weit verbreitete Meinung gibt – und keineswegs nur bei Laienkritikern und Avantgarde-Autoren –, dass Verlage und Buchhändler Kulturträger der Nation seien, denen es demzufolge eher peinlich sein müsse, wenn sie mit Konsumware und mit so genannten Bestsellern ordinäres Geld verdienen. Aber wovon sollen sie sonst leben? Der Staat erleichtert zwar durch gesetzliche Regelungen wie dem Buchpreisbindungsgesetz oder dem ermäßigten Umsatzsteuersatz für Verlagsprodukte die Rahmenbedingungen der wirtschaftlichen Existenz, aber er bietet keine direkten Subventionen an, wie dies z. B. im Bereich des Theaters praktiziert wird. Deshalb braucht jeder Verlag gut verkäufliche Titel, die dann über eine Art Mischkalkulation die Produktion anspruchsvoller und häufig schwer verkäuflicher Werke überhaupt ermöglicht. Apropos Bestseller: Die Bestsellerliste im ›Spiegel‹ umfasst jeweils zwanzig, die Originalliste im ›Buchreport‹ jeweils fünfzig Titel und stellt damit, bezogen auf die jährliche Produktion von ca. 80 000 Erstauflagen und weiteren etwa 15 000 Nachauflagen, eine verschwindende Minderheit dar.

Es geht also nicht ohne Konsumware. Dies gilt besonders für die Publikumsverlage mit gemischtem Belletristik- und Sachbuchprogramm, die sich an ein allgemeines, fachlich nicht spezialisiertes Publikum wenden. Von den rund 1800 im *Börsenverein des Deutschen Buchhandels* organisierten Verlagen zählen etwa 500 zu dieser Gruppe, die sich zum Teil in der *Arbeitsgemeinschaft Publikumsverlage* zusammengeschlossen haben. In diesen Häusern schaffen Unterhaltungsromane, an eine möglichst große Zielgruppe gerichtete Gebrauchsliteratur und/oder Sachbücher zu populären Themen das wirtschaftliche Fundament für das Engagement für spezielle Sachliteratur und für anspruchsvolle oder experimentelle schöngeistige Literatur.

Wenn man weiß, dass ein Titel auf der Bestsellerliste nicht selten mit etwa 50 000 verkauften Exemplaren zu Buche schlägt und ein junger literarischer Autor oder das anspruchsvolle übersetzte Werk selten mehr als 3000 (in Worten: dreitausend!) verkaufte Exemplare erreichen, dann versteht man die Relation von literarischem Anspruch und kaufmännischem Zwang in einem modernen Buchverlag. Berücksichtigt man außerdem, dass von den wirtschaftlich als erfolgreich *eingeschätzten* Büchern erfahrungsgemäß nur ein geringer Teil – in manchen Programmen weniger als fünfzig Prozent – tatsächlich erfolgreich ist, d. h. die kalkulierte Auflage zum gerechneten Ladenpreis verkauft wird, dann ist es eigentlich verwunderlich, dass sich die bundesdeutsche Verlagslandschaft noch so vielfältig und facettenreich darbietet.

Einer der Gründe dafür ist ein hoch entwickelter, leistungsfähiger Buchhandel. In kaum einem anderen Land der Welt existiert ein derart dichtes Netz gut sortierter Buchgeschäfte, die zigtausend Titel vorrätig halten und jedes andere Buch über einen optimal organisierten Großhandel binnen 24 Stunden beschaffen. Wer einmal die Verhältnisse etwa in den USA beobachtet hat, wo man häufig sechzig Meilen reisen muss, um einen Buchladen zu finden, der sich dann als Drugstore-Nische mit den gängigen Taschenbüchern entpuppt, vermag abzuschätzen, was der Buchhandel hierzulande für die Verlage – und für die Leser – bedeutet.

1.1 Folgen der Preisbindung

In diesem Zusammenhang ist auf die Bedeutung des gebundenen Ladenpreises hinzuweisen. Der Preisbindung unterliegen nach dem *Gesetz über die Preisbindung für Bücher* (Buchpreisbindungsgesetz, s. im Anhang S. 166 ff.) aus dem Jahr 2002 (Novelle 2006) Bücher, Musiknoten, kartografische Publikationen sowie solche Produkte, die die genannten Medien reproduzieren oder substituieren – wie im Falle der E-Books – und die bei Würdigung der Gesamtumstände als überwiegend verlags- oder buchhandelstypisch anzusehen sind. Für alle anderen Produkte haben die von Verlagen vorgeschlagenen Verkaufspreise nur den Charakter unverbindlicher Preisempfehlungen. Letztlich wird der Preis hier über den Wettbewerb entschieden.

Es gab und gibt immer wieder Stimmen – zumeist von Branchenfremden –, die unter Hinweis auf die so genannten Gesetze der freien Marktwirtschaft auch für das Buch die Aufhebung der Preisbindung fordern und die sich davon dann günstigere Ladenpreise versprechen. Mit an Sicherheit grenzender Wahrscheinlichkeit würde jedoch etwas anderes passieren: Bei Aufhebung des gebundenen Ladenpreises würden große Buchhandelsketten durch Großeinkauf und entsprechend höheren Rabatt günstiger kalkulieren und die Top-Titel zu entsprechend niedrigeren Ladenpreisen anbieten können. Damit würde die Tendenz gefördert, dass sich Buchhandlungen auf gängige Bücher konzentrieren und anspruchsvolle Bücher, die sehr häufig schwer verkäuflich sind, nicht mehr in ihrem Sortiment führen. Diese Entwicklung führt wiederum dazu, dass die Auflagen solcher Bücher zurückgehen und die Preise dafür steigen. Gleichzeitig impliziert eine derartige Entwicklung langfristig eine Abnahme des Angebots, nicht nur in quantitativer, sondern auch in qualitativer Hinsicht. Ein Blick über die Grenzen nach Schweden, Frankreich und der Schweiz – drei Länder, in denen die Ladenpreisbindung aufgehoben worden ist – lehrt die Richtigkeit dieser Prognosen. (In Frankreich hat man die Preisbindung aufgrund der negativen Erfahrungen nach dem Wahlsieg Mitterrands seit dem 1. 1. 1982 wieder eingeführt.) Es gibt also sehr gute Gründe dafür, dass auch innerhalb des Systems der so genannten freien Marktwirtschaft für Bücher die Ausnahmeregelung der Preisbindung fortbesteht. Erfreulicherweise existiert zu Beginn des 21. Jahrhunderts ein positives Klima zugunsten der Preisbindung. Die EU-Kommission respektiert nationale Preisbindungssysteme und immer mehr Staaten machen von dieser Möglichkeit Gebrauch (prominenteste Ausnahme: Großbritannien). Und so gibt die Preisbindung auch weiterhin den Verlagen die Möglichkeit zu einer Mischkalkulation, deren Segen der Verleger Klaus Wagenbach in einem Interview mit der Zeitschrift ›Buchmarkt‹ 1994 wie folgt beschrieb: „Die Preisbindung […] erlaubt uns – das sage ich auch öffentlich, auch vor Lesern! – die *Liebesgedichte* von Erich Fried, von denen wir glücklicherweise 300 000 Exemplare verkauft haben, zwei Mark teurer zu machen. Das stecken wir uns in die Tasche. Rechte Tasche – Kapital, weil Kapital – rechts. Linke Tasche – die schönen Verlustprojekte. Wenn das nicht mehr funktioniert, ist ein großer Teil unserer Arbeit nicht mehr möglich."

1.2 Wirtschaftliche Konzentrationsprozesse

Aber die Preisbindung mindert allenfalls den wirtschaftlichen Druck und Konzentrationsprozesse, die sich seit den 1980er Jahren stetig verscharften. Die schwache Kapitalausstattung, der Kostendruck und die – u. a. durch Medienkonkurrenz bedingte – gedämpfte Kauflust haben den Buchhändler zu einer sehr vorsichtigen Einkaufspolitik, zu sorgfältiger Lagerkontrolle und oft zu sehr früher Remission nicht verkaufter Titel veranlasst. Bei Publikumsverlagen sind zwölf Monate Präsenz im Handel im Hardcover-Bereich sowie sechs Monate bei Taschenbüchern eher die Regel denn die Ausnahme. Die Verlage haben daraufhin ihre Programme reduziert, das Titelangebot zurückgenommen und experimentieren mit veränderten Neuerscheinungszyklen.

Man kann diese Entwicklung als ein im Grunde genommen positiv zu beurteilendes Gesundschrumpfen ansehen: eine Wertung, die aber nur partiell überzeugt. Ohne Zweifel gab es und gibt es immer noch ein Überangebot an austauschbaren Titeln, so genannter Me-too-Produkte. Wenn viele dieser Bücher künftig nicht mehr verlegt werden, so wird die bundesrepublikanische Kulturlandschaft deshalb nicht gleich verkümmern. Auf der anderen Seite sollte man

Definition Mee-too-Produkte
↓
Imitation bereits am Markt vorhandener Produkte.
Man orientiert sich bei der Produktgestaltung am Pionierprodukt.

jedoch nicht übersehen, dass es oft gerade die anspruchsvollen Titel in objektiv hoher Qualität sind, die sich in den Verlagen nicht rechnen und die oft zuerst auf der Strecke bleiben – auch deshalb, weil der Käufer nicht bereit ist, den dafür notwendigen Preis zu zahlen. „Jedes Volk hat die Literatur, die es verdient", hat Klaus Piper, ein bedeutender bundesdeutscher Verleger der Nachkriegszeit, in diesem Zusammenhang gesagt.

Ganz Unrecht hat Klaus Piper gewiss nicht, zumal wenn man berücksichtigt, dass diese Entwicklung auch in anderen Verlagsbereichen, wie z.B. der studiennahen Literatur, zu beobachten ist. Die veränderten Lese- und Kaufgewohnheiten der Studenten, vor allem die rasante Ausbreitung des Fotokopierunwesens an bundesdeutschen Hochschulen und Universitäten, haben dazu geführt, dass entsprechende Programme reduziert, die Auflagen gesenkt und die Ladenpreise angehoben werden mussten. Da in größerem Stil nur kopiert werden kann, was vorher als Buch in die Bibliotheken gekommen ist, wird hier von Studenten und Hochschullehrern tatsächlich kräftig an Ästen gesägt, auf denen sie sitzen – aber offenbar, ohne dass die Hauptbetroffenen dies bisher bemerkt haben.

Auch Online-Publikationen lösen dieses Problem nicht, sondern werfen neue Probleme auf. Von dem Verlust des Umgangs mit dem Medium Buch einmal abgesehen, das sogar an geisteswissenschaftlichen Fakultäten zu konstatieren ist, scheint hier das traditionelle Verlagsgefüge brüchig zu werden. Informationen besorgt sich der User heute problemlos über Wikipedia, in die jeder Benutzer Informationen einstellen kann. Das Printlexikon im Bereich der Nachschlagewerke scheint ein Verlagsprodukt der Vergangenheit zu werden. Dies liegt voll im Trend hin in Richtung Open-Access-Bewegung, nach der wissenschaftliche Literatur und Materialien frei zugänglich sein sollen. Von welchem Geld aber sollen Verlage noch Erträge erwirtschaften oder Honorare zahlen? Neue Geschäftsmodelle in Form von gebührenpflichtigen Kompetenz-Portalen sind gefordert.

Den Schulbuchverlagen weht ein kräftiger Wind entgegen: Geburtenschwache Jahrgänge und die teilweise Zurücknahme der Lehr- und Lernmittelfreiheit sind hier für die veränderte Situation verantwortlich. Große Investitionskosten im Hinblick auf das E-Learning führen sogar zu Kooperationen der führenden Verlage in diesem Bereich. „Synergien nutzen" heißt die Zauberformel der Zukunft. Im Schulbuchbereich – oder benutzen wir besser die moderne Formulierung: im Bereich der Bildungsmedien – ist die Konzentration am weitesten fortgeschritten: Cornelsen, Klett und die Westermann Verlagsgruppe nehmen im Ranking der Top-Verlage die Plätze 2, 3 und 5 ein.

Auch bei den Kinder- und Jugendbuchverlagen sieht die Situation nicht rosig aus. Neben den geburtenschwachen Jahrgängen sind es hier vor allem die z.T. enorm gestiegenen Produktionskosten, die sich insbesondere auf die aufwändigen Bilderbücher auswirken. Trotzdem haben Kinder- und Jugendbücher den geringsten durchschnittlichen Ladenpreis aller Sachgruppen. So ist man froh, dass sich unter dem Begriff All-age-Literatur das Bewusstsein breit macht, dass Kinder- und Jugendbücher nicht nur für Kinder und Jugendliche geschrieben werden. Im Bereich der Fantasy-Literatur sind die fließenden Grenzen zwischen Jugend- und Erwachsenenliteratur evident. Wie sonst wäre der Erfolg von *Harry Potter* mit Millionenauflagen zu erklären?

Prosperität kennzeichnet allenfalls noch einen Teil der Fachverlage. Denn auf die spezialisierten, zielgruppengenau orientierten Publikationen können die Benutzer nur schwer verzichten – weil sie für das Berufsleben notwendig sind. Allerdings hat auch hier das Internet die Spielregeln revolutioniert. Denn wer als Fachverlag nicht im Netz präsent ist, muss sich den Vorwurf gefallen lassen, er lege auf Aktualität und damit auch auf Kundenservice keinen gesteigerten Wert. Undenkbar! Medienübergreifende Präsenz ist also gefordert, und dies bedeutet mehr Aufwand in vielen Bereichen.

Auch die Situation der Taschenbuchverlage hat sich verschärft. Ihr Marktanteil liegt, was die Zahl der Erstauflagen mit 9564 Titeln betrifft, zwar nur bei rund 12 Prozent, aber ihr Umsatzvolumen ist weit größer – liegen doch die Umsätze der Warengruppe Taschenbuch in vielen Buchhandlungen bei 20 Prozent und noch höher. Romane erscheinen heute mehrheitlich als Taschenbuch. Dies bedeutet für Verlage, dass sie mit vergleichsweise niedrigen Preisen und einer Remittendenquote von an die 20 Prozent ihre Gewinne verdienen müssen. Steigende Preise bei sinkenden Auflagen sind die Regel. Doch vieles kann über die verlags- bzw. konzerninterne Mischkalkulationen geregelt werden. Denn – bis auf dtv – sind alle Taschenbuchverlage in größere Verlagshäuser eingebunden, die auch mit einem Hardcover-Programm aufwarten.

Niedrige Preise sind schon lange keine ausschließliche Domäne der Taschenbuchverlage mehr. Seit Beginn der 80er Jahre gibt es das Moderne Antiquariat, für das Bücher in Massenauflagen produziert werden. Man findet diese Ware neben den Restauflagen der Verlage, neben richtigen – und leider häufig nur angeblichen – Mängelexemplaren und neben Billigeditionen der Zeitungsverlage meist in den Eingangsbereichen von Buchhandlungen.

Dennoch hat die verschärfte wirtschaftliche Situation bisher weder zu einer existentiellen Krise der Branche noch zu einer Verödung der Literaturlandschaft geführt. Es hat Kurskorrekturen, es hat Pleiten, es hat – mitunter schmerzhafte – Verluste an der Substanz gegeben, und diese Entwicklung ist sicherlich noch nicht beendet. Aber es sind auch andere, positive Entwicklungen zu verzeichnen. Unauffällig haben sich Kleinverlage etablieren können, die durch niedrigere Betriebskosten und mit enormem persönlichem Einsatz zumindest partiell fortsetzen können, was mancher größere Verlag aufgeben musste: das engagierte Verlegen anspruchsvoller Bücher in relativ kleinen Auflagen. Und so ist die Zahl der Neuerscheinungen, die jedes publizierende Unternehmen per Gesetz (*Pflichtstückverordnung*) an *Die Deutsche Nationalbibliothek* abführen muss, ständig gestiegen. Im Jahr 2009 erreicht die Zahl der Erstauflagen 93 124 Titel. Im *Verzeichnis Lieferbarer Bücher* sind mittlerweile 1 200 000 Titel gelistet.

Das *Adressbuch für den deutschsprachigen Buchhandel* zählt in der Ausgabe 2010/2011 rund 22 000 Einträge von buchhändlerischen Betrieben. Hiervon entfallen ca. 15 000 auf herstellende Unternehmen. Damit sind nicht nur die klassischen Verlage gemeint, sondern hierunter fallen auch Universitäten, Körperschaften und sonstige Institutionen, die im Rahmen ihrer Publikationspflicht Bücher verlegen. Von diesen 15 000 haben wiederum ca. 10 000 Verlage weniger als 10 lieferbare Titel im Programm. Allein diese ersten Zahlen verdeutlichen, wie wenige Verlage ihr Geschäft professionell auf Profit-Ebene führen. Die amtliche Umsatzsteuerstatistik erfasst Buch- und Adressverlage erst ab einem Mindestumsatz von 17 500 € und kommt auf 2787 steuerpflichtige Buchverlage. Die Zahl der Mitgliedsfirmen im Börsenverein betrug zum 1.5.2010 exakt 1833 Unternehmen des herstellenden Buchhandels. Und die Größenstruktur? Nun, gemäß einer Untersuchung der Fachzeitschrift ›Buchreport‹ besitzen die 100 größten Verlage einen Marktanteil von über 85 Prozent. In absoluten Zahlen ausgedrückt: Nur 100 Unternehmen haben einen Umsatz von mehr als 6,6 Millionen € erwirtschaften können, und nur 27 über 60 Millionen €.

Trotz der Vielfalt und der Vielzahl der Verlage ist die Verlagslandschaft der Bundesrepublik von starken Konzentrationstendenzen gekennzeichnet. Gerade bei den großen Publikumsverlagen hat sich mehr getan, als der breiten Öffentlichkeit bewusst ist. Bekannte und angesehene Verlage wie etwa *Fischer, Rowohlt, Droemer Knaur* und *Kiepenheuer & Witsch* haben ihre Selbstständigkeit verloren und sind hundertprozentige Tochter des Holtzbrinck-Konzerns in Stuttgart. Mit der Verlagsgruppe *Random House* (bis 2001 *Verlagsgruppe Bertelsmann*), zu der Verlage wie *Goldmann, Siedler, Luchterhand, C. Bertelsmann, Blanvalet* und *Heyne* gehören, agiert ein Unternehmen am Markt, das im Ranking der Publikumsverlage unangefochten auf dem ersten Platz liegt. Aber auch ausländische Konzerne halten Einzug in die deutsche Verlagslandschaft. Zur schwedischen Bonnier-Gruppe gehört der deutsche Ableger *Bonnier Media Deutschland* mit Verlagen wie *Carlsen, Ullstein, Piper, Ars Edition* und *Thienemann*.

Es ist zu befürchten, dass der eine oder andere namhafte, heute noch selbstständige Verlag in den kommenden Jahren unter zunehmenden Druck gerät und Anlehnung bei einem stärkeren Partner suchen oder sogar ganz aufgeben muss. In dieser Medienkonkurrenz verliert das Buch – allen Statistik-Spielereien und wohlmeinenden Sprüchen ihrer Interpreten zum Trotz – kontinuierlich an Boden. Die Auflagen – in erster Linie im Bereich der Belletristik, aber auch im Sachbuchbereich – gehen seit Jahren zurück. Die Superauflagen eines *Grisham*, eines *Mankell* oder die von *Joanne Rowlings Harry Potter* sind keineswegs ein Gegenbeweis, sondern nur die Ausnahmen, welche die Regel bestätigen. Im Programmbereich anspruchsvoller Literatur unbekannter Autoren haben die Verkaufsauflagen in vielen Verlagen längst die Untergrenze jeder vertretbaren Kalkulation unterschritten. Diese Bücher können nur deshalb noch publiziert werden, weil sie von anderen Programmbereichen massiv quersubventioniert werden. Allerdings setzt eine derartige Verlagspolitik die entsprechenden Subventionsmittel voraus. Und so schwebt doch das Damoklesschwert über einer vielfältigen, lebendigen und farbigen Verlagsbranche.

1.3 Das Geschäft mit Club- und Weltbildausgaben

Im Bereich der Buchclubs beherrscht *Bertelsmann* mit seinem Club den bundesdeutschen Markt nahezu total. Nennenswerte Ausnahmen wie die *Büchergilde Gutenberg* und die *Wissenschaftliche Buchgesellschaft* fallen in wirtschaftlicher Hinsicht kaum ins Gewicht. Aber trotz Marktführerschaft gestaltet sich das Club-Geschäft schwierig. Der Anteil an den (geschätzten) Gesamtumsätzen buchhändlerischer Betriebe zu Endverbraucherpreisen sinkt ständig (2,3 Prozent im Jahr 2009). Mit neuen Verkaufskonzepten versucht man in der Zentrale immer wieder, dem Trend entgegenzuwirken.

Der Buchklub gestaltet sein Programm exklusiv für seine Mitglieder, indem er von den Originalverlagen die Rechte für Lizenzausgaben einkauft. Dabei zahlt der Buchklub im Regelfall pro Exemplar vier Prozent vom Mitgliederpreis und leistet darauf einen garantierten, d. h. vom tatsächlich erzielten Absatzerfolg unabhängigen Vorschuss. Theoretisch ist der Buchklub also vom Originalverlag abhängig; in der Praxis ist es aber häufig umgekehrt. Denn der Originalverlag ist bei der Finanzierung so manchen Projekts neben den Erlösen aus Taschenbuchlizenzen auch auf den Erlös mit Buchclubgeschäften angewiesen. Natürlich steht ein Konzern wie Bertelsmann in dieser Hinsicht gut da. Denn seine Wertschöpfungskette reicht im Extremfall von amerikanischen Originalausgaben, deutschen Erstausgaben im Hardcover bis hin zu Club- und Taschenbuchausgaben.

Allerdings hat der Club in den letzten Jahren in Gestalt der im *Weltbild Verlag* erscheinenden Reader-Ausgaben Konkurrenz bekommen. Denn während eine Buchgemeinschaft nur im Rahmen einer Mitgliedschaft verkaufen darf, bietet *Weltbild* die preiswerten Ausgaben seinen Katalogkunden und in den *Weltbild plus*-Geschäften zum freien Verkauf an.

1.4 Der verbreitende Buchhandel

Auch im Bereich des verbreitenden Buchhandels und hier vor allem im Bereich des Bucheinzelhandels ist eine Polarisierungstendenz festzustellen, nach der zahlenmäßig wenige Unternehmen einen großen Marktanteil besitzen. 3814 Mitgliedsfirmen zählt der Börsenverein zum 1.5.2010. Nach einer in *Buch und Buchhandel in Zahlen 2010* veröffentlichten Umsatzsteuerstatistik erreichen 3676 von ihnen ein Umsatzvolumen bis zu 500000 Euro und liegen damit unterhalb der Grenze, die die den Buchhandel betreuenden Betriebsberater als ›wirtschaftlich gesund‹ einstufen. Auf der anderen Seite der Skala rangieren die 50 Größten, die jährlich in der Zeitschrift *buchreport.magazin* analysiert werden. Zwei von ihnen scheinen die vorderen Plätze nicht mehr abgeben zu wollen und spielen bereits in einer eigenen Liga.

Branchenprimus ist Thalia, gefolgt von der DBH Buch Handels GmbH – einem Firmenzusammenschluss von Weltbild und Hugendubel. Bemerkenswert ist der Außenauftritt der DBH, denn kein ›normaler‹ Buchkäufer wird diesen Namen je wahrnehmen. Der Grund: Die DBH will die bisherigen Namen ihrer Firmen (Hugendubel, Weltbild plus, Jokers, Wohlthat, weltbild best) genauso weiterführen wie die anderer Unternehmen, die ihre Zukunft unter dem Dach der DBH gestalten wollen, wie etwa Weiland. Einfacher zu charakterisieren ist Thalia. Denn Thalia strebt Markenführerschaft im gehobenen Einzelhandel mit Büchern an – in Analogie zu Hussel, Douglas, Uhren Weiss etc., den ›Schwesterfirmen‹ der Douglas Holding. Zur Markenbildung gehört ein hoher Bekanntheitsgrad, eine entsprechende Marktdurchdringung und dementsprechend ein hoher Wiedererkennungswert bei den Käufern. Dementsprechend wird die deutschsprachige Marke auch im Online-Bereich propagiert: neben thalia.de gibt es thalia.at sowie thalia.ch.

Der Marktanteil der zehn größten Filialunternehmen liegt im Jahr 2010 bei rund 30 Prozent – wobei der Umsatzanteil des Sortimentsbuchhandels bei rund 52 Prozent des Branchenumsatzes liegt. Damit generieren die TOP 10 der Branche mehr als die Hälfte des Umsatzes des Sortimentsbuchhandels. Symptomatisch in diesem Zusammenhang das Statement eines Marketingleiters aus einem Publikumsverlag: „Mein Herz schlägt zwar für die Independents, aber nennenswerte Umsatzzuwächse können wir nur mit den Großen machen."

Kann der Siegeszug der Großen nicht aufgehalten werden? – Diese Frage wurde und wird nicht nur von besorgten Bucheinzelhändlern gestellt – sondern auch vom Bundeskartellamt, das im Jahr 2007 ein für die Entwicklung des Branche positives Grundsatzurteil fällte. Die DBH durfte sich nur an der norddeutschen Kette Weiland beteiligen, wenn Weiland sein neues Flaggschiff in Hannover an einen unabhängigen Dritten veräußert. Die Begründung: Mit der Übernahme des Weiland-Hauses und der ebenfalls zur DBH gehörenden Buchhandlung Schmorl entstehe sonst eine marktbeherrschende Stellung in Hannover. Damit wird erstmals der Konzentrationsgrad in einer Stadt/einer Region bewertet. Dieses Urteil ist selbstverständlich kein Freibrief für die kleineren Independents. Sie können ihre Maxime ›small but beautiful‹ nur weiterleben, wenn sie weiterhin umtriebig bleiben, d. h. wenn sie in welcher Form auch immer sinnvoll im Einkauf oder auf Marketingebene kooperieren oder Erfahrungen austauschen. Networking heißt das Gebot der Stunde.

Auch beim Internetgeschäft spielen die Großen bereits uneinholbar in einer eigenen Liga. Der Internet-Buchhandel, auch Online-Buchhandel genannt, ist übrigens nicht anderes als die moderne Form des Versandbuchhandels. Seit der Erfindung des World Wide Web (WWW) Anfang der 90er Jahre hat sich dieser neben dem traditionellen Versandbuchhandel etabliert. Die Möglichkeit, Kataloge und andere Inhalte jeglicher Art ansprechend, kostengünstig und stets aktuell auf Websites anzubieten, macht das Medium Internet für Versender aller Branchen attraktiv. Bücher stehen unter den TOP-Artikeln im Online-Versand. Das liegt zum großen Teil an der Tatsache, dass sie sich sowohl inhaltlich durch Rezensionen, Inhaltsangaben und Textauszügen als auch formal durch Coverabbildungen und Angabe von Seitenzahlen, Einbandart etc. gut beschreiben lassen.

Der Versandbuchhandel verzeichnet seit Jahren wachsende Anteile am Gesamtumsatz der Branche, zurzeit liegt er bei über 15 Prozent. Dies mag zum einen daran liegen, dass die Versender einem Grundbedürfnis unserer Zeit entgegen kommen: dem Wunsch nach convenience (Bequemlichkeit). Ladenschlusszeiten und Schwellenangst gibt es nicht; der Kunde bestellt, wann immer er will; er bekommt seinen Artikel nach kurzer Zeit (ab einem bestimmten Auftragsvolumen sogar kostenfrei) zugestellt – und kann es bei Nicht-Gefallen sogar im Rahmen des Fernabsatzrechts binnen zwei Wochen und ohne Angabe von Gründen zurückschicken. Zum anderen liegt es aber an den hohen Wachstumsraten, die im Internet generiert werden. Der Online-Versandbuchhandel hat den ›Offline-Versandbuchhandel‹ mittlerweile überholt; sein Umsatzanteil liegt bei 11,2 % vom Gesamtumsatz mit Büchern, während der Offline-Umsatz es nur auf 4,3 Prozent bringt.

Wen wundert es in Anbetracht dieser Entwicklung, dass fast alle Versandunternehmen eine Multi-Channel-Werbestrategie benutzen, indem sie ihr aktuelles Programm oder ihre Angebote in Print- und Online-Katalogen anbieten. Aber es gibt auch die reinen Internetbuchhandlungen à la amazon.de oder à la buch.de internetstores aus Münster – ein Unternehmen, das mittlerweile an die 20 Web-Shops in Deutschland betreibt, darunter bekannte Marken wie buch.de und bol.de.

Aber auch viele Buchhandlungen sind unter Service-Gesichtspunkten rund um die Uhr im Netz präsent. Ermöglicht wird dies durch die Gemeinschaftsplattformen buchkatalog.de (KNV), libri.de und buchhandel.de (Endkundenversion des VLB), die ihre Datenbanken gegen Gebühr zur Verfügung stellen. Je nach Portemonnaie und Anbieter erhält der Buchhändler einfache Bestellsysteme oder ganze Online-Shops. Barsortimente offerieren sogar eine Full-Service-Abwicklung des Versandgeschäftes; dabei betreiben sie kein Direktgeschäft mit Endkunden, sondern verstehen sich als Dienstleister des Sortiments.

Insgesamt fällt auf, dass das Warensortiment im Internetbuchhandel längst nicht mehr nur auf Bücher beschränkt ist. Diversifikation bedeutet hier die Erweiterung der Produktpalette um DVDs, E-Books, Software, Internet-Auktionen, Vermittlung des Verkaufs gebrauchter Bücher etc. Der Trend geht, der US-amerikanischen Entwicklung folgend, in Richtung von E-Commerce-Shops mit einem universellen Warenangebot.

Der Gesamtumsatz im Buchhandel betrug im Jahr 2009 9,7 Milliarden € zu Endverbraucherpreisen. Zum Vergleich: Eine Lebensmitteleinzelhandelskette erzielt im selben Zeitraum einen Umsatz von mehr als 25 Milliarden €. Der vorgenannte Umsatz wurde zu 52,3 Prozent im traditionellen Sortimentsbuchhandel generiert, gefolgt vom Direktgeschäft der Verlage (18,3 Prozent), dem Umsatz via Versandbuchhandel (15,5 Prozent), den Nebenmärkten (Firmen, die Bücher nur als Teilsortiment neben anderen Produkten führen; 9,3 Prozent), Warenhäusern (2,4 Prozent) und Buchgemeinschaften (2,3 Prozent). Bei dem hohen Anteil der Verlage im Direktgeschäft ist zu bedenken, dass ein Großteil der Zuwachsraten vom Online-Direktgeschäft herrührt. Ferner werden bei diesem Vertriebskanal auch die Vertriebserlöse für Fach- und wissenschaftliche Zeitschriften erfasst.

Ein kleiner Hinweis auf die wirtschaftliche Situation des Sortimentsbuchhandels als Hauptvertriebspartner der Publikumsverlage und vieler Fachverlage sei erlaubt. Jährlich führt das *Institut für Handelsforschung* an der Universität Köln auf freiwilliger Basis einen Betriebsvergleich durch. Zwar nahmen im Berichtsjahr 2008 nur 194 Buchhandlungen an diesem Betriebsvergleich teil, doch dekken sich die Zahlen weitgehend mit denen anderer Analysen. Die Kostenstruktur ist selbstredend: 19,1 Prozent vom Umsatz entfallen auf Personalkosten und 4,3 Prozent auf die Miete. Bei einer Handelsspanne von 31,3 Prozent und 32,1 Prozent Kosten insgesamt beläuft sich somit das statistische betriebswirtschaftliche Ergebnis auf minus 0,8 Prozent vom Umsatz. Die Betonung liegt auf dem Wort statistisch, denn natürlich gibt es einzelne Firmenkonjunkturen, die weitaus besser sind als die Branchenkonjunktur, zwangsläufig aber auch andere, die unter dem offiziellen Durchschnitt liegen.

Der Buchhändler arbeitet also mit einer relativ geringen Gewinnmarge. Es gibt zahlreiche Buchhändler, die rechnerisch eigentlich schon pleite sind, die es nur nicht wissen, weil sie als kleine Familienbetriebe ihre eigene und die Arbeitszeit ihrer Familienangehörigen nicht voll rechnen. Das Gesagte gilt allerdings auch für nicht wenige Verlage. Es gibt zum Beispiel eine ganze Reihe engagierter und qualifizierter Kleinverleger, die wirtschaftlich nur aufgrund von Selbstausbeutung existieren, d. h., sie zahlen sich selbst für ihre geleistete Arbeit ein absolut unangemessenes Entgelt, gemessen an den marktüblichen Bedingungen. Und es gibt mittlere Verlage, deren Verleger Renditen akzeptieren, die in anderen Branchen wahrscheinlich längst zu Aufgabe und Neuinvestitionen in anderen Bereichen geführt hätten. Die Vulgärthese vom reichen Verleger und armen Buchhändler ist eben eine Vulgärthese, auch dann, wenn sie gelegentlich sogar von Branchen-Insidern in der Konditionen-Debatte zur Basis von Argumenten gemacht wird. Ganz sicher gibt es große, kapitalkräftige Verlage, die fette Gewinne einfahren. Aber es gibt auch große, kapitalkräftige Buchhändler, deren Gewinne ausreichen würden, manchen Verlag zu schlucken – wenn es sich denn lohnen würde. Aber weder die einen noch die anderen sind repräsentativ für die Verlagsszene oder für den Buchhandel in der Bundesrepublik Deutschland.

1.5 Strukturelle Veränderungen der Medienszene

Die seit Jahren sich abzeichnenden Veränderungen und die daraus resultierenden Konzentrationsprozesse im verbreitenden ebenso wie im herstellenden Buchhandel versucht man mit dem Begriff Strukturwandel zu erklären. Dieser Strukturwandel ist das Resultat der nachstehend aufgeführten sich verändernden Rahmenbedingungen einer modernen Informations- und Dienstleistungsgesellschaft:

1. Die Titelzahl wächst bei sinkenden Auflagen. Das *Wöchentliche Verzeichnis der Deutschen Nationalbibliographie* meldete für das Jahr 2009 93 124 neue Titel, davon 81 793 echte Novitäten (die anderen Titel sind Neuausgaben bzw. Neuauflagen). Die verkauften Exemplare pro Titel sind jedoch seit Jahren – zum Teil dramatisch – rückläufig.

2. Die Titelflut trifft auf einen stagnierenden – in Teilbereichen schrumpfenden – Markt. Das liegt einmal an stagnierenden bzw. sinkenden Bevölkerungszahlen und zum anderen an veränderten Konsumgewohnheiten. Wenn ein Verlag seine Kosten traditionell mit zum Beispiel 20 Neuerscheinungen pro Jahr abdecken konnte, dann kann er bei sinkenden Auflagen versuchen, sein wirtschaftliches Ergebnis durch die Steigerung der Titelzahl zu verbessern. Oder er fokussiert sein Novitätengeschäft auf immer weniger Spitzentitel, die Rendite einspielen sollen.

3. Die Medienkonkurrenz ist um ein Vielfaches reichhaltiger geworden. Der Mensch kann in seiner Freizeit auf ein vielfältiges kulturelles Angebot zurückgreifen. Schon ein oberflächlicher Blick in den Veranstaltungskalender einer fast beliebigen deutschen Tageszeitung lehrt, dass die Konkurrenz schier erdrückend ist. Neben der steigenden Zahl von Hörfunk- und Fernsehprogrammen, einer breiten Palette von Zeitungen und Zeitschriften, Videotheken und einer – wie abzusehen ist – fast jederzeit verfügbaren Internetpräsenz versucht das Buchangebot der Verlage, den Menschen für sich zu vereinnahmen. Aber der so Umworbene kann immer nur ein Angebot zur selben Zeit nutzen. In dieser Konkurrenzsituation verliert das Zeitbudget für Bücher – allen Statistik-Spielereien und wohlmeinenden Sprüchen ihrer Interpreten zum Trotz – kontinuierlich an Boden. Auch wenn es sich bei bestimmten Zielgrupppen in Richtung E-Book-Nutzung verschiebt. Manche Menschen müssen sich mit dem Lesen gedruckter Texte überhaupt nicht mehr auseinander setzen, was unausweichlich zu einem Verlust der Lesekompetenz führt. Man geht in Deutschland von weit über 5 Prozent funktionaler Analphabeten aus; das sind Erwachsene, die kulturell, bildungs oder psychisch bedingte individuelle Defizite im Lesen und/oder Schreiben haben. Was für die Freizeit gilt, gilt zunehmend auch für den Beruf, denn nicht nur Bücher vermitteln Inhalte und Zusammenhänge, sondern auch das Internet, wo Fakten und Daten zum überwiegenden Teil kostenlos recherchierbar sind. Es ist also zu erwarten, dass der Absatz von Büchern weiter zurückgehen wird.

Besorgniserregend ist, dass die skizzierte Entwicklung sich vor dem Hintergrund ungewöhnlich günstiger Bedingungen für eine Zunahme des Lesens vollzogen hat. Denn die Zahl der Menschen mit höherer Schulbildung hat in den letzten Jahrzehnten kontinuierlich zugenommen, so auch der Anteil von Jugendlichen, die eine (Fach-)Hochschulreife erlangen. Parallel dazu stieg gleichzeitig der Wohlstand kontinuierlich an. Für die große Mehrzahl hat der frei verfügbare Anteil am Einkommen und damit die Kaufkraft für Zeitungen, Zeitschriften und Bücher zugenommen. Desgleichen ist die zur Verfügung stehende Freizeit in großem Umfang angewachsen. Trotz dieser günstigen Faktoren ist die Lesehäufigkeit – insbesondere bei Büchern – nicht gesteigert worden, sondern sie ist zurückgegangen. Und es sprechen wenige Faktoren dafür, dass sich die Attraktivität des Buches in den vor uns liegenden Jahren spürbar steigern wird. Gewiss gibt es für die neuen und die alten Bundesländer unterschiedliche Analysen, aber dies ändert nichts an der generellen Entwicklungstendenz.

Eigentlich sollte es einen aufmerksamen Betrachter dieser Entwicklungen nicht wundern, dass eine verbesserte Formal-Qualifikation nicht zwangsläufig Rückschlüsse auf ein sehr gutes Bildungssystem zulässt. Der Schock ereilte die Bundesrepublik am 4. Dezember 2001. An jenem Tag wurde die von der *OECD* durchgeführte Studie *PISA 2000 (PISA = Program for International Student Assessment)* veröffentlicht, in der Basiskompetenzen (u. a. Lesekompetenz, mathematische und naturwissenschaftliche Grundbildung, selbstreguliertes Lernen, Kooperation und Kommunikation, Lebens- und Lernbedingungen von Jugendlichen) im internationalen Vergleich untersucht wurden. Das für Deutschland deprimierende Ergebnis: Statt im internationalen Vergleich in der Spitzengruppe zu liegen, musste man sich mit einem Platz im hinteren Mittelfeld zufrieden geben. Handlungsbedarf war angesagt und mittlerweile steht man nicht mehr so ganz schlecht dar.

Aber ein Großteil der geschichtlichen Entwicklungen basiert auf dem Prinzip von *challenge* und *response*. So bleibt die Hoffnung, dass man Antworten auf die Herausforderungen der Zeit findet und negativen Entwicklungstendenzen gegensteuern kann. Denn ein weiterer Rückgang der Lesekompetenz insbesondere bei Büchern hat – so steht zu befürchten – mittel- und langfristig gravierende Auswirkungen auf unseren wirtschaftlichen Wohlstand. Das Lesen ist eine Kulturtechnik, die bestimmte Eigenschaften wie Kreativität, Phantasie und bildliches Vorstellungsvermögen zu entwickeln und zu befördern in der Lage ist. Kreativität und Phantasie ~~und~~ sind aber ebenso wie bildliches Vorstellungsvermögen – um bei diesen drei Beispielen zu bleiben – Fähigkeiten, von denen z. B. technische Innovationsprozesse in hohem Maße abhängen. Diese und andere Entwicklungsleistungen sind jedoch bekanntlich in jedem real existierenden kapitalistischen Wirtschaftssystem entscheidende Voraussetzungen für profitable Produkte und Produktionsprozesse. Insoweit ist das Lesen oder das Nicht-Lesen von Büchern eine Frage, die weit über die unmittelbaren Interessen von Literaturproduzenten hinausreicht.

2. Organisationsstruktur eines modernen Buchverlags

Der früher übliche Verleger-Verlag ist dadurch gekennzeichnet, dass an seiner Spitze der Eigentümer steht, der als Kaufmann und Programmchef seinen Verlag persönlich führt. Diese Form bildet heute die Ausnahme. Die Regel ist inzwischen der von einem oder von zwei angestellten Verlagsleitern geführte Verlag. Der oder die Kapitaleigner sind nicht direkt an der Geschäftsführung beteiligt – was keineswegs bedeuten muss, dass sie darauf keinen Einfluss nehmen. Bei großen Verlagshäusern und einer zweiköpfigen Verlagsleitung sind die Verantwortungsbereiche im Allgemeinen in den Programmbereich und die kaufmännische Verlagsleitung geteilt, wobei die Cheflektoren sowie die Leiter der Werbe-, Presse- und Lizenzabteilungen im Regelfall dem Verlagsleiter Programm, die Leiter der übrigen Abteilungen der kaufmännischen Verlagsleitung unterstellt sind. In einigen Publikumsverlagen gehört mittlerweile auch die Marketingleitung zur Geschäftsführung – eine Aufwertung, die sich allein dadurch legitimiert, dass der ›Kampf um die Kunden‹ angenommen wird.

Von größter Bedeutung für ein gutes Betriebsklima und für gute Ergebnisse des Gesamtverlags ist die innerbetriebliche Kommunikation. In den meisten großen Verlagen sind Verlagsleitungs-, Abteilungsleiter- und Lektoratskonferenzen institutionalisiert, d. h., sie finden regelmäßig zu festen Zeiten statt. Es soll jedoch immer noch Verleger und Verlagsleiter geben, die Versammlungen von mehr als drei Mitarbeitern für *waste of time and money* halten. Erfolge sind heute jedoch kaum noch machbar ohne ein Team qualifizierter und motivierter Mitarbeiter. Motivation und Engagement sind auf die Dauer aber nicht allein mit entsprechenden Gehältern und Sozialleistungen zu gewährleisten. In der Praxis heißt das: größtmögliche Beteiligung der Abteilungsleiter an den Entscheidungsprozessen der Verlagsleitung; größtmögliche Delegation von Kompetenzen auf Abteilungsleiter und weitgehende Information der Mitarbeiter der einzelnen Abteilungen durch ihre Abteilungsleiter. In diesem Sinne werden Programmbereiche unter Umständen als eigene Profit-Center geführt.

2.1 Verlagsabteilungen im Überblick

Obwohl die einzelnen Verlagsabteilungen im Laufe des Buches noch eingehender vorgestellt werden, soll bereits an dieser Stelle ein erster Überblick gegeben werden.

Lektorat

Im Lektorat, der Programmabteilung eines Verlags, fällt – oft in Abstimmung mit anderen Stellen des Hauses – die Entscheidung, ob ein Buch gemacht wird oder nicht. Hier arbeiten demnach die Büchermacher bzw. die Bücherverhinderer. Im Gegensatz zum Redakteur betreut ein Lektor selten einzelne Projekte, sondern strategisch ausgerichtete mittel- oder langfristige Programme. Seine ursprüngliche Haupttätigkeit des Lesens (lat. lector = Leser), Prüfens und Bearbeitens von Manuskripten ist heute nur noch ein geringer Teil der Aufgabenbereiche im Lektorat. Weit mehr stehen planerische und organisatorische Aspekte im Vordergrund, die der nun Produkt- oder auch Projektmanager bezeichnete Mitarbeiter koordinieren soll. Darüber hinaus obliegt ihm die Betreuung der Autoren. Cheflektor(en) bzw. Programmchef(s) vertreten das Programm gegenüber der Verlagsleitung und nach außen. In größeren Verlagen gibt es verschiedene Cheflektorate, so z.B. für Belletristik und Sachbuch oder für unterschiedliche wissenschaftliche Programmbereiche. Über das Berufsbild ›Lektor‹ informiert das Kapitel 3.2.

Herstellung

Die Herstellungsabteilung ist für technische, organisatorische und ökonomische Arbeiten zwischen der Auszeichnung des Manuskripts und der Fertigstellung des Produkts zuständig. In der Regel trifft sie Entscheidungen über das Layout und setzt den Text. Weit wichtiger für die Verlagsleitung ist jedoch die kaufmännische Verantwortung. Denn die Herstellungsabteilung ist für die Kostenstruktur der herstellerischen Prozesse verantwortlich. Da die Kosten für die technische Leistung durchschnittlich 30 Prozent vom Verkaufserlös der Verlage ausmachen, ist hier verantwortungsbewusstes Kostenmanagement angesagt.

Verkauf und Vertrieb

Die Verkaufs- und Vertriebsabteilung des Verlages ist für den Verkauf, seine Vorbereitung, Förderung und Abwicklung zuständig. Zu ihren Aufgaben gehören die Führung und Betreuung des Außendienstes (Verlagsvertreter) sowie die Realisierung verkaufsfördernder Maßnahmen. Der Innendienst übernimmt organisatorische und koordinierende Aufgaben. Hier werden alle Phasen der Auslieferung vom Bestelleingang bis zum Zahlungseingang abgewickelt und Absatz- und Umsatzstatistiken erstellt. Ferner obliegt ihm die Kontrolle der Bestände des Warenlagers. Der Vertrieb spricht aufgrund seiner Erfahrung im Verkauf ein gewichtiges Wort im Rahmen der Festsetzung der Auflagenzahlen mit.

Werbung

Die Werbeabteilung kümmert sich um die Kommunikation der Inhalte, d.h. um die Fragestellung, wie informiert oder auch wie verführt man Händler und Kunden zum Kauf der produzierten Ware. Sie erstellt Kampagnen, die von Produkt zu Produkt und von Verlag zu Verlag unterschiedlich aussehen (müssen) oder lässt solche durch Werbeagenturen ausführen. Entscheidend ist heute der Multi-Impuls: den Adressaten die Inhalte auf verschiedene Weisen bekannt zu machen oder – in der Werbefachsprache formuliert – die wesentlichen Werbeaussagen über geeignete Werbemittel und adäquate Werbeträger zu streuen. Ferner fällt die Organisation der Buchmesse, oft in Abstimmung mit dem Vertrieb, in den Aufgabenbereich der Werbeabteilung.

Marketing

Extra ausgewiesene Marketingabteilungen gibt es nur in großen Verlagen. Dort jedoch haben sie eine mehr als wichtige Funktion. Sie müssen nicht nur den Markt beobachten und Strategien zur Markenbildung entwerfen, um die bestehenden Marktanteile zu vergrößern. In ihren Verantwortungsbereich fällt auch die Koordination des gesamten Außenauftritts mit allen kommunikationspolitischen Maßnahmen wie Verkauf, Presse und Werbung. Kurzgefasst: die Marketingabteilung ist zuständig für den Entwurf und die Umsetzung des Marketingkonzeptes des Verlags.

Presse

Auch die Presseabteilung hat die Aufgabe, im Rahmen des Marketingkonzepts nicht nur Vorteile und Nutzen, sondern vor allem ein positives Image von Produkten und Dienstleistungen eines Unternehmens zu kommunizieren. Hier geht es in erster Linie um Werbung für öffentliches Vertrauen (PR = Public Relations). Im Rahmen der Pressearbeit spielen die Medien als bedeutender Teil der Öffentlichkeit eine wichtige Rolle. Aber nicht nur Redakteure – jegliche Multiplikatoren und Informationsvermittler werden von der Presseabteilung kontaktiert. Die „Platzierung“ von Rezensionen spielt dabei eine entscheidende Rolle. Da nur die großen Verlage eine eigene Presseabteilung haben, ist die Presse häufig im Umfeld der Werbung angesiedelt.

Lizenzen

Nur wenige Verlage haben eine eigene Lizenzabteilung, in der dann im Vertragsrecht versierte Mitarbeiter tätig werden. Bestimmt man die wesentliche Aufgabe eines Verlags als Rechteinhaber, der Substanzen nutzen kann, liegt hier eigentlich ein wesentlicher Kernbereich von Verlagen als Wirtschaftsunternehmen vor. Die Frage dürfte zumeist sein, zu welchen Preisen die vertraglich zugesicherten Nutzungsrechte für Übersetzungen, Taschenbuch- oder Buchclubausgaben, Verfilmungen, Vorabdrucke, CD-ROM- oder DVD-Publikationen etc. vermarktet werden.

Rechnungswesen und Controlling

Das betriebliche Rechnungswesen erfüllt verschiedene Aufgaben. Zunächst einmal dokumentiert die Buchführung Vermögen, Schulden, Erträge, Aufwendungen, kurz das gesamte Kapital und seine Veränderungen anhand von Belegen. Für innerbetriebliche Zwecke speichert sie zum einen Daten für die Kosten- und Leistungsrechnung ab, die dann die Grundlage für die Kalkulation abgeben, sowie zum anderen Daten für diverse Betriebsstatistiken, von denen wiederum das Controlling profitiert. Das Controlling seinerseits dient dem Ziel, den effizienten und effektiven Einsatz der verfügbaren Ressourcen im Sinne der Unternehmensziele sicherzustellen. Controlling ist demnach keineswegs – wie der Name es nahe legt – eine nachträgliche Kontrollinstanz, sondern ein Steuerungsinstrument, das mit Hilfe von Soll-Ist-Vergleichen Abweichungen von Planvorgaben möglichst frühzeitig erkennen soll.

2.2 Weiterbildung als Gebot der Stunde

Die skizzierte Organisationsstruktur ist in vielen Kleinverlagen allenfalls ein Fernziel, weil die Zahl der Mitarbeiter weit geringer ist als die Zahl der beschriebenen Funktionen. Aber auch wenn dies so ist, so müssen doch die einzelnen Funktionen eindeutig aufgeteilt werden. Auf jeden Fall gilt: Ob als Multifunktionär oder Spezialist – ohne ständige Weiterbildung kann kein Mitarbeiter in Verlagen verantwortungsbewusste und kreative Arbeit leisten. Aus der Vielzahl der Anbieter, die Seminare veranstalten, seien – neben den Inhouse-Seminaren großer Verlagshäuser – an dieser Stelle nur zwei herausgestellt.

Die *Akademie des Deutschen Buchhandels* (www.buchakademie.de) in München – 1993 von der *Bertelsmann Stiftung* und dem Börsenverein initiiert und seit 1999 als gemeinnützige GmbH mit zehn Gesellschaftern weitergeführt – bietet zahlreiche Veranstaltungen zu allen Kernbereichen der Verlagslandschaft. Der mediacampus frankfurt | die schulen des deutschen buchhandels (www.mediacampus-frankfurt.de) bietet ebenfalls verschiedene Seminare an. Herzstück des Angebots für angehende Lektoren ist ein einwöchiges *Lektoren-Seminar*, das auf eine lange Tradition zurückblicken kann und im Jahr 2010 zum 58. Mal stattfindet.

Neben diesem Seminar bietet der Kurs *Produkt- und Projektmanagement* in Kooperation mit dem IHK-Bildungszentrum Frankfurt am Main eine zertifizierte Fortbildung an. Diese Fortbildungsmaßnahme erstreckt sich über einen Zeitraum von vier Monaten und schließt mit den Zertifikaten *Produkt- und Projektmanagement Buchverlag oder Produkt- und Projektmanagement Lektorat.* Auch die Münchener Akademie bietet einen Zertifizierungskurs an. Dieser wendet sich an freiberufliche Lektorinnen und Lektoren und will den Qualitätsstandard freier Lektoratsarbeit sichern. Der Abschluss trägt den Titel Zertifikat *Freie Lektorin/Freier Lektor.*

3. Wie ein Buch entsteht

Verlage sind im Wirtschaftssystem der Bundesrepublik Deutschland auf Gewinn ausgerichtete Unternehmen, die Bücher in erster Linie mit dem Ziel verlegen, sie mit Erfolg zu verkaufen. Das erste und wichtigste Kriterium der Programmpolitik eines Verlages ist deshalb die Erfolgserwartung. Kein Verlag kann es sich leisten, ein Programm zu planen, von dem er nicht zumindest annimmt, das es innerhalb eines berechneten Zeitraums wirtschaftlichen Erfolg bringt.

Dieser Tatbestand schließt nicht aus, dass ein Verlag innerhalb seines Gesamtprogramms bestimmte Titel oder einzelne Bereiche im Rahmen seiner hausinternen Mischkalkulation subventioniert. Die Übereinstimmung von erwarteten und tatsächlich eingetretenen wirtschaftlichen Ergebnissen ist der erste und langfristig wichtigste Maßstab für eine richtige – oder eine falsche – Programmpolitik. In diesem Zusammenhang kann nicht häufig genug erwähnt werden, dass in den meisten großen Publikumsverlagen relativ wenige Titel das Geschäft machen und relativ viele Titel „das Geld fressen".

3.1 Die Programm-Macher

Die Frage nach der Person oder der Personengruppe, die eigen- oder mitverantwortlich das Programm eines Verlags plant, lässt sich nicht eindeutig beantworten – zu unterschiedlich sind die Ansätze für eine erfolgreiche Programmpolitik.

Früher, in streng hierarchisch organisierten Verlagen plante der Verleger. Er – und nur er – hatte die Programmkompetenz und das dazugehörige verlegerische, trüffelschweinartige Feingespür. Allerdings verfügte auch nur er über das dazugehörige Kommunikationsnetz. Der Verleger ließ das Projekt durch seinen eigenen personellen Apparat im oder auch außer Haus prüfen und entschied anschließend allein. Sein Marketing geschah – abgesehen von der zitierten Nase – mit so genannten Bordmitteln: Er telefonierte mit von ihm besonders geschätzten Buchhändlern, Verlagsvertretern und mit ausgewählten Autoren seines Vertrauens.

Dieses Vorgehen wird in großen sowie in modern geführten Verlagen schon lange nicht mehr praktiziert. Hier werden am Entscheidungsprozess weitere Personen beteiligt. Die hierzu notwendige Beratungsinstitution ist die Programmkonferenz. In diesem Gremium sind in der Regel die Verlagsleitung, der Cheflektor bzw. die Cheflektoren sowie der Verkaufschef vertreten. Bei wissenschaftlichen oder hochpreisigen ambitionierten Objekten werden mitunter auch Fachbeiräte und/oder Herausgeber, aber auch die Haus-Abteilungen Finanzen, Herstellung, Werbung und Presse hinzugezogen. Es ist einleuchtend, dass diese relativ weitgefächerte Beratung bei der Entscheidungsfindung nützlich sein kann.

Doch Probleme bleiben auch bei diesem Verfahren nicht aus. Es dürfte wenig Branchen geben, in denen Sachentscheidungen häufig von so vielen Leuten getroffen oder wesentlich mitbestimmt werden, die über so wenig konkretes Sachwissen verfügen. Verlegern und Programmlektoren fällt dies beispielsweise auf, wenn zur Debatte steht, ob und inwieweit ein Verkäufer die literarische Qualität und die Durchsetzungschance eines Buches in den Medien beurteilen kann. Umgekehrt ist festzuhalten, dass Verleger, Programmchefs und Lektoren oft nur unzureichend über den Markt und die Gesetze des Verkaufs informiert sind, sodass es sehr sinnvoll erscheint, entsprechende Fachleute in den Entscheidungsprozess einzubeziehen. Und so scheinen Entscheidungsgremien wie die Programmkonferenz die am wenigsten schlechte Lösung zu sein, insbesondere deshalb, weil bei diesem Verfahren die Entscheidungskriterien in einer Runde von Fachleuten deutlich gemacht und in einer Diskussion argumentativ durchgesetzt werden müssen. Dies gilt natürlich auch für den Lektor: Hier muss er zum ersten Mal sein Buch im wahrsten Sinne des Wortes verkaufen, und zwar fast immer gegenüber Gesprächspartnern, die nicht a priori von seinem Projekt begeistert sind.

Natürlich kann jeder der Beteiligten sich irren. So haben Verkäufer Bücher sicherlich ebenso häufig im Vorfeld kaputtentschieden, wie Verleger und/oder Lektor danebengegriffen haben. Auch die *self-fulfilling prophecy* im Kreise jener Außendienstmitarbeiter, gegen deren Votum ein Buch gemacht wurde, gehört nicht in den Bereich der Legende. Was geschieht, wenn abgelehnte Projekte wiederholt bei der Konkurrenz als Bestseller erscheinen, muss hier nicht unbedingt diskutiert werden. Für die richtige Entscheidungsfindung kann es kein verbindliches Patentrezept geben. Hier muss man auch die Freiheiten haben, in den jeweiligen Häusern zu experimentieren. Von wesentlicher Bedeutung sollte dabei sein, dass der für das Gesamtprogramm Verantwortliche die Kompetenz hat, sich gegebenenfalls mit seiner Auffassung auch gegen eine

Mehrheit durchzusetzen. In der Praxis ist die Auffassung des Programm-Machers sehr rasch kontrollierbar. Das Schicksal eines Buches zeichnet sich in den meisten Fällen schon innerhalb weniger Wochen nach Erscheinen ab. Wenige Jahre Programmarbeit genügen, um die Fähigkeiten von Programm-Machern einzuschätzen. Dies gilt selbst dann, wenn in anderen Bereichen eines Verlages Schwachstellen bestehen oder gar Inkompetenz vorherrschen sollte. Flexibilität, schnelle Reaktion auf erkannte Schwachstellen in der Programmpolitik sowie ständige Beobachtung der anvisierten Zielgruppe sind die wichtigsten Voraussetzungen für den dauerhaften Erfolg. Das schließt die Bereitschaft zu harten Entscheidungen und unpopulären Kurskorrekturen ein und ist dennoch nicht mit einer Ex-und-Hopp-Verlegerei gleichzusetzen. Sicher sind etliche Autoren von hohem literarischem Rang erst nach vielen Jahren von einer größeren Leserschaft in ihrer Bedeutung erkannt und durch entsprechenden Verkauf ihrer Bücher anerkannt worden. Aber diese mitunter jahrzehntelange Pflege durch ihren Verlag hat dessen wirtschaftliche Gesundheit zur Voraussetzung. Hier liegt die Nahtstelle von literarischem Gespür und wirtschaftlichem Denken. Nur wo beides dauerhaft realisiert wird, kann von erfolgreicher Programmpolitik die Rede sein.

3.2 Berufsbild Lektor

Auf die Frage nach dem Berufsbild, der Stellenbeschreibung und den Aufgaben eines Lektors im modernen Buchverlag gibt es keine verbindliche Antwort. Denn die Funktion des Verlagslektors ist in erster Linie abhängig von der Struktur des Verlags, der ihn beschäftigt, und von dessen jeweiligem Verlagsprogramm. In einem kleinen Verlag kann der Lektor Mädchen für alles sein, sich um die Manuskriptbearbeitung ebenso kümmern wie um Fragen der Herstellung, um die Werbung und die Pressearbeit für die fertigen Bücher. In einem Wissenschafts- oder Fachverlag ist der Lektor ein hochspezialisierter Fachmann in seinem Gebiet. In einem Großverlag bestimmt der Lektor ganze Programmbereiche eines solchen Verlags wesentlich mit.

Heute sind ein abgeschlossenes Hochschulstudium und eine breite Allgemeinbildung unverzichtbare Voraussetzungen für den angehenden Verlagslektor, wobei die Fachrichtung für Publikumsverlage von sekundärer Bedeutung ist. Allerdings sollte die intensive Beschäftigung mit der Literaturgeschichte und der Gegenwartsliteratur deutscher Sprache für jene Studenten obligatorisch sein, die sich für das belletristische Lektorat interessieren. Die Beherrschung der englischen Sprache in Wort und Schrift sollte für den angehenden Verlagslektor eine Selbstverständlichkeit sein. Wer weitere Fremdsprachen erlernt, vergrößert mit Sicherheit seine Chancen im künftigen Beruf. PC- und Softwarekenntnisse sind unabdingbar.

So man nicht in einer ersten Ausbildung eine Lehre zur Medienkauffrau/zum Medienkaufmann digital und print oder zur Buchhändlerin/zum Buchhändler mit Schwerpunkt Verlag abgeschlossen hat, sollte der angehende Lektor sich neben oder nach dem Studium darum bemühen, sich in einem Verlag und/oder in einem technischen Betrieb umzusehen. Das Problem, die vorgenannte Empfehlung zu realisieren, besteht in der bedauerlichen Tatsache, dass nur wenige Buchverlage Volontariate und/oder Praktikantenplätze anbieten. Hier helfen nur Hartnäckigkeit und Geduld. Notfalls muss man eben 50 oder 80 Verlage anschreiben, um vorhandene Chancen zu realisieren. Dabei ist besonders den kleinen und mittleren Verlagen Beachtung zu schenken, die häufiger als Großverlage Praktikantenplätze bereitstellen. Darüber hinaus sind die Funktionsabläufe während des Entstehungsprozesses eines Buches und die vielfältigen Formen der Zusammenarbeit zwischen den einzelnen Abteilungen in einem kleineren Verlag besser zu überblicken als in einem großen Unternehmen.

Praktika sind in aller Regel auf sechs bis maximal zwölf Wochen beschränkt und werden nur selten mit einem Gehalt (aber häufig mit Büchern) bezahlt. Volontäre hingegen arbeiten zumindest gegen eine (meist nur geringe) Vergütung und für eine begrenzte Zeitspanne von sechs Monaten bis zwei Jahren. Die Einarbeitungsphase kann in größeren Häusern auch über Trainee Programme organisiert werden – Grundlage für eine spätere firmengarantierte Einstellung in leitender Funktion. Mit viel Glück kann man aber auch direkt nach dem Studium die Stelle eines Lektoratsassistenten bekommen, wobei der günstige Moment, in diesem Fall der aktuelle Verlagsbedarf, eine entscheidende Rolle spielt. Ortsgebundenheit des Bewerbers ist in allen Fällen einer Einstellung nicht zuträglich.

Interesse, ja Neugierde an der Welt, in der wir leben, Ausdauer, Fleiß und Freude am Umgang mit Menschen, aber vor allem ein offenes kommunikatives Auftreten sind wesentliche, aber kaum erlernbare Grundvoraussetzungen. Erfolg wird in diesem Beruf auf Dauer nur haben, wer die permanente Bereitschaft mitbringt, seine ganze Persönlichkeit einzusetzen, die Bereitschaft, ständig Neues zu lernen und sich täglich neu zu engagieren. Nur so besteht die Chance, dem Ziel näher zu kommen, die Buchproduktion eines Verlages spürbar zu beeinflussen. Auf jeden Fall gilt: Die reine Arbeit am Text ist nur ein geringer Teil des Aufgabenspektrums eines Lektors – diese wird gerne an ›freie‹ Lektoren abgegeben.

Angenommen, ein Verlagslektor arbeitet in einem modernen Publikumsverlag mit gemischtem Programm – z.B. Belletristik, Sachbuch, Ratgeber –, so lassen sich seine Funktionen im Wesentlichen mit den folgenden Aufgabenbereichen umschreiben: Der erste und nach dem Selbstverständnis des Lektors meist wichtigste Aufgabenbereich umfasst die Beratung des Verlegers bzw. Cheflektors bei der Programmpolitik und bei der Einzelentscheidung über ein Buchprojekt, das in dieses Programm aufgenommen werden soll. Dabei muss er berücksichtigen, wofür der Verlag steht, d.h., welches Profiler hat und wie der Verlag sich am Markt positioniert hat bzw. wie er sich im Zeichen des Strukturwandels der Branche am Markt mittel- und langfristig positionieren will. Erst nach Klärung dieser Fragen kann ein Lektor aus der Vielzahl der Einzeltitel ein dauerhaft erkennbares Verlagsprogramm in Angriff nehmen und nach außen hin zur Konkurrenz abgrenzen. Erst jetzt beginnt sein eigentliches Tagesgeschäft, nämlich die Beurteilung von Exposés und Manuskripten sowie das Begutachten fremdsprachiger Bücher. In einem großen Publikumsverlag gehen pro Jahr mehrere hundert Manuskripte, Exposés sowie eine große Anzahl fremdsprachiger Bücher ein. Absender sind Autoren und solche, die es werden wollen, Agenten und die Abteilungen für Auslandsrechte in den ausländischen Verlagen. Schnell lernt man ergiebige und nicht-ergiebige Quellen zu unterscheiden. Denn leider sind viele der unverlangt eintreffenden Manuskripte das Ergebnis fleißigster Bemühungen von Möchtegernschriftstellern. Hierzu gehören die philosophischen Denkgebäude pensionierter Studienräte ebenso wie die literarische Bewältigung persönlichster Probleme oder die mehr oder minder geschickten Plagiate etablierter Literatur. Also: Ist der vorliegende Text sowohl fachlich als auch sprachlich-stilistisch in Ordnung? Eventuell ist für die fachliche Beurteilung die Einholung eines oder mehrerer Gutachten notwendig. Welchen Aufwand erfordert die Bearbeitung? Last, but not least: Steht dieser zu erwartende Aufwand in einem vertretbaren Verhältnis zu dem erwarteten Ergebnis?

Neben der Beurteilung von Texten gehört – vor allem dann, wenn man neue Programmsegmente erschließt – die Akquise von neuen Autoren. Dabei kann es durchaus sein, dass auch in Deutschland Verlage zunehmend amerikanisch organisiert werden. Denn an die Stelle des für das Programm verantwortlichen Cheflektors tritt dort in größeren Verlagen zunehmend der so genannte *Akquisition Editor*, der für die Akquisition (Beschaffung) von Autoren und für die Planung von Projekten verantwortlich ist, während die reine Textarbeit dem *Copy Editor* zugeordnet ist.

Der dritte und arbeitsaufwändigste Aufgabenbereich umfasst die Bearbeitung der Manuskripte bis zur Druckreife: die bereits erwähnte Arbeit am Text, die Redaktion und bei Übersetzungen der Vergleich mit dem Original. Hierzu mehr im Kapitel 5 dieses Buches. Der vierte Aufgabenbereich, der den Beruf des Lektors im modernen Buchverlag kennzeichnet, lässt sich mit dem Begriff Projektmanagement umschreiben: die Betreuung des jeweiligen Buchprojekts innerhalb des Verlags und nach außen. Diese Funktion umfasst die aktiven Kontakte des Lektors zu den verschiedenen Verlagsabteilungen und den außerhäusigen Freien (Freelancer). In der Herstellung muss die Kalkulation veranlasst werden, die Werbeabteilung braucht Grundtexte, mit der Presseabteilung wird die PR-Arbeit abgesprochen, mit dem Vertrieb werden neue Initiativen diskutiert. Die Aufgaben reichen bis zur öffentlichen Repräsentanz des Verlages, wie etwa der Präsentation eines Autors und seines neuen Buches in der Öffentlichkeit oder dem Gespräch mit Journalisten, Kritikern und anderen Multiplikatoren, d.h. Persönlichkeiten, von denen man aufgrund ihrer Funktion erwarten kann, dass sie ein besonderes Interesse an einem bestimmten Buch haben und sich dafür einsetzen werden.

Die aufgeführten erforderlichen Eigenschaften lassen sich nur sehr allgemein umschreiben und nur bedingt erlernen: Der Lektor muss über ein hohes Maß an beruflichen Fachkenntnissen und Erfahrung verfügen, er muss auch den Umgang mit dem gesprochenen Wort beherrschen, und im Idealfall sollte er das darstellen, was man gemeinhin eine Persönlichkeit nennt.

Die Fähigkeiten, sowohl selbständig zu urteilen als auch wirtschaftlich zu denken, die jeden Lektor auszeichnen sollten, sind nur möglich auf der Basis solider Kenntnisse der Literatur seines Programmbereichs und des Marktes sowie mit einer gehörigen Portion Erfahrung. Ein qualifizierter Programmlektor sollte prinzipiell in der Lage sein, ein Manuskript unter qualitativen und kaufmännischen Gesichtspunkten auch dann zu beurteilen, wenn er den Autor nicht kennt. Dieser hohe Anspruch wird in der Realität nicht immer zu erfüllen sein, was allerdings nicht nur für die Verlagslektoren gilt, sondern – wie man hört – gelegentlich auch für Verleger …

Die Karrieremöglichkeiten des Verlagslektors sind kaum begrenzt. Der moderne Buchverlag benötigt den redigierenden Lektor ebenso wie dessen akquirierenden, das Programm gestaltenden Kollegen. Beide üben eine unverzichtbare, für den Erfolg eines Verlags wichtige Tätigkeit aus. Doch wer die Position des Programm- oder Cheflektors anstrebt, sollte seine Interessen frühzeitig auf eine möglichst breite Programmpalette ausrichten. Er sollte mindestens ein- oder zweimal den Verlag wechseln, um Erfahrungen in anderen Häusern zu sammeln, und – wo immer ihm das möglich ist – für einige Zeit in einem ausländischen Verlag arbeiten. Sehr wichtig ist in diesem Zusammenhang der Erfahrungsaustausch mit Kolleginnen bzw. Kollegen. Dieser Erfahrungsaustausch sollte sich auf die Beurteilung von Manuskripten und Büchern zur Kontrolle des eigenen Urteils ebenso beziehen wie auf den Erfahrungsaustausch mit Lektoren aus Verlagen mit sehr unterschiedlichen Programmen. Derartige Kommunikation hat über den Austausch von beruflichem Know-how hinaus den Vorteil, dass sie davor schützt, die eigenen Probleme für einzigartig zu halten.

Am Schluss dieses Kapitels muss auf einige Grundprobleme hingewiesen werden, die sich in der Praxis immer wieder zeigen. Eines dieser Probleme ist das Spannungsverhältnis zwischen Lektorat und Herstellung. Verlagslektoren sollen gelegentlich dazu neigen, sich für die Kreativen eines Verlages zu halten – im Unterschied zu den so genannten Technokraten. Kein Programm-Macher kann sich über einen längeren Zeitraum den Luxus eines solchen Vorurteils leisten. Denn die konsequente Aufrechterhaltung einer solchen Einschätzung bedeutet eine Art Garantieschein für den beruflichen Misserfolg. Vielmehr sollte jeder angehende Lektor sich unbedingt Grundkenntnisse moderner Satzverfahren aneignen. Grundkenntnisse in Layout-Programmen wie *QuarkExpress* und *InDesign* gehören heute zum Rüstzeug eines herstellerisch denkenden Lektors. WYSIWYG – what you see is what you get; Bücher entstehen an Bildschirmen. Und dass ein Lektor ein PDF (Portable Document Format) nicht nur lesen, sondern auch selbst erstellen kann, ist ein Gebot der Selbstverständlichkeit.

Ähnlich verhält es sich mit dem kaufmännischen Grundwissen. Bücher können in einer marktwirtschaftlich organisierten Republik nicht verteilt, sondern müssen im Markt gegen teures Geld und harte Konkurrenz verkauft werden. Diese scheinbar banale Aussage ist Verlagslektoren – zumindest in ihren Konsequenzen – keineswegs immer geläufig. Sicherlich ist es nicht zwingend erforderlich, einige Semester Betriebswirtschaft zu studieren, aber es ist überaus wünschenswert, wenn der Verlagslektor kostenbewusst denken und eine Kalkulation lesen kann. Ein wichtiger Merksatz lautet: Ein Verleger, der pleite ist, braucht nicht mehr darüber nachzudenken, ob er gute oder schlechte Bücher macht – er wird mit Sicherheit gar keine mehr machen! Das ist kein Plädoyer für gedruckten Schwachsinn und muss keineswegs zwangsläufig einen Widerspruch zu dem darstellen, was weiter oben über das Verhältnis von Lektor und Autor gesagt wurde. Aber dieser Satz meint, dass der literarisch oder politisch noch so qualifizierte und engagierte Lektor *auch* bedenken muss, dass sämtliche Kosten, die ein Buch verursacht, durch dessen Verkauf abgedeckt werden müssen oder dass ausreichend viele andere Titel produziert werden müssen, die hohe Überschüsse erwirtschaften, aus denen unterkalkulierte Titel subventioniert werden können. Mehr hierzu im Kapitel *Buchkalkulation* und dort vor allem die Ausführungen zur Deckungsbeitragsrechnung. Wichtig zu wissen ist: Nahezu alle Fragen in Verbindung mit der Vorbereitung, Realisierung und Verbreitung eines Buches sind auch Kostenfragen. Das gilt für Fragen des Manuskriptumfangs, der Korrekturen, der Ausstattung des Buches ebenso wie für die Honorierung, den Vertrieb und die Bewerbung des Buches.

Ein weiteres Problem scheint das Verhältnis des Lektors zum Buchhändler zu sein. Von Sortimentern ist gelegentlich zu hören, dass es zumindest leicht gestört sein müsse. Diese etwas verblüffende Aussage wird damit begründet, dass Lektoren zu den ausgesprochenen Raritäten in einer Buchhandlung gehören: Sie werden dort angeblich nur selten gesichtet. Wenn dem tatsächlich so sein sollte, so wäre dies außerordentlich zu bedauern. Durch den Besuch beim Buchhändler kann sich der Lektor nicht nur über die Konkurrenzliteratur und über die Marktsituation informieren und sich die Erfahrung dessen aneignen, der seine Produkte an den Mann oder besser an die Leserin oder den Leser bringen muss. Der Besuch beim Buchhändler ist darüber hinaus geeignet, die denkbare – und gelegentlich auch in der Praxis zu beobachtende – Gefahr eines übersteigerten Selbstbewusstseins zu bremsen. Denn es wirkt ernüchternd, das Werk, dessen Entstehungsprozess man mit so viel Engagement begleitet hat, an dem man so viele Wochen oder Monate laboriert und über dessen mutmaßliche Wirkung man so oft und so intensiv geredet hat, zwischen vielen anderen in ein Regal gepresst zu sehen.

Zusammengefasst: Der Beruf des Verlagslektors ist vielschichtig und schwierig – aber für die, die ihn mit Talent und mit Engagement ausüben, kann er weit mehr als ein Job, er kann auch eine Lebensaufgabe sein.

3.3 Programmpolitik

Politik im allgemeinen Sinne kann als berechnendes, auf ein erklärtes Ziel gerichtetes Handeln definiert werden, Programmpolitik folglich als bewusste Planung und aktive Gestaltung des Produktionsangebots eines Verlags. Im Folgenden ist vom Buchverlag die Rede, vorzugsweise von einem so genannten Publikumsverlag, dessen breit gefächertes Programm mitunter etwas lässig Gemischtwarenangebot genannt wird, d.h. einem Verlag, dessen Programmpalette die Belletristik ebenso umfasst wie Biografien und Sachbuchthemen, populärwissenschaftliche Abhandlungen und zum Teil auch Bild-Text-Bände.

Erster Schritt einer jeden Programmpolitik ist die Entscheidung, in welchen Bereichen der Verlag arbeiten will: Belletristik, Sachbuch, Bildbände, Wissenschaft, Fachbücher, Taschenbücher, Sonderprojekte, Kalender usw. Dazu gehören die genaue Analyse des Marktes einschließlich der Konkurrenzsituation sowie die Berücksichtigung der finanziellen und personellen Konsequenzen. So kann ein neuer Start innerhalb des Taschenbuchmarktes heute nur noch in seltenen Ausnahmefällen und praktisch nur von Großunternehmen gewagt werden. In den letzten Jahren haben einige engagierte Kleinverleger Marktnischen entdeckt und für eine erfolgreiche Programmpolitik genutzt. Die Spezialisierung dieser Verlage reicht von der Entwicklung alternativer Reiseführer bis hin zu Literaturprogrammen entfernter Kulturen. Fachliche Kompetenz und ein hohes Maß an Enthusiasmus für das gewählte Programmgebiet waren dabei die entscheidenden Voraussetzungen für den – bescheidenen – Erfolg.

Ein besonderes Augenmerk muss auf Außeninitiativen gerichtet werden. Unabhängig davon, ob sie von Autoren, Agenten oder anderen Freunden des Hauses kommen – es ist programmpolitisch wichtig, dass der Verlag den Mut und die Fähigkeit hat, *nein* zu sagen. Es gibt eine hohe Dunkelziffer von erfolglosen Büchern, die der Verlag eigentlich gar nicht haben wollte, die aber aus notwendiger oder eingebildet notwendiger Rücksichtnahme auf Außenstehende verlegt worden sind. Dabei kann ein Titel qualitativ hervorragend und dennoch erfolglos sein, weil er im falschen Verlag, in der falschen Umgebung oder unter falschen Voraussetzungen publiziert worden ist. Einfachstes Beispiel: Wenn von einem bestimmten Buchtyp, wie etwa einem Lehrbuch, ein einzelner Titel verlegt wird, kann man davon ausgehen, dass dieser im Rahmen des übrigen Programms von kaum einem Buchhändler gesucht und demzufolge erst gar nicht eingekauft wird.

3.4 Autorenakquise und Themenrecherche

Woher kommen Autoren und Themen? Nun, vereinfacht könnte man sagen, sie sind bereits da oder sie müssen gesucht und gefunden werden. Aus dieser simplen Antwort ergibt sich bereits die doppelte Aufgabenstellung für den

Programm-Macher. Zum einen muss er eine konservierend-bewahrende Funktion erfüllen, und zum anderen eine marktoffen-zukunftsweisende. Beginnen wir in der folgenden Übersicht mit dem Fall, wo das Wort Akquise nicht am rechten Platz erscheint, da der Autor bereits vertraglich mit dem Haus (fest) verbunden ist.

Hausautoren

Ein Autor des Hauses schreibt sein neues Buch. Hierbei kann es sich entweder um einen deutschsprachigen Original- oder um einen Lizenzautor handeln. In jedem Fall ist es wichtig, dass sich die aktive Handlung des Lektors zunächst darauf beschränkt, den Autor zu betreuen und den Kontakt zu ihm zu pflegen. Man spricht über das anstehende Projekt, das in der Regel über einen Optionsvertrag dem Hausverlag als erstem Verlag vorgelegt wird. Und man spricht auch über die Platzierung im Programm. Ob der neue Titel – je nach Vermarktungspotenzial – als Hardcover oder ob er gegebenenfalls als Originalausgabe im Taschenbuch erscheint. Ob er als Spitzentitel ein besonderes Werbebudget erhält oder als B-Titel angeboten und umworben wird etc. Viele Dinge gilt es zu klären, die dann im Verlagsvertrag festgehalten werden. Autorenbetreuung heißt auf jeden Fall auch immer, seine Abwerbung durch einen konkurrierenden Verlag zu verhindern. Denn die Autoren sind das wichtigste Gut – ohne sie kein Input, keine Produktion, kein Absatz und kein Gewinn.

Angebote aus dem Ausland

Drei Angebotsformen lassen sich unterscheiden. Fall A: Der Verlag im Ausland wird selbst aktiv und bietet über eine Art Außendienst – häufig über *Foreign-Rights*-Ladies auf Messen – seine Produktion für eine Lizenznahme an. Fall B: Eine (literarische) Agentur, die in einem Land oder in einer abgegrenzten Region Verlage betreut, indem sie Auslandslizenzen für das komplette Verlagsprogramm bzw. einzelne Programmsegmente vermittelt, legt ein Angebot vor. Fall C: Ein Scout, der im Auftrag des Verlags nach neuen Themen, Trends oder Autoren sucht und seine Tätigkeit in der Regel auf einen konkreten Sprachraum oder ein bestimmtes Land ausgerichtet hat, zeigt das Ergebnis seiner Bemühungen. So bekommt z. B. der Lektor für den Bereich Unterhaltungsliteratur regelmäßig von seinem New Yorker Scout Berichte über die Romane, die in den großen amerikanischen Verlagen in Vorbereitung sind. Dazu gehören, soweit verfügbar, bereits Daten über Autor, Inhalt und Selbsteinschätzung des Buches durch den Originalverlag. Der Scout arbeitet im Regelfall jeweils für einen Verlag in einem Sprachbereich, also beispielsweise für einen deutschen, einen englischen, einen italienischen, einen französischen Verlag mit jeweils vergleichbarer Programmstruktur. Wichtigste Voraussetzungen sind eine exzellente Branchenkenntnis im eigenen Land, aber auch entsprechende Kontakte und Verbindungen, um möglichst frühzeitig Hinweise und Informationen zu bekommen. Aufgrund dieser Nachrichten fordert der Lektor bei einem Projekt sehr frühzeitig das Manuskript an, verbunden mit einer Option – damit erwirbt er das Recht, das Buch innerhalb eines festgelegten Zeitraums exklusiv zu prüfen. Oft muss er sich in relativ kurzer Zeit entscheiden. Erst wenn er sein Nein formuliert, erhält ein anderer Verlag die Möglichkeit, sich um die deutschen Rechte zu bemühen. Selbstverständlich gibt es Fälle, in denen eine solche Option nicht gewährt wird. Dann hat der Verlag die besten Chancen, der am schnellsten das günstigste Angebot macht.

Beim so genannten Seller-Poker geht es um herausragende Autoren oder spektakuläre Objekte. Hier fordern die Anbieter – oftmals nur mit äußerst bescheidenen Entscheidungsunterlagen (Outline, Exposé, Gliederung oder Teilmanuskript) – von den Verlegern finanzielle Angebote für diese Titel. Die Entscheidung selbst fällt dann oft hinter den Kulissen, z. B. während der *Frankfurter Buchmesse* oder auf der *BookExpo America*, die einmal jährlich von der *American Booksellers Association (ABA)* an unterschiedlichen Orten in den USA organisiert wird. Hier erfordert die Programmpolitik sowohl Mut zum höchsten Risiko als auch das Vertrauen auf das Nebenrechtsgeschäft (Vorabdruck in Illustrierten, Buchclub-, Reader- und Taschenbuchlizenz), um das finanzielle Risiko abzufedern. Denn natürlich kann der programmierte Bestseller – und dafür gibt es nicht wenige Beispiele – zum Überraschungsflop werden. Im Klartext: Ein Buch, das aufgrund seines Themas oder des Rangs seines Autors ein befriedigendes wirtschaftliches Ergebnis erwarten ließ, fährt rote Zahlen ein, weil es durch zu hoch gepokerte Vorschüsse – die zwangsläufig entsprechende Werbeeinsätze zur Folge haben – belastet worden ist. Gerade die horrend hohen Vorschussforderungen im angloamerikanischen Verlagsgeschäft haben deutsche Verleger in den letzten Jahren dazu gebracht, in anderen Nationalliteraturen fündig zu werden und eigene Bestsellerautoren zu kreieren wie z. B. im Falle von *Maarten 't Hart, Henning Mankell* oder *Jostein Gaarder*, um nur einige Namen aufzuzählen.

Book packaging

Unter *book packaging* versteht man das Anbieten bereits „verpackter" (engl. packaging = Verpackung), sprich verkaufsfähiger Objekte an Verlage (oder auch Buchgemeinschaften). Meistens handelt es sich um hochwertige Titel mit einem vermutet hohen Vermarktungspotenzial. *Book packagers* sind rechtlich und organisatorisch eigenständige Firmen im In- und Ausland, die mit einer relativ kleinen Kernmannschaft, aber einem Netzwerk von zahlreichen Freelancern Buchobjekte recherchieren, lektorieren, layouten, produzieren und (weltweit) vermarkten. Ab einem bestimmten Stadium der Objekte kontaktiert der *book packager* auf (inter-)nationaler Ebene einen oder mehrere Verlage als Lizenznehmer.

Unverlangte Manuskripte
Hierbei handelt es sich um Bücher, Umbrüche, Fahnen oder Manuskripte, die dem Verlag von den verschiedenen Anbietern zur Prüfung eingereicht werden. Hier ist das Produkt selbst zwar vorgegeben, aber weil der Verlag die Freiheit der Auswahl hat, kann er dennoch unter Berücksichtigung der Programmstruktur aktiv und zielgerichtet auswählen und planen. In den meisten größeren Verlagen gehen pro Jahr mehrere hundert unaufgefordert eingesandte Manuskripte ein. Die Quote der Bücher, die auf diese Weise tatsächlich verlegt werden, schwankt in deutschen Verlagen zwischen 0 und drei Prozent des Titelangebots. Bei den Wissenschaftsprogrammen gehören vor allem die Empfehlungsmanuskripte der Hochschullehrer zu dieser Gruppe. Dabei handelt es sich sehr häufig um Dissertationen und Habilitationsschriften, die mit oder ohne Druckkostenzuschuss verlegt werden. Sie erreichen meist nur Kleinauflagen, können aber – vornehmlich in streng wissenschaftlichen Reihen – einen erheblichen Teil des Programms stellen.

Agenturen
Auch in der Bundesrepublik Deutschland beginnt sich allmählich eine Praxis einzubürgern, die in den USA seit vielen Jahren gang und gäbe ist: Der Autor lässt sich durch einen professionellen Agenten vertreten, der sämtliche Anbahnungsgespräche und die sich anschließenden Vertragsverhandlungen führt. Dafür erhält er einen Anteil vom vereinbarten Autorenhonorar, meist zehn bis fünfzehn Prozent. Manche Verleger und Cheflektoren beobachten diese Entwicklung mit Sorge, weil diese Agenten oft Profis sind, die hart verhandeln und kommerziell denken. Diese Sorge erscheint allerdings nur partiell berechtigt, denn die Verhandlung mit Profis bringt auch Vorteile mit sich. Ein professioneller Agent kann die Realitäten richtig einschätzen, Chancen einigermaßen zutreffend beurteilen, und er kennt sich mit den kaufmännischen wie mit den rechtlichen Aspekten des Bücher-Machens gut aus, was

man verständlicherweise von vielen Autoren nicht behaupten kann. Hinzu kommt, dass vor allem europäische Agenten keineswegs immer nur kommerziell denken. Es gibt sogar Beispiele dafür, dass sie eine gewisse Erziehungsarbeit gegenüber ihren ausländischen – und hier in erster Linie amerikanischen – Auftraggebern leisten, indem sie ihnen klar machen, dass einem Autor mit dem größten Garantiehonorar keineswegs immer am besten gedient ist.

Auf der anderen Seite gibt es – und sicher nicht nur im amerikanischen Literaturgeschäft – Agenten, die sich ausschließlich für die Höhe des Vorschusses interessieren. Ihnen scheint es denn auch gleichgültig zu sein, in welchem Programmkontext und in welchem Verlagshaus welchen Ansehens ihr Autor publiziert wird. Insbesondere im modernen Großverlag kann dem Agenten eine wesentliche programmpolitische Funktion zukommen. Die Verlagsleitung bzw. der Programmchef benötigt – z. B. für eine Buchreihe – einen Titel zu einer ganz konkreten Thematik (dabei kann es sich um ein Reiseziel in einer Reiseführerreihe, um eine ganz bestimmte Biographie in einer Biographienreihe etc. handeln) und beauftragt eine Agentur mit der gezielten Suche nach einem kompetenten Autor zu eben diesem Thema. Die Management-Funktionen der Lektoren lassen diesen häufig nicht die Zeit, die notwendigen Recherchen durchzuführen, die zwingend erforderlich sind, um eine solche Aufgabe in angemessener Zeit zu lösen.

Aktive Recherche

Prinzipiell hat der Lektor die Möglichkeit, zu akquirieren, d. h. selbstständige Programmvorschläge zu entwickeln. Hierfür muss ihm vor allem die notwendige Zeit für kreatives Arbeiten und für die systematische Planung und Prüfung zur Verfügung stehen. Denn diese Aufgabe setzt u. a. voraus, dass er die Presse, das Fernsehen und das kulturelle Geschehen aufmerksam beobachtet. Dabei kann es sich – je nach dem besonderen Interesse des Lektors – ebenso um bestimmte wissenschaftliche Disziplinen handeln wie um die eigentliche Literaturszene eines Landes. Hier wird das auf ein Ziel gerichtete Handeln nach der Definition eingangs des Kapitels 3.2 besonders deutlich.

Dabei ist zu beachten, dass Planung von Themen und Suche nach Autoren keineswegs identisch sind. Es kann zunächst einmal unabhängig von Themen der interessante Autor gesucht werden (natürlich besonders im belletristischen Bereich), der z. B. durch Arbeiten in anderen Medien wie Funk, Presse, Fernsehen hervorgetreten ist. Mit diesem Autor kann der Planer des Verlags – meist der Lektor – dann ein Gespräch über dessen Pläne oder über die Realisierung von Verlagsplänen führen. Die systematische Planung von Themen trifft insbesondere auf den Sachbuch- und den Wissenschaftsbereich zu; in Letzterem primär bei der studienrelevanten Literatur wie Einführungen, Lehrbüchern und Lexika. Eine Variante der Themenplanung und der anschließenden Suche nach qualifizierten Autoren sind die so genannten Team-Books: Verlagsobjekte, wie Bild-Text-Bände, die unter der Regie des Verlags mit einer mehr oder minder großen Zahl von Außenmitarbeitern (freien Lektoren, freien Grafikern etc.) verwirklicht werden.

Innerhalb der einzelnen Programmbereiche und Buchgruppen gelten durchaus unterschiedliche Kriterien der Programmpolitik und Autorenrecherche. Innerhalb der Gruppe Belletristik ist die bereits zitierte verlegerische Nase immer noch das Wichtigste. Hier gilt es, selbst das richtige Gespür zu haben oder – mangels desselben – von dem Gespür anderer zu profitieren. Im letztgenannten Fall wird man Kontakte zu literarisch qualifizierten Personen oder literarischen Agenturen aufnehmen. Auch der Kontakt zur literarischen Szene, das permanente Gespräch mit Autoren und Kritikern, die regelmäßige und systematische Information über das, was die anderen im In- und Ausland machen, sind in diesem Bereich des Buchmarkts selbstverständliche formale Voraussetzungen für programmpolitische Entscheidungsprozesse. Ein literarischer Lektor braucht also seine Verbindungen, sein Netzwerk von produktiven Bezugspersonen, und er muss lesen, lesen, lesen! Nicht selten wird er durch andere Autoren auf einen angehenden Schriftsteller aufmerksam gemacht. Häufig kommt die Verbindung auch über einen Text zustande, den er in einer Zeitung liest oder im Radio hört. Dann vergehen manchmal ein oder zwei Jahre, in denen der Lektor den angehenden Autor betreut: mit ihm im Gespräch ist, seine Textversuche liest und diese mit ihm diskutiert.

Im Sachbuchbereich sind die permanente und systematische Beobachtung von Fernsehen, Hörfunk und Presse sowie die ständige Kommunikation mit der Autorenszene und den Programmzentren der Medien wichtige Voraussetzungen für eine erfolgreiche Themen- und Autorenakquisition. Auf diese Weise wird er vielleicht auf einen Zeitschriften-, Hörfunk- oder Fernsehautor aufmerksam und erkennt, dass in einem Artikel oder einer Sendung ein mögliches Buchprojekt steckt. Oder er hat ein aktuelles politisches Thema, für das er einen Autor sucht. Dann mag sich der Lektor fragen: Wer hat eine Antenne für diese Thematik? Welcher Journalist schreibt über vergleichbare Themen, verfügt vermutlich über das notwendige Wissen und hat das ebenso notwendige Interesse? Er spricht einen befreundeten Journalisten an, der gleichzeitig auf einem anderen Sachgebiet Autor des Hauses ist. Dieser nennt zwei, drei Namen – und einem ersten Kontakt steht nichts mehr im Wege.

All diese Möglichkeiten lassen sich natürlich auch für den Bereich des wissenschaftlichen Buches anwenden und variieren. Hier wird der Lektor regelmäßig die Fachzeitschriften und E-Journals bestimmter Spezialgebiete lesen und dabei auszuloten versuchen, in welchen Aufsätzen potentielle Buchprojekte stecken; er wird die größeren Buchbesprechungen auswerten, in denen sich oft Hinweise finden, warum ein bereits erschienenes Buch gut oder schlecht ist, wie es ersetzt werden könnte oder wo noch thematische Lücken bestehen; er wird sich auf die Werbeliste und Newsletter-Verteiler der Verlage setzen und sich regelmäßig mit Spezialprospekten versorgen lassen; auch sollte er versuchen, möglichst regelmäßig die Vorlesungsverzeichnisse aller deutschsprachigen Universitäten einzusehen und auszuwerten, um thematische Anregungen zu bekommen. Und es wird sehr wichtig sein, dass er für jedes Fachgebiet mit einem ausgewählten Beraterkreis regelmäßigen Kontakt hält, um seine Überlegungen und Pläne rechtzeitig mit den Fachleuten abzustimmen und Planungsfehler zu vermeiden. Dabei müssen die Berater nicht zwangsläufig als Herausgeber auftreten. Aber der ebenso gründliche wie systematische Kontakt zu den Universitäten und Forschungszentren ist eine unabdingbare Voraussetzung für effiziente Arbeit. Ein Verlag, der auf diesem Sektor aktiv werden will, muss daher in allererster Linie über personelle Voraussetzungen im Lektoratsbereich verfügen. Die Programmpolitik im engeren Sinne, d.h. die Planung einer Reihe, ist langfristig allerdings nur mit Fachleuten außerhalb des Verlags zu realisieren.

An- bzw. Abwerbung von Autoren

Ein letzter Abschnitt sei dem in der Branchenöffentlichkeit etwas umstrittenen Verfahren der Anwerbung bzw. Abwerbung von Autoren gewidmet. Handelt es sich hierbei um einen Bruch mit den guten Sitten oder gar einem Ehrencodex oder einfach um eine marktwirtschaftliche Maßnahme, gegen die im Prinzip wenig einzuwenden ist? Wenn ein Autor mit seinem Verlag zufrieden ist, wird er seine nächsten Bücher in diesem Hause verlegen und gegen Abwerbungsversuche relativ immun sein. Ist er es nicht, sollte er die Freiheit haben, sich für ein konkurrierendes Unternehmen zu entscheiden. Der Programmkontext und die verlegerische Betreuung können für den Autor die wesentlichen Gründe für einen Wechsel sein. Aber auch eine höhere Honorargarantie oder ein besseres Vertragsangebot sind keineswegs ehrenrührige Gründe für einen Wechsel – auch dann nicht, wenn verlassene Verleger gelegentlich diesen Eindruck erwecken. Apropos Geld: Wer wegen Geld kommt, der geht auch wegen Geld. So lautet eine Weisheit, der man schwerlich etwas entgegensetzen kann. Ob Verleger und Autoren diese Kategorie ganz oben ansiedeln wollen, muss man ihnen wohl selber überlassen.

3.5 Autorenhonorar

10 Prozent vom Nettoladenpreis (Verkaufspreis abzüglich der in ihm enthaltenen Umsatzsteuer) als Satz für das Autorenhonorar trifft man in der Verlagsbranche relativ häufig an. Diese Marke gilt für Publikumsverlage genauso wie für Fachbuchverlage, die ihren Autoren etwas bieten wollen. Wissen die Verlage doch genau, dass sich der Aufwand der Autoren und ihr Engagement selten durch diese 10 Prozent „Aufwandsentschädigung" abgelten lassen. Doch wer verdient schon, was er verdient? Diese Allerweltsfeststellung gilt wahrscheinlich auch für über 95 Prozent derjenigen, die in der Branche arbeiten – und damit auch für die, die den geistigen Input für diese Branche liefern.

Wenn ein Autor ein Buch schreibt, an dem keine weiteren Honorarempfänger beteiligt sind, ist dieses Modell mit der Hausnummer 10 Prozent vom Nettoladenpreis klar, übersichtlich und damit problemlos. Natürlich kann es variiert werden, denn es existieren keine gesetzlichen Vorschriften über Honorarhöhen. Und so finden sich auch eine ganze Bandbreite von Variationsmöglichkeiten zur Honorarfrage – angefangen bei einem einmaligen Vorschuss oder einem Vorschuss, der in drei Teilen (bei Vertragabschluss, bei Imprimatur, nach Erscheinen) gezahlt wird, bis hin zu Staffelhonoraren, die im Taschenbuch bei 5 Prozent, im Hardcoverbereich bei 8 Prozent anfangen und im Extremfall bei Abverkäufen, die über 100 000 verkaufte Exemplare betreffen, auch schon einmal bei 15 Prozent vom Ladenpreis liegen können. Fast überflüssig zu erwähnen: Selbstverständlich gibt es für Hausautoren andere Honorarsätze als für unerfahrene Nobodys, und Verlage, die händeringend Spezialisten für ein Thema suchen, für das es de facto nur wenige gibt, müssen auch besondere Anreize schaffen.

Aber es ist noch ein anderer Gesichtspunkt zu berücksichtigen: der Ladenpreis. Da das Autorenhonorar ein relativer Prozentwert ist, der sich auf den Verkaufspreis bezieht, ergibt sich zwangsläufig die Feststellung, dass die Honorare, je höher die Ladenpreise sind, umso niedriger angesetzt werden können. Denn 8 Prozent von 100,– € Nettoladenpreis (= 8,– €) sind nun einmal in absoluten Euro-Beträgen mehr als 10 Prozent von 50,– € Nettoladenpreis (= 5,– €). Nehmen wir also die 10 Prozent als Annäherungswert, der in vielen Fällen unter-, selten aber überschritten wird.

Diese 10 Prozent beziehen sich übrigens auf die Gesamtkosten für die geistige Leistung. Sie beinhalten demnach neben dem Autorenhonorar auch die Zahlungen an den Herausgeber oder an ein Herausgeberteam. In derartigen Fällen entfallen auf den Herausgeber in der Praxis häufig 2 Prozent und auf den Autor, gegebenenfalls die Autoren, der restliche Anteil von 8 Prozent. Ein Spezialproblem stellen Einmalkosten dar, die vor allem in zwei Fällen auftreten. Zum einen bei Sammelbänden oder Anthologien, wo verschiedene Autoren zu einem Thema schreiben, und zum anderen bei Bildbänden oder Spezialtiteln, wo Fotografen Bilder beisteuern oder Layouter aus Grafikbüros im Rahmen des betrieblichen Outsourcings aufwendige Grafiken erstellen. Bildhonorare für Fotografen und Fotoagenturen o. Ä. sowie Einmalhonorare für Textbeiträge müssen jedoch spätestens bei Erscheinen des Buches honoriert werden. Hier greift das einfache Modell des Absatzhonorars nicht, und man ist zu differenzierten Regelungen gezwungen, die wie folgt aussehen können: Die Einmalhonorare werden aus den Verkäufen der ersten Auflage bestritten, und gegebenenfalls fällt das Herausgeberhonorar geringer aus. Es kann aber auch sein, dass der Verlag (bei der ersten Auflage) bei den Honorarkosten drauflegt und dass erst mit einer zweiten Auflage die angefallenen und bereits bezahlten Pauschalhonorare und Vorschüsse abgedeckt sind. Gesetzt den Fall, dass Herausgeber mit im Spiel sind, mit denen 8 Prozent vom Nettoladenpreis vereinbart worden sind, wobei die in Rede stehenden Einmalkosten jedoch von diesem Satz bestritten werden müssen, ist es ein Gebot der Fairness, dass Verlag und Herausgeber im Vorhinein ausrechnen bzw. so realistisch wie möglich abschätzen, welche Auflage tatsächlich in welchen Zeiträumen verkauft werden kann. Nur so kann sich der Herausgeber seinen Honorarerlös ungefähr errechnen. Davon wird es dann abhängen, ob er das Modell bzw. den Vertrag akzeptiert oder nicht.

3.6 Bibliografische Titeldatenbanken

Bibliografische Titeldatenbanken sollten zum täglichen Handwerkszeug eines Lektors gehören. Zumindest mit dem *Verzeichnis Lieferbarer Bücher (VLB)* muss flankierend gearbeitet werden. In dieser Datenbank, die von dem *Marketing- und Verlagsservice des Buchhandels GmbH* angeboten wird, sind alle lieferbaren Titel aufgelistet – das sind mehr als 1 200 000 deutschsprachige Titel, die von über 20 000 Anbietern (Verlagen) aus der Bundesrepublik Deutschland, Österreich und der Schweiz an die VLB-Redaktion gemeldet worden sind. Mittels der Internet-Datenbank *www.buchhandel.de* kann man durch Eingabe entsprechender Suchbegriffe recherchieren, wer zu bestimmten Bereichen schon einmal geschrieben oder publiziert hat. Doch große Datenbanken und Internetportale bieten mittlerweile weitaus mehr: die Option ›Volltextsuche‹. Hierbei werden digital eingestellte Buchinhalte recherchierbar und letztendlich auch handelbar gemacht. Volltextsuche im großen Stil bieten die Internet-Giganten *Amazon* und *Google*, die Bestände aktueller Bücher und bedeutender Bibliotheken einscannen und die Ergebnisse unter search inside und Book Search anbieten. Für urheberrechtlich geschützte Werke müssen jedoch die Verlage das letzte Wort darüber haben, welche Texte in welchem Umfang für welche Benutzergruppe freigegeben werden sollen. *Libreka!*, ein Unternehmen der MVB, bietet eine solche Plattform. Hier werden nicht nur Bücher eingestellt und nach Vorgabe der Verlage durchsuchbar gemacht, sondern hier finden digitale Buchbestände als E-Books den Weg zur weiteren Distribution an Händler.

Natürlich ersetzt eine Recherche in den Datenbanken nicht den Gang in eine thematisch entsprechend ausgestattete Buchhandlung, aber je spezieller das Thema und je kleiner der Verlag, umso geringer ist die Chance, Special-Interest-Literatur in Buchhandlungen einzusehen. Da ist ein Blick ins Internet bedeutend weniger zeitaufwändig.

Das *Verzeichnis Lieferbarer Bücher* kann man als Branchenbibliografie ansehen. Aber sie sagt nichts über die Verkäuflichkeit der Titel aus. Hier sollte man Objekte schon eher in den Datenbanken der Großhändler recherchieren. Auch hier bietet das Internet einen kostengünstigen Zugang. Die Datenbank *www.buchkatalog.de* basiert auf dem Katalogwerk von *KNV*, während *www.libri.de* die bibliografischen Daten des Großhändlers *Lingenbrink (= Libri)* widerspiegelt. Beide Großhändler sind nicht gezwungen, bestimmte Waren einzukaufen. Vielmehr agieren sie als eigenständige Wirtschaftsunternehmen mit Hilfe von Warenwirtschaftssystemen und belassen – nach einer längeren Schonfrist für Novitäten – nur die Titel in ihrem Sortiment, die den betriebswirtschaftlichen Kriterien Preis, Rabatt und Lagerumschlagsgeschwindigkeit entsprechen. Eine Präsenz in den Datenbanken der Großhändler ist demnach ein Indiz für die Verkäuflichkeit des Titels. Der gewonnene erste Eindruck lässt sich anschließend bei *www.amazon.de* bestätigen. Hier ist sogar ein Verkaufsrang angegeben.

Als bibliografische Hilfsmittel können ferner die Verlagsvorschauen und Websites der Konkurrenz angesehen werden. Und so füllt sich manche Datei mit Namen, die vielleicht später einmal mit dem eigenen Verlagssignet geschmückt werden sollen.

3.7 Manuskriptbeurteilung

Im Regelfall wird der Lektor als Erster im Verlag mit einem Buchprojekt konfrontiert. Dabei handelt es sich um ein fertiges Buch – bei einem Übersetzungs- oder Lizenztitel –, um ein abgeschlossenes Manuskript, eine Textprobe, ein Exposé oder schlicht um die blanke Idee für ein Buch. Die Projekte werden – wie im letzten Abschnitt dargelegt – entweder von außen an den Verlag herangetragen oder sie werden im Hause entwickelt und anschließend Autoren zur Realisierung vorgeschlagen. In jedem Fall hat der Lektor zuerst zu prüfen, ob das vorgeschlagene oder geplante Projekt überzeugend in das Programm des Verlages zu integrieren ist. Das hat zunächst nichts mit der Qualität des Manuskripts zu tun. Ein noch so gutes Buch über Mathematik hat in einem belletristischen Verlag keinen Platz – es wäre verschwendete Zeit, ein solches Manuskript genauer zu prüfen. Es genügt, festzustellen, dass das Thema nicht ins Haus passt. Trotzdem ist es immer wieder erstaunlich, wie viele Manuskripte, Bücher usw. Verlagen angeboten werden, die schon aufgrund des veröffentlichten Verlagsprogramms nicht die leiseste Chance haben, angenommen zu werden.

Wenn programmpolitisch relevante Buchprojekte dem Verlag vorgeschlagen bzw. Manuskripte vorgelegt worden sind, müssen sie – unabhängig vom Programmbereich – anhand der nachstehenden Kriterien geprüft werden. Zunächst begutachten die zuständigen Lektoren die literarische und/oder fachliche Qualität. Diese Aufgabe kann auch an freie Außenlektoren delegiert oder außenstehenden Gutachtern oder Agenturen übergeben werden. Das letztgenannte Verfahren ist insbesondere im Wissenschaftsbereich eine weit verbreitete und notwendige Praxis. Insbesondere bei Sach- und Fachbüchern ist das Fachgutachten von einem Experten außerhalb des Hauses oft eine wesentliche Entscheidungshilfe. Hier muss der Lektor jedoch beachten, dass sich der Gutachter in der Regel nur zur fachlichen Qualität des Manuskripts äußern kann. Bei positivem Ergebnis wird die Marktsituation untersucht; dabei ist insbesondere die Analyse der Zielgruppe(n) und der Konkurrenzsituation relevant. Parallel dazu erfolgt die Kostenplanung – und zwar nicht nur die Frage der Investition, sondern heute mit zunehmender Bedeutung auch die Frage der Zeitplanung. Bei steigenden Betriebs- und Produktionskosten sowie permanent steigenden Preisen im graphischen Gewerbe ist die zeitgerechte Produktion eines Titels oftmals von entscheidender wirtschaftlicher Bedeutung. Das ist nicht direkt, wohl aber indirekt ein programmpolitisch wichtiger Punkt, weil ein thematisch-inhaltlich chancenreiches Buch zu einem wirtschaftlich erfolglosen Produkt werden kann, wenn diese Überlegungen nicht ausreichend berücksichtigt werden.

Die Kalkulation und die Festlegung von Auflage und Ladenpreis sind ebenfalls von programmpolitischer Bedeutung. Hier gilt es den richtigen, d. h. den kosten- und marktgerechten Preis zu finden; eine Aufgabe, die oft an das Problem der Quadratur des Kreises erinnert. In jedem Fall ist zu bedenken, dass Kalkulationsergebnisse immer nur unter der Voraussetzung gelten, dass die kalkulierte Zahl von Exemplaren auch tatsächlich zum kalkulierten Ladenpreis verkauft wird. Diese scheinbar selbstverständliche Aussage wird in der Praxis – und keineswegs nur von Lektoren – oft genug übersehen oder in der Euphorie für das Buch und seinen Autor verdrängt.

Bei zahlreichen anderen Buchprojekten genügt sehr häufig ein etwas längerer Blick, das rasche Anlesen einiger Seiten, um die eher dilettantischen Fleißarbeiten von Möchtegernautoren sofort auszusondern. Wenn die verbleibenden Bücher, Manuskripte oder Exposés näher geprüft werden, heißt das zunächst: Lektüre. Dies ist nur scheinbar eine unnötige Klarstellung. Es soll Verlage geben, die die Arbeit der Lektoren im Grunde für überflüssig halten und solche Leute entsprechend sparsam beschäftigen. Auf der anderen Seite soll es Lektoren geben, die sich grundsätzlich auf eine diagonale Prüfung beschränken, wenn sie darüber zu entscheiden haben, ob ein Projekt angenommen oder abgelehnt wird. Beide Praktiken zahlen sich nicht aus. Die Bücher sind Legion, die auf diese Weise entstanden sind, und innerhalb dieser Gruppe ist die Zahl jener Bücher sehr groß, die ebenso literarische wie wirtschaftliche Misserfolge sind.

In den meisten Verlagen hat der zuerst prüfende Lektor die Kompetenz, das Projekt abzusagen. Die Kompetenz schließt natürlich die Möglichkeit ein, einen potenziellen Bestseller abzulehnen. Die Gefahr ist statistisch jedoch weitaus geringer als das Risiko, einen potentiellen Flop zur Annahme zu empfehlen. Überdies befindet sich ein Lektor, dem eine solche Panne unterläuft, durchaus in sehr guter Gesellschaft. Unter den Bestsellern der letzten Jahrzehnte finden sich prominente Beispiele, die zuvor von anderen Verlagen abgelehnt wurden. Patrick Süskinds ›Parfüm‹ ist bekanntlich einer der ganz großen Bestseller-Erfolge der achtziger Jahre geworden – aber zuvor war das Manuskript von einem halben Dutzend renommierter Verlage abgelehnt worden. Es gibt aber auch peinliche Pannen. So hat Doris Lessing 1983 ihr ›Tagebuch der Jane Somers‹ unter einem Pseudonym der Bestseller-Lotterie überantwortet. Es kam, was kommen musste: Ihre Lektorin hat den Text nicht als den ihrer Autorin identifiziert. Erst als Lessings Agent sich nachträglich einschaltete, sicherte sich der deutsche Hausverlag die Rechte an dem Werk.

Was kann der Lektor tun, um einen Flop zu vermeiden? Ein Patentrezept gibt es nicht, aber er kann durch sorgfältige Prüfung das Risiko verhältnismäßig gering halten. Für literarische Manuskripte lassen sich zwar einige objektive Beurteilungskriterien aufstellen, wie beispielsweise Thema, Stoff- und Motivwahl, Schreib- und Erzähltechnik, Witz oder Originalität, aber darüber hinaus spielen vor allem subjektive Kriterien eine wesentliche Rolle. Es gibt Autoren, deren Bücher von einem Lektor hoch gelobt und von einem anderen mit einem gleichgültigen Achselzucken quittiert werden. Im Bereich der Unterhaltungsliteratur und in den nicht-belletristischen Programmbereichen lassen sich die Beurteilungskriterien eher objektivieren. So spielen bei einem Sachbuch Thema, Darstellungsform, fachliche Seriosität und Originalität die wichtigste Rolle. Die Konkurrenzsituation im Markt, der Standort innerhalb eines Programms, die Relation von kalkulatorisch notwendiger Auflage und Ladenpreis müssen ebenfalls berücksichtigt werden, wenn die Erfolgschance eines Buches beurteilt wird. Der Lektor sollte in seinem Lektoratsgutachten zu allen diesen Punkten Stellung beziehen. In der Regel werden die unterschiedlichen Gesichtspunkte festgehalten und gegebenenfalls um andere externe Gutachten bzw. verlagsinterne Einschätzungen ergänzt. Das letzte Wort gehört dann ohnehin der Programmkonferenz.

3.8 Bildbeschaffung

Die wenigsten Buchverlage verfügen über eine Bildredaktion. Deshalb muss sich der Lektor, wenn er einen Bildband oder ein illustriertes Sachbuch betreut, meist selbst um die Bildbeschaffung und -auswahl kümmern. In jedem Fall sollte er sich einen eigenen Themenüberblick verschaffen und möglichst viele Bücher oder Zeitschriften anschauen, die sein Bildthema behandeln. Das ist natürlich bei Sammelwerken ebenso schwierig wie bei eng gefassten Spezialthemen, aber es bleiben genügend Fälle, in denen solche Recherchen möglich und sinnvoll sind – am besten in einer guten Bibliothek oder einer im Hinblick auf die entsprechenden Novitäten gut sortierten Buchhandlung. Durch die Konkurrenzliteratur bekommt der Lektor nicht nur einen ersten Überblick über die Motive seines Themas, sondern er erfährt auch gleichzeitig aus dem Impressum bzw. dem Bildnachweis, welche Fotografen und Agenturen welches Bildmaterial zur Verfügung stellen können.

Aber es gibt auch Spezialverzeichnisse über Bildagenturen. An erster Stelle soll hier auf die Auflistung im Anhang des *Bangers* hingewiesen werden.

Denn im Anhang des Nachschlagewerks *Verlage. Deutschland – Österreich – Schweiz*, das jährlich aktualisiert im Verlag der Schillerbuchhandlung Hans Banger erscheint und das 20 000 buchhandelsrelevante Adressen in einem Alphabet nachweist, gibt es neben einem Verzeichnis literarischer Agenturen auch ein Verzeichnis von Bildagenturen. Wem die dort gegebenen Auskünfte nicht ausreichen, der kann sich im Internet umsehen. Dort erfährt man zunächst einmal, dass sich eine Münchener Agentur die Domain *bildagentur.de* reserviert hat und dort ihren Online-Katalog *Magazin – Die Bildagentur* anbietet, der gleichzeitig als Print-Publikation zum Kauf offeriert wird. Die Suchmaschinen bieten Tausende von Einträgen. Auf die Eingabe „Bildagentur" reagierte beispielsweise *google* mit 1 610 000 und *yahoo* mit 5 050 000 Treffern (November 2010). Durch die thematische Verknüpfung von „Bildagentur" und einem entsprechenden Spezialthema kann jeder Lektor sekundenschnell für ihn relevante nationale und internationale Bildagenturen finden und Online-Bilder auf sich wirken lassen. Welch ein Unterschied zu früheren Zeiten, wo man noch zahlreiche verschiedene gedruckte Kataloge zunächst recherchieren, dann bestellen und in einem dritten Schritt erst auswerten musste.

Wenn sich ein Lektor an einen Fotografen oder eine Agentur wendet, sollte er bereits die geplante Veröffentlichung, die Auflagengrößenordnung, den Erscheinungstermin, den Ladenpreis und die Honorarvorstellung kennen. Das Angebot richtet sich einerseits nach den kalkulatorischen Möglichkeiten, also nach Auflage und Ladenpreis des Buches; andererseits sind auch die Marktbedingungen zu berücksichtigen. In der Praxis gibt es immer wieder das Problem, dass große Agenturen Honorarforderungen anmelden, die in der Zeitschriften- oder Werbebranche üblich, für Buchverlage kalkulatorisch aber nicht zu verkraften sind. Das gilt vor allem für auflagenabhängige Folgehonorare. Man stelle sich einen Programmbereich Bild-Text-Bände vor, der im Laufe der Jahre 20 Bücher umfasst, die jeweils 150 bis 200 Aufnahmen von jeweils 20 bis 30 Fotografen oder Bildagenturen enthalten. Hier würde ein entsprechendes Honorarmodell allein zur Überwachung und Abwicklung von Folgehonoraren bei Nachauflagen eine eigene Planstelle in der Buchhaltung erfordern – die sich natürlich nie rechnen würde. In solchen Fällen empfiehlt sich deshalb immer ein Pauschalhonorar, das die Honoraransprüche für alle Auflagen und Ausgaben des Buches abdeckt. Eine solche Honorierung impliziert für die Erstauflage im Regelfall ein überhöhtes Honorar. Es ist also bei Büchern, die nach diesem Modell honoriert werden sollen, ganz besonders wichtig, dass die Gesamtauflage und die Möglichkeiten für Sonder-, Taschenbuch-, Buchklub- oder Auslandsausgaben richtig eingeschätzt und in die Berechnung einbezogen werden.

Das Pauschalhonorar ist keineswegs in allen Fällen durchsetzbar. Es gibt Agenturen und Fotografen, die auf ihren eigenen Bedingungen bestehen. Hier muss der Lektor von Fall zu Fall entscheiden, ob das Material (und die Kalkulation) die Sonderregelung rechtfertigt. Aktuell zahlt ein Buchverlag rund 50,– € für Schwarzweißfotos und etwa 200,– € für Farbfotos. Bei seltenen Fotos, Spitzenfotografen und bei Titelfotos kann das Honorar um etliches ansteigen. Die genannten Honorare beziehen sich in der Regel auf die nicht-exklusiven Abdruckrechte in allen Auflagen des Buches, das Gegenstand der vertraglichen Vereinbarung ist. Im Regelfall muss für Taschenbuch-, Buchclub- und Auslandsausgaben ein Folgehonorar in Höhe von 50 bis 100 Prozent gezahlt werden. An dieser Forderung sind übrigens schon manche internationale Koproduktion und mancher Auslands-Abschluss gescheitert.

Sofern man die Fotos nicht via Computer digital gegen Gebühr aus dem Netz herunterlädt, sind die Prüfung der Sendung, die sorgfältige Ablage und die sofortige Rücksendung des nicht benötigten Materials nicht nur ein Gebot der Fairness gegenüber Fotografen und Agenturen, sondern auch eines der wirtschaftlichen Vernunft. Denn man vermeidet so unnötige Bearbeitungs- und Haltegebühren – Gelder also, die unabhängig vom Abdruck der Fotos für Auswahl und Bereitstellung erhoben werden. Selbstverständlich benötigt der Lektor oft Wochen oder gar Monate, um die definitive Bildauswahl zu treffen, aber es ist bei entsprechender Arbeitsorganisation und Disziplin durchaus möglich, das Bildmaterial sehr rasch zu sortieren und jenes Material an die Agentur oder den Fotografen zurückzuschicken, das mit Sicherheit nicht benötigt wird.

Das Bildmaterial wird in mehreren Durchgängen gemeinsam mit Autoren und/oder Herausgebern zunächst unter Motivgesichtspunkten geprüft. Das Material, das in die engere Vorauswahl kommt (im Regelfall zwei- bis dreimal mehr als die endgültig benötigte Anzahl), ist von einem Fachmann auf ausreichende technische Qualität zu prüfen. Handelt es sich um einen Bildband, dessen Material von einem einzigen Fotografen stammt, so sollte dieser auch an der Bildbesprechung teilnehmen, um Kommentare, Interpretationen oder Wünsche im Beisein der Technik zu formulieren.

Anschließend erfolgt die verbindliche Auswahl, die jedoch Formatalternativen umfassen sollte: Motive, die gleichzeitig im Hoch- und im Querformat vorhanden sind, bieten dem Layouter größere Freiheiten bei der Seitengestaltung. Autor, Lektor und Layouter sollten mindestens eine gemeinsame Bildbesprechung durchführen, damit der Stellenwert der einzelnen Motive festgelegt werden kann. Der Layouter kann zwar im Regelfall von sich aus sagen, welches Foto sich von der Wirkung her für eine Doppelseite eignen würde. Allerdings kann er aber oft nicht beurteilen, ob das im Kontext des Buches gerechtfertigt ist oder nicht. Sobald der Layouter seine Arbeit abgeschlossen hat, das Layout dem Lektorat vorliegt und genehmigt ist, erfolgt der Vertragsabschluss mit Fotografen und Agenturen.

Sobald die technischen Arbeiten abgeschlossen sind, sollte das Bildmaterial, sofern es körperlich vorliegt, zügig zurückgeschickt werden – und zwar in gutem, also auch in sauberem Zustand. Dies ist leider keine Selbstverständlichkeit, und der Lektor ist gut beraten, wenn er sich persönlich (bzw. über den zuständigen Hersteller) um diese Frage kümmert. Es gibt nicht wenige Fälle, in denen die Beziehung zwischen einem Verlag und einem guten Fotografen durch die Vernachlässigung dieser Sorgfaltspflicht nachhaltig gestört worden ist.

Für den Lektor, der häufiger Bildbände zu betreuen hat, ist es wichtig, dass er ein Gespür und die dazugehörige Fachkenntnis zur Beurteilung der Qualität von Fotos und von Layouts entwickelt und gleichzeitig ein Feeling für die Bedürfnisse des Marktes und der jeweiligen Zielgruppe. Sehr häufig kommt es darauf an, dass er zwischen den künstlerischen Intentionen von Herausgebern, Layoutern und Fotografen auf der einen und den pragmatischen Anforderungen von Verkäufern und Vertretern auf der anderen Seite einen vernünftigen Kompromiss findet, der ein qualitativ gutes und gleichzeitig marktfähiges Buch gewährleistet.

3.9 Fragen über Fragen

Der Betriebsberater Winfried Ruf hat ein von ihm so genanntes *3 × 3 Verfahren zur Entwicklung von Verlagsobjekten* entworfen. Drei mal drei ergibt neun Fragen, die als Bausteine eines jeden Objekts jeweils neu beantwortet werden müssen. In offener Frageform konzipiert, geben sie wertvolle qualitative Hinweise. Obwohl das ›3 × 3 Verfahren‹ insgesamt sehr komplex ist und die Frage nach der Publikationsform bewusst offen lässt, soll es an dieser Stelle dazu dienen, die wichtigen Fragestellungen, die auch mit der Entstehung eines Buches zusammenhängen, noch einmal abschließend zusammenzufassen.

1 Für wen? Welcher Zielgruppe/welchen Zielgruppen soll das Produkt angeboten werden?

2 Wozu? In welchem sichtbaren Verhalten äußern sich die Wünsche der Zielgruppe(n)?
3 Weshalb? Welche unsichtbaren Wünsche der Zielgruppe(n) sollen befriedigt werden?
4 Was? Welche passenden Inhalte sollen angeboten werden?
5 Wie? Welche Darstellung soll für das Produkt gewählt werden?
6 Worauf? Auf welchem Träger sollen die Inhalte angeboten werden?
7 Wodurch? Mit Hilfe welcher Vertriebskanäle soll die Leistung transportiert werden?
8 Womit? Mit welchen Maßnahmen ist die Zielgruppe am glaubwürdigsten zu überzeugen?
9 Wofür? Welcher angemessene Preis wird vom Käufer als sachadäquat anerkannt?

Damit sind wesentliche, wenn auch nicht alle Fragen auf den Punkt gebracht. Denn bei allen Entscheidungen für oder gegen ein Objekt gibt es Erfahrungswerte und Marktfakten, die in die Analyse einfließen müssen. „Welche vergleichbaren Bücher sind zu welchen Ladenpreisen mit welchem Erfolg bereits von anderen Verlagen publiziert worden?“ Oder: „Welche Auflage bei welchem Ladenpreis erscheint unter Berücksichtigung von Thematik, Zielgruppe und Marktsituation realistisch?“ Ferner: „Lässt sich der vorgesehene Erscheinungstermin angesichts der Arbeitsbelastung in den betroffenen Abteilungen realisieren?“ „Kollidiert das geplante Werk mit einem anderen bereits in Planung befindlichen Buch?“ Last, but not least: „Handelt es sich um ein einmaliges Projekt, oder ist von diesem Autor mehr zu erwarten? Bestehen bereits konkrete Pläne, und wie sind diese zu beurteilen?“ Fragen über Fragen …

4. Urheber- und Verlagsrecht

Der Verlagslektor sollte das Urheber- und Verlagsrecht in Grundzügen kennen, da ein wesentlicher Teil seiner Aufgaben darin besteht, zwischen den Interessen des Verlags und denen des Autors einen fairen Ausgleich herbeizuführen, also zugleich Anwalt des Verlags gegenüber dem Autor und Anwalt des Autors gegenüber dem Verlag zu sein. Dabei sind die gegenseitigen Rechte und Pflichten im Verlagsvertrag geregelt, dessen Gegenstand das jeweilige Werk ist. Rechtsgrundlagen sind das Gesetz über Urheberrecht und verwandte Schutzrechte aus dem Jahr 1965, das in der Praxis mit der Kurzform *Urheberrechtsgesetz* betitelt wird, sowie das *Verlagsgesetz* aus dem Jahre 1901. Das sehr alte *Verlagsgesetz* wird – vor allem im Streitfall – immer dann heranzuziehen sein, wenn der Verlagsvertrag eine Lücke aufweist oder interpretationsbedürftig ist.

4.1 Urheberrecht

Das Urheberrecht schützt den Urheber in seinen geistigen und persönlichen Beziehungen zum literarischen, wissenschaftlichen und künstlerischen Werk – unter der Voraussetzung, dass es sich dabei um persönliche geistige Schöpfungen handelt. Die Gerichte interpretieren diesen Begriff erfahrungsgemäß sehr großzügig, so ist auch Trivialliteratur geschützt. Der Lektor ist also gut beraten, wenn er grundsätzlich von der Schutzwürdigkeit eines Manuskriptes ausgeht, das ihm zur Veröffentlichung vorliegt. Der Urheber hat auch so genannte Urheberpersönlichkeitsrechte: Er darf entscheiden, ob sein Werk veröffentlicht wird oder nicht, welche Teile er davon veröffentlichen und ob er namentlich genannt werden will. In diesen Zusammenhang gehört auch der Schutz vor Entstellung: Jede Änderung seiner Schöpfung muss er genehmigen, auch ein Lektor darf ohne Zustimmung eines Autors den Text nicht verändern – selbst dann nicht, wenn es sich dabei offenkundig um eine Verbesserung handelt. Übrigens ist es nach dem Urheberrecht allein dem Autor erlaubt, sein Manuskript zu vervielfältigen und zu verbreiten, es sei denn, er beauftragt einen Verleger mit dieser Aufgabe. Dieses Vervielfältigungs- und Verbreitungsrecht wird allgemein gleichgesetzt mit dem Verlagsrecht. Im Unterschied zu Patenten muss der Autor den Urheberrechtsschutz nicht anmelden. Der Urheberrechtsschutz entsteht kraft Gesetz: Jedes Werk ist also automatisch mit seinem Entstehen geschützt. Eine Anmeldung oder Registrierung ist weder erforderlich noch möglich.

Die materiellen Interessen des Urhebers betreffen die Verwertungsrechte seines Werks. Auch diese kann er anderen übertragen – und er wird dies Profis übertragen, Unternehmen, die von dem Geschäft etwas verstehen sollten: den Verlagen. Im Gegenzug muss ihn ein Verlag wirtschaftlich angemessen vergüten. Was allerdings hierunter zu verstehen ist, ist noch lange nicht für alle Verlagsarten geklärt. Die Art Vorreiterrolle spielen die belletristischen Verlage. Eine repräsentative Anzahl von ihnen sowie Vertreter des Verbands deutscher Schriftsteller (VS) stimmten 2005 den ›Gemeinsamen Vergütungsregeln für Autoren belletristischer Werke in deutscher Sprache‹ zu, die ein Jahr zuvor als Kompromiss langwieriger Verhandlungen vom Bundesjustizministerium erarbeitet worden sind. Diese Regelung sieht vor, dass der Autor im Regelfall mit zehn Prozent am Nettoverkaufspreis jedes verkauften und nicht remittierten Hardcover-Exemplars beteiligt wird, in begründeten Ausnahmefällen kann das Autorenhonorar auch darunter liegen. Bei großen Verkaufserfolgen hingegen gelten ansteigende Vergütungsstaffeln. Für Taschenbücher gelten gesonderte Regelungen, bei bis zu 20 000 verkauften Exemplaren erhalten die Autoren fünf Prozent. In der Regel zahlen die Verlage einen Vorschuss an die Autoren. Kleine und mittlere Verlage jedoch können – sofern es die Umstände rechtfertigen – davon abweichen.

Der Autor ist selbstverständlich auch im Besitz der Verwertungsrechte, die er als Nebenrechte vergeben kann, wobei man buchnahe und buchferne Nebenrechte unterscheidet. Die buchnahen beziehen sich entweder auf Taschenbuch-, Buchclubausgaben oder auf elektronische Ausgaben in Form von CDs, E-Books oder Online-Publikationen. Die buchfernen ergeben sich aus den unkörperlichen Verwertungsrechten. Hierzu gehört das Recht zur Bearbeitung als Bühnenstück oder Hörspiel ebenso wie das Recht zur Verfilmung oder Vertonung. Auch in Bezug auf die Nebenrechte überträgt der Urheber seine Rechte. Die buchnahen Nutzungsrechte sichert sich in der Regel der Originalverlag, während die buchfernen Nutzungsrechte von belletristischen Autoren häufig spezialisierten Bühnen- und Theaterverlagen übertragen werden. Doch wie sieht es mit dem Erwerb unbekannter Nutzungsarten aus, die im Zuge technischer Entwicklungen entstehen? Zum Hintergrund dieser Frage: Seit den 90er Jahren mussten neue Verwertungsformen, wie beispielsweise Rechte an Online-Publikationen, von Verlagen nachträglich einzeln nacherworben werden, weil sie durch gängige Verträge nicht abgedeckt waren. Seit dem 1. Januar 2008 aber herrscht Klarheit. Zu diesem Stichtag trat das ›Zweite Gesetz zur Regelung des Urheberrechts in der Informationsgesellschaft‹ in Kraft, das zuvor jahrelang unter dem Stichwort ›Zweiter Korb‹ diskutiert worden war. Nach diesem Gesetz ist nun für Verlage auch der Erwerb von Rechten an noch unbekannten Nutzungsarten möglich. Allerdings hat der Autor Anspruch auf eine gesonderte Vergütung und erhält ein Widerrufsrecht für einen Zeitraum von drei Monaten, mit dem er die Rechtseinräumung rückgängig machen kann. Im Rahmen dieses ›Zweiten Korbs‹ wurden auch Bestimmungen hinsichtlich elektronischer Lesesätze in Bibliotheken sowie über Kopienversand durch Bibliotheken getroffen; in diesem Fällen muss der Vergütungsanspruch via Verwertungsgesellschaften erfolgen.

In der Verlagspraxis spielen Bearbeitungen von Originalwerken durch Dritte eine wesentliche Rolle, wobei an erster Stelle die Übersetzung steht. Der Bearbeitende genießt im Regelfall den gleichen Urheberrechtsschutz wie der Autor. Die Nutzung seiner Bearbeitung, beispielsweise der Übersetzung, ist jedoch von der Zustimmung des Originalautors abhängig. Deshalb muss der Verleger, der die deutschsprachige Übersetzung eines fremdsprachigen Werkes publizieren will, zwei urheberrechtliche Nutzungsverträge abschließen: mit dem Autor oder Verleger des Originalwerkes, um das Recht zur Übersetzung zu erwerben, und mit dem Übersetzer, um sich das Nutzungsrecht der deutschen Fassung zu sichern.

In Abwägung mit anderen Rechtsgütern muss ein Urheber in bestimmten Situationen eine Einschränkung seiner urheberrechtlich geschützten Ansprüche in Kauf nehmen. Man spricht in diesem Zusammenhang von Schranken des Urheberrechts. Hierzu gehören beispielsweise die Rechtspflege und öffentliche Sicherheit. Einschränkungen gibt es auch für Zitate und Vervielfältigungen zum privaten und sonstigen eigenen Gebrauch (Kopierrecht) sowie für Sammlungen zum Kirchen-, Schul- und Unterrichtsgebrauch (Schulbuch-Paragraph).

Allerdings gilt in den genannten Fällen ein striktes Änderungsverbot sowie die Pflicht zur Quellenangabe. Jede unerlaubte Verwertung eines urheberrechtlich geschützten Werks kann sowohl zivil- als auch strafrechtlich verfolgt werden. Diese Ansprüche muss der tatsächliche Inhaber der jeweiligen Nutzungsrechte geltend machen – in den meisten Fällen also der Verlag oder der Inhaber einer ausschließlichen Lizenz und selbstverständlich der Autor selbst, wenn ein besonderes, schutzwürdiges Interesse verletzt wurde. Nach dem Tode des Urhebers gilt die Schutzfrist weiter. In der Bundesrepublik Deutschland beträgt sie 70 Jahre *post mortem auctoris* (p. m. a.). Nach Ablauf dieses siebzigsten Jahres ist das Werk gemeinfrei. Erst jetzt darf es nach Belieben genutzt und bearbeitet werden. Auch für Fotografien gelten Schutzfristen. Für Lichtbildwerke (= persönliche geistige Schöpfungen des Fotografen) gelten ebenfalls 70 Jahre nach dem Tode des Urhebers. Für Lichtbilder (= Fotografien, die keinen künstlerischen Werkcharakter aufweisen wie Dokumente der Zeitgeschichte, Pressefotos, Fotos von Veranstaltungen oder auch Urlaubsfotos) hingegen gilt eine Frist von 50 Jahren nach Erscheinen bzw. nach Herstellung, so sie innerhalb dieser Frist nicht erschienen sind.

Da das Urheberrecht eines Landes nur innerhalb seiner Staatsgrenzen gilt, wurde bereits im 19. Jahrhundert die erste internationale Urheberrechtskonvention, die *Berner Übereinkunft (BÜ)* verabschiedet, die seit 1886 Werke der Literatur und Kunst schützt. Eine revidierte Fassung *(Revidierte Berner Übereinkunft, RBÜ)* trat 1971 in Kraft. Die der Berner Übereinkunft angeschlossenen Länder verpflichten sich zum gegenseitigen Urheberschutz der in den jeweiligen Ländern erschienenen Werke. Außerdem wurde im Jahre 1952 von der UNESCO das so genannte *Welturheberrechtsabkommen (WUA)* gegründet. Diesen beiden Abkommen sind jeweils weit über 100 Länder beigetreten. Die Bundesrepublik Deutschland ist – ebenso wie die meisten anderen westeuropäischen Staaten – Mitglied beider Konventionen.

4.2 Verlagsvertrag

Der Verleger erwirbt vom Autor mit dem Verlagsvertrag das so genannte Verlagsrecht, also das Vervielfältigungs- und Verbreitungsrecht an dem Werk des Autors, im Regelfall einschließlich der Nebenrechte. Gilt – wie in der Bundesrepublik Deutschland – das Prinzip der Vertragsfreiheit, dann ist der Verlagsvertrag weder an eine Form gebunden, noch schreibt das Verlagsgesetz zwingende Bestimmungen vor. Abgesehen von gesetz- oder sittenwidrigen Bestimmungen können Autor und Verlag ihre Beziehungen also frei vereinbaren. Das Verlagsgesetz kommt nur dann zur Anwendung, wenn kein schriftlicher Vertrag geschlossen wurde oder ein solcher Vertrag Lücken aufweist.

In der Praxis wird jeder Verlag schon im eigenen Interesse über jedes zu publizierende Werk einen umfassenden schriftlichen Vertrag mit dem Autor abschließen. Der *Verband deutscher Schriftsteller (VS)* in der *IG Medien*, die 2001 in der *Vereinten Dienstleistungsgewerkschaft (ver.di)* aufgegangen ist, hat mit dem *Verleger-Ausschuss* des Börsenvereins in den 1970er Jahren einen Normvertrag für den Abschluss von Verlagsverträgen erarbeitet, der im Kapitel 4.3 in der Fassung vom 1. April 1999 wiedergegeben ist. In einer Art Präambel verpflichten sich die Vertragschließenden, auf ihre Mitglieder dahingehend einzuwirken, dass nicht ohne sachlich gerechtfertigten Grund zu Lasten des Autors von diesem Normvertrag abgewichen werden soll. Dieser Normvertrag gilt in erster Linie für Belletristik, Sachbücher sowie Kinder- und Jugendbücher, hat aber de jure ausschließlich empfehlenden Charakter.

Zwischen dem deutschen Hochschulverband und dem Verleger-Ausschuss des Börsenvereins wurde 1980 eine Vereinbarung über Vertragsnormen bei wissenschaftlichen Verlagswerken geschlossen. Sie enthält die wesentlichen Bestimmungen, die in einem Verlagsvertrag für ein wissenschaftliches Werk oder ein Fachbuch enthalten sein sollten, und umfasst die Interpretationsgrundsätze für den Fall, dass die einzelnen Verlagsverträge auslegungsbedürftig sind. Auch hier haben die Partner – Hochschulverband und Börsenverein – ihren Mitgliedern empfohlen, die Bestimmungen dieser Vereinbarung in die individuellen Verlagsverträge aufzunehmen.

4.3 Normvertrag für den Abschluss von Verlagsverträgen

Bevor der Normvertrag wiedergegeben und – bei Bedarf – erklärt beziehungsweise kommentiert wird, sei auf einige Besonderheiten hingewiesen. Im Normvertrag fehlt das Verbot, während der Gültigkeit des Verlagsvertrages ein konkurrierendes Werk in einem anderen Verlag herauszubringen, weil die Rechtsprechung bereits ein Konkurrenzverbot des Autors – unabhängig von einer entsprechenden Formulierung im Verlagsvertrag – festgelegt hat. Ein solcher Passus scheint in Verlagsverträgen jedoch sinnvoll, weil mancher Autor möglicherweise erst dadurch auf ein potentielles Problem aufmerksam gemacht wird. Ferner fehlen zahlreiche neuere Nutzungsformen bei der Aufzählung möglicher Nebenrechte, die trotz des ›Zweiten Korbs‹ erfasst werden sollten. Der Normvertrag enthält auch keine Optionsklausel, wie sie in der Praxis häufig vorkommt. Damit verpflichtet sich der Verfasser, sein Werk entweder zu angemessenen Bedingungen oder zu den Bedingungen des alten Vertrages zuerst seinem Verlag anzubieten. Es ist sinnvoll und empfehlenswert, bereits in der Optionsklausel des Vertrages festzuhalten, innerhalb welcher Zeit der Verlag seine Entscheidung zu treffen hat.

Der Normvertrag ist eine, wenn auch nachdrückliche Empfehlung für Autor und Verlag. Der Schriftstellerverband hätte gern eine Verpflichtung des Autors und Verlags zur Anwendung des Normvertrags gesehen, was jedoch aus kartellrechtlichen Gründen nicht möglich war.

Normvertrag für den Abschluss von Verlagsverträgen

Rahmenvertrag
(vom 19. Oktober 1978 in der ab 1. April 1999 gültigen Fassung)

Zwischen dem Verband deutscher Schriftsteller (VS) in der IG Medien und dem Börsenverein des Deutschen Buchhandels e.V. – Verleger-Ausschuss – ist folgendes vereinbart:

1. Die Vertragschließenden haben den diesem Rahmenvertrag beiliegenden **Normvertrag für den Abschluss von Verlagsverträgen** vereinbart. Die Vertragschließenden verpflichten sich, darauf hinzuwirken, dass ihre Mitglieder nicht ohne sachlich gerechtfertigten Grund zu Lasten des Autors von diesem Normvertrag abweichen.
2. Die Vertragschließenden sind sich darüber einig, dass einige Probleme sich einer generellen Regelung im Sinne eines Normvertrags entziehen. Dies gilt insbesondere für Options- und Konkurrenzausschlussklauseln einschließlich etwaiger Vergütungsregelungen, bei deren individueller Vereinbarung die schwierigen rechtlichen Zulässigkeitsvoraussetzungen besonders sorgfältig zu prüfen sind.
3. Dieser Vertrag wird in der Regel für folgende Werke und Bücher nicht gelten:
   a) Fach- und wissenschaftliche Werke im engeren Sinn einschließlich Schulbücher, wohl aber für Sachbücher;
   b) Werke, deren Charakter wesentlich durch Illustrationen bestimmt wird; Briefausgaben und Buchausgaben nicht original für das Buch geschriebener Werke;
   c) Werke mit mehreren Rechtsinhabern wie z.B. Anthologien, Bearbeitungen;
   d) Werke, bei denen der Autor nur Herausgeber ist;
   e) Werke im Sinne des § 47 Verlagsgesetz, für welche eine Publikationspflicht des Verlages nicht besteht.
4. Soweit es sich um Werke nach Ziffer 3 b) bis e) handelt, sollen die Verträge unter Berücksichtigung der besonderen Gegebenheiten des Einzelfalles so gestaltet werden, dass sie den Intentionen des Normvertrags entsprechen.
5. Die Vertragschließenden haben eine „Schlichtungs- und Schiedsstelle Buch" eingerichtet, die im Rahmen der vereinbarten Statuten über die vertragschließenden Verbände von jedem ihrer Mitglieder angerufen werden kann.
6. Die Vertragschließenden nehmen nunmehr Verhandlungen über die Vereinbarung von Regelhonoraren auf.[1]
7. Dieser Vertrag tritt am 1. 4. 1999 in Kraft. Er ist auf unbestimmte Zeit geschlossen und kann – mit einer Frist von sechs Monaten zum Jahresende – erstmals zum 31. 12. 2001 gekündigt werden. Die Vertragschließenden erklären sich bereit, auch ohne Kündigung auf Verlangen einer Seite in Verhandlungen über Änderungen des Vertrages einzutreten.

Stuttgart und Frankfurt am Main, den 19. Februar 1999

Industriegewerkschaft Medien	Börsenverein des Deutschen Buchhandels e.V.
Verband deutscher Schriftsteller –	– Verleger-Ausschuss –

[1] Der Verleger-Ausschuss hat den VS darauf hingewiesen, dass er für eine Vereinbarung von Regelhonoraren nach wie vor kein Mandat hat. Der VS legt jedoch Wert darauf, diese bei der Änderung des Rahmenvertrags vom 1. 1. 1984 aufgenommene Bestimmung in die Neufassung zu übernehmen.

Muster Verlagsvertrag

Verlagsvertrag

zwischen (nachstehend: Autor)

und (nachstehend: Verlag)

§1
Vertragsgegenstand

1. Gegenstand dieses Vertrages ist das vorliegende/noch zu verfassende Werk des Autors unter dem Titel/Arbeitstitel:
   (gegebenenfalls einsetzen: vereinbarter Umfang des Werks, Spezifikation des Themas usw.)
2. Der endgültige Titel wird in Abstimmung zwischen Autor und Verlag festgelegt, wobei der Autor dem Stichentscheid des Verlages zu widersprechen berechtigt ist, soweit sein Persönlichkeitsrecht verletzt würde.
3. Der Autor versichert, dass er allein berechtigt ist, über die urheberrechtlichen Nutzungsrechte an seinem Werk zu verfügen, und dass er, soweit sich aus § 14 Absatz 3 nichts anderes ergibt, bisher keine den Rechtseinräumungen dieses Vertrages entgegenstehende Verfügung getroffen hat. Das gilt auch für die vom Autor gelieferten Text- oder Bildvorlagen, deren Nutzungsrechte bei ihm liegen. Bietet er dem Verlag Text- oder Bildvorlagen an, für die dies nicht zutrifft oder nicht sicher ist, so hat er den Verlag darüber und über alle ihm bekannten oder erkennbaren rechtlich relevanten Fakten zu informieren. Soweit der Verlag den Autor mit der Beschaffung fremder Text- oder Bildvorlagen beauftragt, bedarf es einer besonderen Vereinbarung.
4. Der Autor ist verpflichtet, den Verlag schriftlich auf im Werk enthaltene Darstellungen von Personen oder Ereignissen hinzuweisen, mit denen das Risiko einer Persönlichkeitsrechtsverletzung verbunden ist. Nur wenn der Autor dieser Vertragspflicht in vollem Umfang nach bestem Wissen und Gewissen genügt hat, trägt der Verlag alle Kosten einer eventuell erforderlichen Rechtsverteidigung. Wird der Autor wegen solcher Verletzungen in Anspruch genommen, sichert ihm der Verlag seine Unterstützung zu, wie auch der Autor bei der Abwehr solcher Ansprüche gegen den Verlag mitwirkt.

Kommentar zu § 1

§ 1

(1) Hier kann selbstverständlich auch auf eine knappe Beschreibung des Inhalts, auf eine vorliegende Konzeption, auf redaktionelle Vorgaben des Verlags o. Ä. hingewiesen werden.

(2) Die Formulierung „Stichentscheid“ besagt im Klartext, dass das Entscheidungsrecht in Konfliktfällen beim Verlag liegt.

(3) Autoren übertragen häufig Rechte, die sie gar nicht besitzen. Hier empfiehlt sich die Kontrolle durch den Verlag – in seinem eigenen Interesse und dem seines Autors.

(4) Dieser Passus verpflichtet den Autor, den Verlag auf mögliche Risiken der Persönlichkeitsverletzung hinzuweisen. Zivilgerichte entscheiden im Einzelfall darüber, ob das allgemeine Persönlichkeitsrecht höher als das Kunst- und Veröffentlichungsrecht anzusehen ist.

Bei entsprechend „verdächtigen“ Manuskripten sollte der Lektor – unabhängig von der Vertragsbestimmung – vor einer Veröffentlichung fachmännischen Rat einholen und daraus mit dem Autor einvernehmlich Konsequenzen ziehen.

§ 2
Rechtseinräumungen

1. Der Autor überträgt dem Verlag räumlich unbeschränkt für die Dauer des gesetzlichen Urheberrechts das ausschließliche Recht zur Vervielfältigung und Verbreitung (Verlagsrecht) des Werkes für alle Druck- und körperlichen elektronischen Ausgaben* sowie für alle Auflagen ohne Stückzahlbegrenzung für die deutsche Sprache.
   * Sobald sich die Rahmenbedingen für elektronische Werknutzung in Datenbanken und Online-Diensten geklärt haben, werden sich VS in der IG Medien und Börsenverein über eine entsprechende Ergänzung des Normvertrages verständigen. Bis dahin sollten entsprechende Rechtseinräumungen einzelvertraglich geregelt werden.
2. Der Autor räumt dem Verlag für die Dauer des Hauptrechts gemäß Absatz 1 und § 5 Absatz 2 außerdem folgende ausschließliche Nebenrechte – insgesamt oder einzeln – ein:
   a) Das Recht des ganzen oder teilweisen Vorabdrucks und Nachdrucks, auch in Zeitungen und Zeitschriften;
   b) das Recht der Übersetzung in eine andere Sprache oder Mundart;
   c) das Recht zur Vergabe von Lizenzen für deutschsprachige Ausgaben in anderen Ländern sowie für Taschenbuch-, Volks-, Sonder-, Reprint-, Schul- oder Buchgemeinschaftsausgaben oder andere Druck- und körperliche elektronische Ausgaben;
   d) das Recht der Herausgabe von Mikrokopieausgaben;
   e) das Recht zu sonstiger Vervielfältigung, insbesondere durch fotomechanische oder ähnliche Verfahren (z. B. Fotokopie);
   f) das Recht zur Aufnahme auf Vorrichtungen zur wiederholbaren Wiedergabe mittels Bild- oder Tonträger (z. B. Hörbuch) sowie das Recht zu deren Vervielfältigung, Verbreitung und Wiedergabe;
   g) das Recht zum Vortrag des Werks durch Dritte;
   h) die am Werk oder seiner Bild- oder Tonträgerfixierung oder durch Lautsprecherübertragung oder Sendung entstehenden Wiedergabe- und Überspielungsrechte;
   i) das Recht zur Vergabe von deutsch- oder fremdsprachigen Lizenzen in das In- und Ausland zur Ausübung der Nebenrechte a) bis h).
3. Darüber hinaus räumt der Autor dem Verlag für die Dauer des Hauptrechts gemäß Absatz 1 weitere ausschließliche Nebenrechte – insgesamt oder einzeln – ein:
   a) Das Recht zur Bearbeitung als Bühnenstück sowie das Recht der Aufführung des so bearbeiteten Werkes;
   b) das Recht zur Verfilmung einschließlich der Rechte zur Bearbeitung als Drehbuch und zur Vorführung des so hergestellten Films;
   c) das Recht zur Bearbeitung und Verwertung des Werks im Fernsehfunk einschließlich Wiedergaberecht;

d) das Recht zur Bearbeitung und Verwertung des Werks im Hörfunk, z.B. als Hörspiel einschließlich Wiedergaberecht;
e) das Recht zur Vertonung des Werks;
f) das Recht zur Vergabe von Lizenzen zur Ausübung der Nebenrechte a) bis e).

4. Der Autor räumt dem Verlag schließlich für die Dauer des Hauptrechts gemäß Absatz 1 alle durch die Verwertungsgesellschaft Wort wahrgenommenen Rechte nach deren Satzung, Wahrnehmungsvertrag und Verteilungsplan zur gemeinsamen Einbringung ein. Bereits abgeschlossene Wahrnehmungsverträge bleiben davon unberührt.
5. Für die Rechtseinräumungen nach Absatz 2 bis 4 gelten folgende Beschränkungen:
   a) Soweit der Verlag selbst die Nebenrechte gemäß Absatz 2 und 3 ausübt, gelten für die Ermittlung des Honorars die Bestimmungen über das Absatzhonorar nach § 4 anstelle der Bestimmungen für die Verwertung von Nebenrechten. Enthält § 4 für das jeweilige Nebenrecht keine Vergütungsregelung, so ist eine solche nachträglich zu vereinbaren.
   b) Der Verlag darf das ihm nach Absatz 2 bis 4 eingeräumte Vergaberecht nicht ohne Zustimmung des Autors abtreten. Dies gilt nicht gegenüber ausländischen Lizenznehmern für die Einräumung von Sublizenzen in ihrem Sprachgebiet sowie für die branchenübliche Sicherungsabtretung von Verfilmungsrechten zur Produktionsfinanzierung.
   c) Das Recht zur Vergabe von Nebenrechten nach Absatz 2 bis 4 endet mit der Beendigung des Hauptrechts gemäß Absatz 1; der Bestand bereits abgeschlossener Lizenzverträge bleibt hiervon unberührt.
   d) Ist der Verlag berechtigt, das Werk zu bearbeiten oder bearbeiten zu lassen, so hat er Beeinträchtigungen des Werkes zu unterlassen, die geistige und persönliche Rechte des Autors am Werk zu gefährden geeignet sind. Im Falle einer Vergabe von Lizenzen zur Ausübung der Nebenrechte gemäß Absatz 2 und Absatz 3 wird der Verlag darauf hinwirken, dass der Autor vor Beginn einer entsprechenden Bearbeitung des Werkes vom Lizenznehmer gehört wird. Möchte der Verlag einzelne Nebenrechte selbst ausüben, so hat er den Autor anzuhören und ihm bei persönlicher und fachlicher Eignung die entsprechende Bearbeitung des Werkes anzubieten, bevor damit Dritte beauftragt werden.

Kommentar zu § 2

§ 2

(1) Dies ist die wichtigste Bestimmung des Vertrags, denn hier räumt der Autor dem Verlag die für dessen Aktivitäten notwendigen Rechte ein. Auch die Aussage über die Auflagen ohne Stückzahlbegrenzung haben besondere Bedeutung, weil der Verlag ohne sie nach dem Verlagsgesetz aus dem Jahre 1901 lediglich die Rechte für eine Auflage von maximal 1000 Stück erwerben würde. Die Einschränkung „für die deutsche Sprache“ wird im § 2 (2b) relativiert.

An dieser Stelle sei noch einmal auf das ›Zweite Gesetz zur Regelung des Urheberrechts in der Informationsgesellschaft‹, den so genannten ›Zweiten Korb‹ hingewiesen (Kap. 4.1), in dem es unter anderem um den Erwerb und die vertraglichen Bestimmungen unbekannter Nutzungsarten geht, die im Zuge technischer Entwicklungen entstehen, wie im Falle eines PDF-Downloads.

(2 bis 4) Absatz 2 regelt die so genannten buchnahen und Absatz 3 die buchfernen Nebenrechte. Dabei kommt insbesondere den buchnahen Nebenrechten in fast allen Programmbereichen eine wesentliche Bedeutung zu. Der Verlag sollte also stets Wert darauf legen, dass er die Nebenrechte in vollem Umfang erwirbt.

(5) Die in 5b angesprochene Beschränkung betrifft das gesamte Recht zur Vergabe von Lizenzen, nicht jedoch die Vergabe einzelner Rechte wie Taschenbuch, Übersetzung etc. Hierzu braucht der Verlag keine ausdrückliche Zustimmung des Autors, sofern er diese Rechte vertraglich erworben hat.

Die in 5d thematisierte neue Regelung ist eine Vereinbarung zugunsten des Urhebers. So soll der Verlag künftig darauf hinwirken, bei Lizenzvergaben wie Übersetzungen, Bearbeitungen, Dramatisierungen etc. den Autor vor der betreffenden Bearbeitung zu hören. Wenn der Verlag selbst das Nebenrecht ausübt, soll er dem Autor die Bearbeitung anbieten, falls dieser dazu geeignet ist, bevor ein Dritter damit beauftragt wird.

§ 3
Verlagspflicht

1. Das Werk wird zunächst als ______________________-Ausgabe (z. B. Hardcover, Paperback, Taschenbuch, CD-ROM) erscheinen; nachträgliche Änderungen der Form der Erstausgabe bedürfen des Einvernehmens mit dem Autor.
2. Der Verlag ist verpflichtet, das Werk in der in Absatz 1 genannten Form zu vervielfältigen, zu verbreiten und dafür angemessen zu werben.
3. Ausstattung, Buchumschlag, Auflagenhöhe, Auslieferungstermin, Ladenpreis und Werbemaßnahmen werden vom Verlag nach pflichtgemäßem Ermessen unter Berücksichtigung des Vertragszwecks sowie der im Verlagsbuchhandel für Ausgaben dieser Art herrschenden Übung bestimmt.
4. Das Recht des Verlags zur Bestimmung des Ladenpreises nach pflichtgemäßem Ermessen schließt auch dessen spätere Herauf- oder Herabsetzung ein. Vor Herabsetzung des Ladenpreises wird der Autor benachrichtigt.
5. Als Erscheinungstermin ist vorgesehen: ______________________ Eine Änderung des Erscheinungstermins erfolgt in Absprache mit dem Autor.

Kommentar zu § 3

§ 3

(2) Die Bestimmung bedeutet im Klartext, dass der Verlag grundsätzlich nicht über ein Ablehnungsrecht verfügt – es sei denn, er hätte dies ausdrücklich vereinbart. Anders verhält es sich bei einem so genannten Bestellvertrag, der dem Autor Inhalt sowie Art und Weise der Stoffbehandlung vorschreibt. In einem solchen Fall besteht keine Vervielfältigungs- und Verbreitungspflicht, wohl aber die Honorarpflicht.

Die Bestimmung der „angemessenen“ Werbung führt häufig zu Meinungsdifferenzen zwischen Autor und Verlag. So unbefriedigend die Gummiformulierung auch sein mag – es ist dringend davon abzuraten, konkrete Werbesummen im Vertrag festzuschreiben. Abgesehen davon, dass der Verlag hiermit Präzedenzfälle schaffen würde, die nicht in seinem Interesse liegen können, ist eine solche Festschreibung nach vernünftigen Kriterien bei Vertragsabschluss kaum möglich. Allein schon deshalb nicht, weil die Zusammensetzung des Verlagsprogramms zu diesem Zeitpunkt normalerweise noch nicht feststeht.

(3) Auch wenn dazu keinerlei rechtliche Verpflichtung besteht, sollte jeder Verlagslektor über die Frage der Ausstattung und des Schutzumschlags schon frühzeitig sowohl mit dem Autor als auch dem Verlagshersteller oder der beauftragten Agentur sprechen, um etwaigen späteren Kollisionen vorzubeugen.

(4) Eine Herabsetzung des Ladenpreises würde bei Absatzhonoraren einer Schmälerung des Autorenhonorars gleichkommen.

§ 4
Absatzhonorar für Verlagsausgaben

1. Der Autor erhält für jedes verkaufte und bezahlte Exemplar ein Honorar auf der Basis des um die darin enthaltene Mehrwertsteuer verminderten Ladenverkaufspreises (Nettoladenverkaufspreis).
   oder:
   Der Autor erhält für jedes verkaufte und bezahlte Exemplar ein Honorar auf der Basis des um die darin enthaltene Mehrwertsteuer verminderten Verlagsabgabepreises (Nettoverlagsabgabepreis). In diesem Falle ist bei der Vereinbarung des Honorarsatzes die im Vergleich zum Nettoladenverkaufspreis geringere Bemessungsgrundlage zu berücksichtigen.
   oder:
   Der Autor erhält ein Honorar auf der Basis des mit der Verlagsausgabe des Werkes erzielten, um die Mehrwertsteuer verminderten Umsatzes (Nettoumsatzbeteiligung). Dabei hat der Autor Anspruch auf Ausweis der verkauften Exemplare einschließlich der Partie- und Portoersatzstücke, für die dann Absatz 5 nicht gilt. In diesem Falle ist bei der Vereinbarung des Honorarsatzes die im Vergleich zum Nettoladenverkaufspreis geringere Bemessungsgrundlage zu berücksichtigen.
2. Das Honorar für die verschiedenen Arten von Ausgaben (z.B. Hardcover, Taschenbuch usw.) beträgt für
   a) ____________-Ausgaben ____% vom Preis gemäß Absatz 1.
      Es erhöht sich nach dem Absatz des Werkes
      von ______ bis ______ Exemplaren auf ____%,
      von ______ bis ______ Exemplaren auf ____%;
      ab ______ Exemplaren auf ____%.
   b) ____________-Ausgaben ____% vom Preis gemäß Absatz 1.
      Es erhöht sich nach dem Absatz des Werkes
      von ______ bis ______ Exemplaren auf ____%;
      von ______ bis ______ Exemplaren auf ____%;
      ab ______ Exemplaren auf ____%.
   c) ____________-Ausgaben ____% vom Preis gemäß Absatz 1.
      Es erhöht sich nach dem Absatz des Werkes
      von ______ bis ______ Exemplaren auf ____%;
      von ______ bis ______ Exemplaren auf ____%;
      ab ______ Exemplaren auf ____%.

d) Für Verlagserzeugnisse, die nicht der Preisbindung unterliegen (z. B. Hörbücher), erhält der Autor für jedes verkaufte und bezahlte Exemplar ein Honorar auf der Basis des um die darin enthaltene Mehrwertsteuer verminderten Verlagsabgabepreises (Nettoverlagsabgabepreis), und zwar für
_______________-Ausgaben ____% vom Nettoverlagsabgabepreis.
Es erhöht sich nach dem Absatz des Werkes
von _______ bis _______ Exemplaren auf ____%;
von _______ bis _______ Exemplaren auf ____%;
ab _______ Exemplaren auf ____%.

e) Beim Verkauf von Rohbogen der Originalausgabe außerhalb von Nebenrechtseinräumungen gilt ein Honorarsatz von ____% vom Verlagsabgabepreis.

3. Auf seine Honoraransprüche – einschließlich der Ansprüche aus § 5 – erhält der Autor einen Vorschuss in Höhe von Euro ___________ Dieser Vorschuss ist fällig
zu ____% bei Abschluss des Vertrages,
zu ____% bei Ablieferung des Manuskripts gemäß § 1 Absatz 1 und § 6 Absatz 1,
zu ____% bei Erscheinen des Werkes, spätestens am ___________
4. Der Vorschuss gemäß Absatz 3 stellt ein garantiertes Mindesthonorar für dieses Werk dar. Er ist nicht rückzahlbar, jedoch mit allen Ansprüchen des Autors aus diesem Vertrag verrechenbar.
5. Pflicht-, Prüf-, Werbe- und Besprechungsexemplare sind honorarfrei; darunter fallen nicht Partie- und Portoersatzstücke sowie solche Exemplare, die für Werbezwecke des Verlages, nicht aber des Buches abgegeben werden.
6. Ist der Autor mehrwertsteuerpflichtig, zahlt der Verlag die auf die Honorarbeträge anfallende gesetzliche Mehrwertsteuer zusätzlich.
7. Honorarabrechnung und Zahlung erfolgen halbjährlich zum 30. Juni und zum 31. Dezember innerhalb der auf den Stichtag folgenden 3 Monate.
oder:
Honorarabrechnung und Zahlung erfolgen zum 31. Dezember jedes Jahres innerhalb der auf den Stichtag folgenden drei Monate.
Der Verlag leistet dem Autor entsprechende Abschlagszahlungen, sobald er Guthaben von mehr als Euro ________ feststellt. Honorare auf im Abrechnungszeitraum remittierte Exemplare werden vom Guthaben abgezogen.
8. Der Verlag ist verpflichtet, einem vom Autor beauftragten Wirtschaftsprüfer, Steuerberater oder vereidigten Buchsachverständigen zur Überprüfung der Honorarabrechnungen Einsicht in die Bücher und Unterlagen zu gewähren. Die hierdurch anfallenden Kosten trägt der Verlag, wenn sich die Abrechnungen als fehlerhaft erweisen.
9. Nach dem Tode des Autors bestehen die Verpflichtungen des Verlags nach Absatz 1 bis 8 gegenüber den durch Erbschein ausgewiesenen Erben, die bei einer Mehrzahl von Erben einen gemeinsamen Bevollmächtigten zu benennen haben.

Kommentar zu § 4

§ 4

(1) Dieser Absatz nennt die Bezugsgrößen für die Berechnung des Honorars. Den genannten drei Alternativen liegt das Prinzip des Absatzhonorars zugrunde. Wichtig hierbei ist die Unterscheidung zwischen den Bemessungsgrundlagen Nettoladenpreis als Alternative 1 und dem Nettoverlagsabgabepreis (= Handelserlös, netto) als Alternative 2. Wichtig deshalb, weil bei der Alternative 2 vermehrte Verkaufsanstrengungen des Verlages in Form von höheren Händlerrabatten über das Honorar verrechnet werden. Zwangsläufig muss der prozentuale Wert bei der Alternative 2 deutlich höher liegen als bei Alternative 1, denn die Bezugsgröße liegt viel niedriger. Die Alternative 3 erfordert eine genaue Buchhaltung hinsichtlich der einzurechnenden Freiexemplare. Für den Verlag einfacher stellt sich die Regelung dar, generell einen bestimmten Prozentsatz der Auflage nicht in die Honorarregelung mit einfließen zu lassen. Dies würde dann alle nicht bezahlten Freiexemplare betreffen.

(2) Eine gestaffelte Erhöhung der Absatzhonorare ab einer vereinbarten Stückzahl (= Staffelhonorar) wird häufig vereinbart; insbesondere bei Bestsellerautoren, deren Staffel mitunter bis zu 15 Prozent reicht.

(3) Die Zahlung von Vorschüssen ist nicht zwingend, aber weit verbreitet. Auch die Zahlung in drei Raten ist üblich.

(4) Bisher galt, dass die Verrechenbarkeit des Vorschusses nicht nur gegen Ansprüche des Autors aus dem vorliegenden Vertrag, sondern auch gegen andere Ansprüche, insbesondere aus früheren Verträgen, möglich ist. Dagegen versteht die neue Regelung den Vorschuss als garantiertes Mindesthonorar, das nur mit den Ansprüchen des Autors gegen den Verlag aus dem vorliegenden Vertrag zu verrechnen ist.

(5) Pflichtexemplare (Bücher, aber auch Zeitungen, Zeitschriften, CDs, Online-Medien, Noten etc.) sind laut *Gesetz über die Deutsche Nationalbibliothek* und einer speziellen *Pflichtstückverordnung* kostenfrei abzugeben. In der Praxis sieht dies so aus: Die Verleger in Berlin, Brandenburg, Mecklenburg-Vorpommern, Nordrhein-Westfalen, Sachsen, Sachsen-Anhalt und Thüringen senden zwei Exemplare nach Leipzig und die Verleger aller übrigen Bundesländer übermitteln ihre Pflichtstücke nach Frankfurt. In den jeweiligen Häusern wird eine einheitliche Signatur vergeben und das Duplikat anschließend im Austausch an die andere Sammelstelle gebracht. Auch an zentrale Landesbibliotheken ist laut Landespressegesetzen ein Pflichtstück abzuliefern. Die Bibliotheken müssen ein vollständiges Werk eingereicht bekommen und nicht nur das Titelblatt oder ein Defektexemplar.

Die Zahl der Werbe- und Rezensionsexemplare bei Erstauflagen von Fachbüchern kann bei einer Druckauflage von 2000 Exemplaren annähernd 10 Prozent der Druckauflage ausmachen. Prüfstücke sind Exemplare eines Werkes, die an Lehrer geschickt werden, um den Einsatz des Titels im Unterricht zu prüfen.

Der Normvertrag unterscheidet Werbeexemplare für das Buch und Werbeexemplare für den Verlag. Im erstgenannten Fall kommen diese Exemplare dem konkreten Buch zugute und sind demnach honorarfrei. Im anderen Fall verschenkt der Verlag (aus Imagegründen) Exemplare seiner Produktion an Interessenten oder Multiplikatoren. Diese Exemplare sind honorarpflichtig.

(6) Für die Buchhaltung und etwaige Betriebsprüfungen ist es sinnvoll, die Steuernummer und das Finanzamt des Autors in den Unterlagen parat zu haben.

(7) Heute besteht die Tendenz, einmal im Jahr abzurechnen. Bei Hausautoren stellen jedoch zwischenzeitliche Abschlagszahlungen keine Seltenheit dar.

(9) Das UrhG schreibt eine Schutzfrist von 70 Jahren p. m. a. vor. Wurden die Rechte für die Dauer des gesetzlichen Urheberrechts eingeräumt, so genießen nach dem Tode des Autors dessen Erben den vollen urheberrechtlichen Schutz.

§ 5
Nebenrechtsverwertung

1. Der Verlag ist verpflichtet, sich intensiv um die Verwertung der ihm eingeräumten Nebenrechte innerhalb der für das jeweilige Nebenrecht unter Berücksichtigung von Art und Absatz der Originalausgabe angemessenen Frist zu bemühen und den Autor auf Verlangen zu informieren. Bei mehreren sich untereinander ausschließenden Verwertungsmöglichkeiten wird er die für den Autor materiell und ideell möglichst günstige wählen, auch wenn er selbst bei dieser Nebenrechtsverwertung konkurriert. Der Verlag unterrichtet den Autor unaufgefordert über erfolgte Verwertungen und deren Bedingungen.
2. Verletzt der Verlag seine Verpflichtungen gemäß Absatz 1, so kann der Autor die hiervon betroffenen Nebenrechte – auch einzeln – nach den Regeln des § 41 UrhG zurückrufen; der Bestand des Vertrages im Übrigen wird hiervon nicht berührt.
3. Der aus der Verwertung der Nebenrechte erzielte Erlös wird zwischen Autor und Verlag geteilt, und zwar erhält der Autor
   ____% bei den Nebenrechten des § 2 Absatz 2;
   ____% bei den Nebenrechten des § 2 Absatz 3.
   (Bei der Berechnung des Erlöses wird davon ausgegangen, dass in der Regel etwaige aus der Inlandsverwertung anfallende Agenturprovisionen und ähnliche Nebenkosten allein auf den Verlagsanteil zu verrechnen, für Auslandsverwertung anfallende Nebenkosten vom Gesamterlös vor Aufteilung abzuziehen sind.) Soweit Nebenrechte durch Verwertungsgesellschaften wahrgenommen werden, richten sich die Anteile von Verlag und Autor nach deren satzungsgemäßen Bestimmungen.
4. Für Abrechnung und Fälligkeit gelten die Bestimmungen von § 4 Absatz 7, 8 und 9 entsprechend.
5. Die Vergabe von Lizenzen an gemeinnützige Blindenselbsthilfeorganisationen für Ausgaben, die ausschließlich für Blinde und Sehbehinderte bestimmt sind (Druckausgaben in Punktschrift, Tonträgerausgaben mit akustischen Benutzungsanweisungen und entsprechende Ausgaben auf Datenträgern), darf vergütungsfrei erfolgen.

Kommentar zu § 5

§ 5

(1) Was von Buchhändlern mitunter als unfreundlicher Akt empfunden wird, dazu sind Verlage laut Vertrag verpflichtet: „sich intensiv um die Verwertung der ihm eingeräumten Nebenrechte […] zu bemühen“. Es kann also bei dieser Diskussion nicht um das *ob*, sondern höchstens um das *wann* gehen. Das so genannte Potsdamer Protokoll, eine Branchenvereinbarung hinsichtlich der Buchclubausgaben, legt einen angemessenen Mindestabstand (wünschenswert neun bis zwölf, mindestens jedoch vier Monate) fest und knüpft den günstigen Preis der Parallelausgabe

darüber hinaus an einen Ausstattungsunterschied sowie an den Erwerb des Buches im Rahmen der Mitgliedschaft. Für Taschenbuchausgaben gibt es keine festgeschriebenen Zeitgrenzen. Häufig erscheinen Taschenbücher jedoch bereits 1 $^{1}/_{4}$ Jahre nach der Originalausgabe.

(2) § 41 UrhG schließt den Rückruf für die Dauer von zwei Jahren nach Ablieferung des Manuskripts bzw. Einräumung des Nutzungsrechts aus. Außerdem muss der Autor vor dem Rückruf eine angemessene Nachfrist zur Verwertung des Nutzungsrechtes setzen. Auf dieses Rückrufsrecht kann übrigens im Voraus nicht verzichtet werden. Mit Wirksamwerden des Rückrufs erlischt dann das Nutzungsrecht für den Verlag.

(3) Bei Fach- und Wissenschaftsbüchern beträgt die Teilung häufig 50 Prozent zu 50 Prozent. Bei Publikumstiteln verschiebt sich der prozentuale Schlüssel zugunsten des Autors: 60 zu 40, aber auch 70 zu 30 findet man in konkreten Fällen.

§ 6
Manuskriptablieferung

1. Der Autor verpflichtet sich, dem Verlag bis spätestens ____________________/binnen ____________________ das vollständige und vervielfältigungsfähige Manuskript gemäß § 1 Absatz 1 (einschließlich etwa vorgesehener und vom Autor zu beschaffender Bildvorlagen) mit Maschine geschrieben oder in folgender Form zu übergeben: ____________________*.

   * Erfolgt die Manuskriptabgabe in elektronischer Form, so ist ein entsprechender Papierausdruck beizufügen. Wird diese(r) Termin/Frist nicht eingehalten, gilt als angemessene Nachfrist im Sinne des § 30 Verlagsgesetz ein Zeitraum von ____________ Monaten.
2. Der Autor behält eine Kopie des Manuskripts bei sich.
3. Das Manuskript bleibt Eigentum des Autors und ist ihm vom Verlag nach Erscheinen des Werkes auf Verlangen zurückzugeben.

Kommentar zu § 6

§ 6

(1) Der zitierte § 30 des Verlagsgesetzes besagt, dass der Verleger ein Rücktrittsrecht hat, wenn der Autor den im Verlagsvertrag festgeschriebenen Ablieferungstermin nicht einhält. Dazu ist jedoch erforderlich, dass der Verleger dem Autor eine angemessene Nachfrist mit dem Hinweis setzt, dass er nach deren Ablauf vom Verlagsvertrag zurücktritt. Die Nachfrist kann individuell bestimmt und verlängert werden. 60 Tage sind ein üblicher Anhaltspunkt.

(2) Dieser Satz ist für den Fall wichtig, dass das Manuskript verloren gehen sollte. In der Praxis liegen heute Manuskripte auf dem Rechner des Autors.

§ 7
Freiexemplare

1. Der Autor erhält für seinen eigenen Bedarf ____ Freiexemplare. Bei der Herstellung von mehr als ____ Exemplaren erhält der Autor ____ weitere Freiexemplare und bei der Herstellung von mehr als ____ Exemplaren ____ weitere Freiexemplare.
2. Darüber hinaus kann der Autor Exemplare seines Werkes zu einem Höchstrabatt von ____% vom Ladenpreis vom Verlag beziehen.
3. Sämtliche gemäß Absatz 1 oder 2 übernommenen Exemplare dürfen nicht weiterverkauft werden.

Kommentar zu § 7

§ 7

(1) Nach § 25 Verlagsgesetz steht dem Autor pro 100 Exemplare ein Freiexemplar zu, insgesamt jedoch nicht weniger als fünf und nicht mehr als fünfzehn.

(2) In der Praxis sind 35 bis 50 Prozent üblich. Manche Verlage bieten ihren Autoren darüber hinaus an, auch andere im Verlag erschienene Werke abzüglich eines Rabattes zu beziehen. Eine praktische Regel besteht in folgendem Verfahren: 40 Prozent gibt es für die eigenen Werke des Autors und 30 Prozent für Werke anderer Autoren des Verlags.

§ 8
Satz, Korrektur

1. Die erste Korrektur des Satzes wird vom Verlag oder von der Druckerei vorgenommen. Der Verlag ist sodann verpflichtet, dem Autor in allen Teilen gut lesbare Abzüge zu übersenden, die der Autor unverzüglich honorarfrei korrigiert und mit dem Vermerk „druckfertig" versieht; durch diesen Vermerk werden auch etwaige Abweichungen vom Manuskript genehmigt. Abzüge gelten auch dann als „druckfertig", wenn sich der Autor nicht innerhalb angemessener Frist nach Erhalt zu ihnen erklärt hat.
2. Nimmt der Autor Änderungen im fertigen Satz vor, so hat er die dadurch entstehenden Mehrkosten – berechnet nach dem Selbstkostenpreis des Verlages – insoweit zu tragen, als sie 10% der Satzkosten übersteigen. Dies gilt nicht für Änderungen bei Sachbüchern, die durch Entwicklungen der Fakten nach Ablieferung des Manuskripts erforderlich geworden sind.

Kommentar zu § 8

§ 8

(2) Eine heikle Bestimmung, die häufig aus Rücksicht auf den Autor nicht durchzusetzen ist – dennoch ein wichtiger Bestandteil des Vertrags, um sich unnötige Mehrkosten in der Produktion vor Augen zu halten. Im Prinzip sollte immer erst dann gesetzt werden, wenn die vom Autor genehmigte Endfassung des Textes vorliegt. Dieses Postulat ist in der Praxis jedoch nicht immer umzusetzen.

§ 9
Lieferbarkeit, veränderte Neuauflagen

1. Wenn die Verlagsausgabe des Werkes vergriffen ist und nicht mehr angeboten und ausgeliefert wird, ist der Autor zu benachrichtigen. Der Autor ist dann berechtigt, den Verlag schriftlich aufzufordern, sich spätestens innerhalb von 3 Monaten nach Eingang der Aufforderung zu verpflichten, innerhalb einer Frist von ____ Monat(en)/Jahr(en) nach Ablauf der Dreimonatsfrist eine ausreichende Anzahl weiterer Exemplare des Werkes herzustellen und zu verbreiten. Geht der Verlag eine solche Verpflichtung nicht fristgerecht ein oder wird die Neuherstellungsfrist nicht gewahrt, ist der Autor berechtigt, durch schriftliche Erklärung von diesem Verlagsvertrag zurückzutreten. Bei Verschulden des Verlages kann er stattdessen Schadenersatz wegen Nichterfüllung verlangen. Der Verlag bleibt im Falle des Rückrufs zum Verkauf der ihm danach (z.B. aus Remissionen) noch zufließenden Restexemplare innerhalb einer Frist von ________ berechtigt; er ist verpflichtet, dem Autor die Anzahl dieser Exemplare anzugeben und ihm die Übernahme anzubieten.
2. Der Autor ist berechtigt und, wenn es der Charakter des Werkes (z.B. eines Sachbuchs) erfordert, auch verpflichtet, das Werk für weitere Auflagen zu überarbeiten; wesentliche Veränderungen von Art und Umfang des Werkes bedürfen der Zustimmung des Verlages. Ist der Autor zu der Bearbeitung nicht bereit oder nicht in der Lage oder liefert er die Überarbeitung nicht innerhalb einer angemessenen Frist nach Aufforderung durch den Verlag ab, so ist der Verlag zur Bestellung eines anderen Bearbeiters berechtigt. Wesentliche Änderungen des Charakters des Werkes bedürfen dann der Zustimmung des Autors.

Kommentar zu § 9

§ 9

(1) Diese Bestimmung ist deshalb wichtig, weil das Verlagsrecht keineswegs automatisch endet – selbst dann nicht, wenn das Werk über Jahre vergriffen ist. Der Autor muss das Verlagsrecht zurückrufen. Dies kann er jedoch erst dann tun, nachdem er dem Verleger eine Frist zur weiteren Vervielfältigung seines Buches gesetzt hat und diese ergebnislos verstrichen ist.

(2) Hier geht es um die Verpflichtung des Autors, das Werk für weitere Auflagen zu bearbeiten. Wenn der Autor dieser Pflicht nicht nachkommt, kann der Verlag einen anderen Bearbeiter beauftragen. Der Verleger-Ausschuss hat eine Formulierung durchzusetzen versucht, wonach die Kosten der Bearbeitung durch einen Dritten dem Autor in Rechnung gestellt werden können – dies stieß aber auf strikte Ablehnung des Schriftstellerverbandes.
Nicht nur deshalb sollten zu diesem Absatz gegebenenfalls auch die Vertragsbestimmungen der Vertragsnormen für wissenschaftliche Werke hinzugezogen werden. Ein entsprechender Normvertrag kann vom Verleger-Ausschuss des Börsenvereins angefordert oder im Internet unter *www.boersenverein.de* eingesehen und heruntergeladen werden.

§ 10
Verramschung, Makulierung

1. Der Verlag kann das Werk verramschen, wenn der Verkauf in zwei aufeinander folgenden Kalenderjahren unter ________ Exemplaren pro Jahr gelegen hat. Am Erlös ist der Autor in Höhe seines sich aus § 4 Absatz 2 ergebenden Grundhonorarprozentsatzes beteiligt.
2. Erweist sich auch ein Absatz zum Ramschpreis als nicht durchführbar, kann der Verlag die Restauflage makulieren.
3. Der Verlag ist verpflichtet, den Autor vor einer beabsichtigten Verramschung bzw. Makulierung zu informieren. Der Autor hat das Recht, durch einseitige Erklärung die noch vorhandene Restauflage bei beabsichtigter Verramschung zum Ramschpreis abzüglich des Prozentsatzes seiner Beteiligung und bei beabsichtigter Makulierung unentgeltlich – ganz oder teilweise – ab Lager zu übernehmen. Bei beabsichtigter Verramschung kann das Übernahmerecht nur bezüglich der gesamten noch vorhandenen Restauflage ausgeübt werden.
4. Das Recht des Autors, im Falle der Verramschung oder Makulierung vom Vertrag zurückzutreten, richtet sich nach den §§ 32, 30 Verlagsgesetz.

Kommentar zu § 10

§ 10

(1) Bei wissenschaftlichen Werken benötigt der Verleger nach dem entsprechenden Normvertrag die Zustimmung des Autors, wenn er in den ersten fünf Jahren nach Drucklegung ein Werk verramschen oder makulieren will.

(3) Die Informationspflicht gegenüber dem Autor ist zwingend. Verstöße machen den Verleger schadenersatzpflichtig.

§ 11
Rezensionen

Der Verlag wird bei ihm eingehende Rezensionen des Werkes innerhalb des ersten Jahres nach Ersterscheinen umgehend, danach in angemessenen Zeitabständen dem Autor zur Kenntnis bringen.

§ 12
Urheberbenennung, Copyright-Vermerk

1. Der Verlag ist verpflichtet, den Autor in angemessener Weise als Urheber des Werkes auszuweisen.
2. Der Verlag ist verpflichtet, bei der Veröffentlichung des Werkes den Copyright-Vermerk im Sinne des Welturheberrechtsabkommens anzubringen.

Kommentar zu § 12

§ 12

(1) Dies ergibt sich aus dem Urheberpersönlichkeitsrecht des Autors: Laut § 13 UrhG hat er ein Recht auf Anerkennung der Urheberschaft und kann die Urheberbezeichnung selbst bestimmen.

(2) Der Copyright-Vermerk umfasst nach Artikel 3 des Welturheberrechtsabkommens ein Symbol (ein von einem Kreis umschlossenes C), die Angabe des Inhabers des Urheber- und/oder Verlagsrechts sowie die Jahreszahl der Veröffentlichung. Üblicherweise wird als Inhaber des Copyrights der Verlag angegeben.
Im Falle der vorliegenden Veröffentlichung: © 2008 by Primus Verlag

§ 13
Änderungen der Eigentums- und Programmstrukturen des Verlags

1. Der Verlag ist verpflichtet, dem Autor anzuzeigen, wenn sich in seinen Eigentums- oder Beteiligungsverhältnissen eine wesentliche Veränderung ergibt. Eine Veränderung ist wesentlich, wenn
   a) der Verlag oder Verlagsteile veräußert werden;
   b) sich in den Beteiligungsverhältnissen einer den Verlag betreibenden Gesellschaft gegenüber denen zum Zeitpunkt dieses Vertragsabschlusses Veränderungen um mindestens 25% der Kapital- oder Stimmrechtsanteile ergeben.

   Wird eine Beteiligung an der den Verlag betreibenden Gesellschaft von einer anderen Gesellschaft gehalten, gelten Veränderungen in deren Kapital- oder Stimmrechtsverhältnissen als solche des Verlages. Der Prozentsatz der Veränderungen ist entsprechend der Beteiligung dieser Gesellschaft an der Verlagsgesellschaft umzurechnen.
2. Der Autor ist berechtigt, durch schriftliche Erklärung gegenüber dem Verlag von etwa bestehenden Optionen oder von Verlagsverträgen über Werke, deren Herstellung der Verlag noch nicht begonnen hat, zurückzutreten, wenn sich durch eine Veränderung gemäß Absatz 1 oder durch Änderung der über das Verlagsprogramm entscheidenden Verlagsleitung eine so grundsätzliche Veränderung des Verlagsprogamms in seiner Struktur und Tendenz ergibt, dass dem Autor nach der Art seines Werkes und unter Berücksichtigung des bei Abschluss dieses Vertrages bestehenden Verlagsprogramms ein Festhalten am Vertrag nicht zugemutet werden kann.
3. Das Rücktrittsrecht kann nur innerhalb eines Jahres nach Zugang der Anzeige des Verlages gemäß Absatz 1 ausgeübt werden.

Kommentar zu § 13

§ 13

(1) Der wirtschaftliche Wert eines Verlages wird ganz wesentlich von seinem Rechtebestand bestimmt. Daher war diese Bestimmung bereits bei den ersten Verhandlungen über einen Normvertrag in den 70er Jahren des 20. Jahrhunderts zwischen dem Schriftstellerverband und dem Verleger-Ausschuss außerordentlich hart umstritten. Die Schriftsteller beanspruchen ein Rück-

trittsrecht schon bei wesentlicher Veränderung der Besitzverhältnisse oder bei einem Wechsel der Verlagsleitung. Dem widersprachen die Verleger heftigst, weil dann der Wert ihrer Verlage bei eventuellen Verkaufsabsichten gemindert werden würde. Der 1978 erarbeitete und bis heute umstrittene Kompromiss wurde in dem Normvertrag dennoch nahezu unverändert übernommen. Trotzdem gilt als Faustregel: Autoren, auf die ein Verlag nicht verzichten kann und will, können diesen Paragrafen des Normvertrags stets durchsetzen, andere nicht.

§ 14
Schlussbestimmungen

1. Soweit dieser Vertrag keine Regelungen enthält, gelten die allgemeinen gesetzlichen Bestimmungen des Rechts der Bundesrepublik Deutschland und der Europäischen Union. Die Nichtigkeit oder Unwirksamkeit einzelner Bestimmungen dieses Vertrages berührt die Gültigkeit der übrigen Bestimmungen nicht. Die Parteien sind alsdann verpflichtet, die mangelhafte Bestimmung durch eine solche zu ersetzen, deren wirtschaftlicher und juristischer Sinn dem der mangelhaften Bestimmung möglichst nahe kommt.
2. Die Parteien erklären, Mitglieder bzw. Wahrnehmungsberechtigte folgender Verwertungsgesellschaften zu sein:
   Der Autor: ______________________
   Der Verlag: ______________________
3. Im Rahmen von Mandatsverträgen hat der Autor bereits folgende Rechte an Verwertungsgesellschaften übertragen:
   ______________________ an die VG: ______________________
   ______________________ an die VG: ______________________
   ______________________ an die VG: ______________________

______________________, den ____________
(Autor)

______________________, den ____________
(Verlag)

4.4 Titelschutz

Zum Schluss dieses juristischen Kapitels sei auf den Titelschutz eingegangen. Sobald der Titel eines Buches feststeht, muss vom Lektor geprüft werden, ob dieser Titel noch frei, also nicht bereits für ein anderes lieferbares Buch verwendet worden ist. Denn Titelformulierungen sind nach dem Markengesetz geschützt, wenn es sich um so genannte starke Titel mit einer kennzeichnungskräftigen Formulierung handelt. Die Titelbezeichnung ›Frankfurt am Main‹ ist demnach wie reine Personenangaben oder Gattungsbezeichnungen

(›Lehrbuch‹ oder ›Grundriss‹) nicht schützenswert, wird es aber beispielsweise durch den Zusatz ›Frankfurt am Main – die Skyline Mainhattans‹. Der Sinn dieses Rechtsschutzes besteht im Wesentlichen darin, Wettbewerbsverzerrungen und eine buchhändlerische Verwechslungsgefahr auszuschließen. Es soll also verhindert werden, dass der Bestseller eines Autors mit einem später publizierten Buch gleichen Titels verwechselt und in seinem Absatz beeinträchtigt wird.

In der Praxis sollte der Lektor zunächst anhand des *Verzeichnisses Lieferbarer Bücher (VLB)* und der *Deutschen Nationalbibliografie* prüfen, ob der Titel schon vergeben ist. Das VLB enthält aber nicht sämtliche lieferbaren Titel und eben auch nur die lieferbaren. Es erfasst beispielsweise nicht die Titel, die in Planung sind und für die vielleicht ein anderer Verlag bereits Titelschutz angemeldet hat. Titelschutz entsteht prinzipiell immer mit der ersten Inanspruchnahme, die jeder Verlag bereits vor Erscheinen sicherstellen kann. Dies geschieht durch eine gebührenpflichtige Titelschutzanzeige im ›Börsenblatt für den Deutschen Buchhandel‹ mit dem Wortlaut: „Unter Hinweis auf §§ 5, 15 Markengesetz nehmen wir Titelschutz in Anspruch für: … [Es folgen der/die Name(n) der Publikation(en) sowie Name und Anschrift des Verlags]." Nach herrschender Rechtsprechung hat die Anzeige eine Schutzwirkung von etwa sechs Monaten. Im Klartext: Der Schutz erlischt, wenn der Titel bis dahin nicht in Buchform realisiert wird – der Titel also nicht real in Anspruch genommen wurde.

Wer juristisch ganz sicher gehen will, der nimmt gebührenpflichtige bibliographische Titelschutzauskünfte in Anspruch. Denn „Wer den Titel nicht ehrt, ist des Schutzes nicht wert". Am einfachsten geht es natürlich im Internet. Mediaregister.de beispielsweise recherchiert parallel in höchst unterschiedlichen Datenbanken: für Titelschutz, Zeitschriften, Buchtitel, Buchreihen, Musiktitel, Filmtitel, TV-Titel, Radio-Titel und Softwaretitel. Und doch veröffentlichen mitunter zwei Verlage unwissend denselben Titel. Dann hilft häufig eine gemeinsame Anzeige im *Börsenblatt* Mit dem Tenor „Bitte nicht verwechseln!". Es hat aber auch schon Fälle gegeben, wo komplette Auflagen eingestampft werden mussten. Das ist dann bitter.

Neben der juristischen Schutzwirkung haben Titelschutzanzeigen aber auch eine andere Funktion: Das regelmäßige Studium der Titelschutzanzeigen vermittelt eine sehr frühzeitige Information über die Programmpläne der inserierenden Verlage. Das richtige Timing von Titelschutzanzeigen kann deshalb bei Sachbüchern, bei denen das Thema und weniger der jeweilige Autor entscheidend ist, von Bedeutung sein, um zum Beispiel potentielle Konkurrenten von Schnellschüssen abzuhalten oder sie ganz vom Thema abzuschrecken.

Hat der Lektor Zweifel, ob bei sehr ähnlichen Titelformulierungen eine buchhändlerische Verwechslungsgefahr vorliegt, so empfiehlt sich auf jeden Fall immer das direkte Gespräch mit dem Verleger oder Lektor des konkurrierenden Titels. Dieses Verfahren ist im Regelfall vernünftiger und billiger als die möglicherweise folgende juristische Auseinandersetzung.

5. Die tägliche Lektoratsarbeit

Zwei wesentliche Aufgaben des Lektors bestehen – wie bereits dargelegt – im Umgang mit Texten und den Autoren, die diese Texte verfasst haben oder noch schreiben. Schauen wir uns deshalb diese Aspekte einmal genauer an.

5.1 Manuskriptbearbeitung

Eine der wesentlichen Aufgaben des Lektors bzw. des Außen-Lektors besteht darin, das Manuskript eines Autors für den Satz vorzubereiten. Im Hinblick auf den Kostendruck unter den heutigen Produktionsbedingungen ist es von entscheidender Bedeutung, dass der Lektor ein wirklich satzreifes Manuskript an die Herstellung gibt, so dass die technische Verarbeitung des Manuskripts ohne Zeitverluste erfolgen kann. Dabei kann die Manuskriptbearbeitung, die vom Lektor vor allem diszipliniertes Denken, Sprachgefühl und -beherrschung verlangt, von der Kommata-Versetzung bis hin zu weitgehenden Eingriffen in den Text reichen, die allein aus Gründen des Urheberrechts nur in enger Zusammenarbeit mit dem Autor erfolgen können. Es gibt Autoren – vor allem im literarischen Bereich –, deren Manuskripte allenfalls satztechnisch ausgezeichnet werden dürfen (und auch das nur nach Rücksprache), und es gibt andere Autoren, die ihren Ruhm zu einem nicht geringen Teil ihrem Verlagslektor zu verdanken haben. Heutzutage arbeitet ein Lektor mit Check-Listen, die je nach den Gegebenheiten des jeweiligen Verlags und seines Programms variieren. Die im Folgenden abgedruckten allgemein gehaltenen Checklisten sind so angelegt, dass sie auch den Anforderungen eines komplizierten, illustrierten Sachbuches gerecht werden.

A Formale Kontrolle

- Ist das Manuskript durchpaginiert?
- Ist das Manuskript vollständig, insbesondere Anhang (Literaturverzeichnis, Anmerkungen, Register) und vorgesehene Illustrationen?
- Stimmt das Inhaltsverzeichnis mit den Überschriften im Manuskript überein?

- Sind die Hierarchiestufen und Auszeichnungen gemäß der mit dem Hersteller abgestimmten Satzanweisung vorgenommen worden?
- Ist eventuell eine Honoraranweisung laut Vertrag notwendig?
- Ist die Titelei vollständig?
- Ist der Text des Impressums inklusive ISBN komplett?
- Sind Informations- und Pressetexte (kurz und lang) vorbereitet?
- Liegen Autorenvita und Autorenfoto vor?
- Liegt eine komplette Kopie des Manuskripts – in der für den Satz bestimmten Fassung – im Stahlschrank des Lektorats?

B Inhaltliche Kontrolle
- Sind die Sachaussagen des Manuskripts überprüft?
- Stimmen die genannten Zahlen, Daten, Fakten?
- Ist das Manuskript sprachlich-stilistisch geprüft und bearbeitet?
- Sind Wiederholungen, Längen, unklare Aussagen korrigiert bzw. geändert?
- Ist das Manuskript von einem Zweitlektor/-korrektor gegengelesen?
- Sind die Zitate überprüft und belegt?
- Ist die Schreibweise des Manuskripts vereinheitlicht?

C Rechtliche Kontrolle
- Ist der Verlagsvertrag mit dem Autor im Hause gegengezeichnet?
- Sind die Rechte an Fremdtexten eingeholt?
- Verfügt der Verlag über die Abdruckrechte an den vorgesehenen Illustrationen?
- Ist eventuell eine juristische Überprüfung von Textpassagen im Hinblick auf Persönlichkeitsrechtsverletzungen oder Urheberrechtsverletzungen notwendig?
- Ist der Titel geprüft und Titelschutz angemeldet worden?

Es kann durchaus sinnvoll sein, diese Checklisten weiter zu untergliedern, eventuell aufzuteilen nach Schlussterminen, zu denen bestimmte Kontrollen erfolgt sein müssen. In der Zusammenarbeit, insbesondere mit Fachbuch- und Wissenschaftsautoren, kann es sehr sinnvoll sein, dass der Verlag den Autoren gemeinsam mit dem Vertrag Hinweise für satzreife Manuskripte zur Verfügung stellt, damit die Einhaltung bestimmter Grundregeln gewährleistet ist und darüber hinaus überflüssige Auszeichnungen vermieden werden können. Viele Verlage geben ihren Autoren auch Formatvorlagen an die Hand, auch Stilvorlagen oder Druckformatlisten genannt. Der Autor erhält in einer ansonsten leeren Datei nachvollziehbare und überschaubare Schrift- und Layoutmerkmale zur Verfügung gestellt, mit denen er wie folgt verfahren soll: Er schreibt seinen Text zunächst als reinen Fließtext. In einem zweiten Schritt markiert er alle Stellen, die hervorgehoben werden, und formatiert sie nach den Stilvorlagen. Auf diese Art und Weise können die unterschiedlichen Gliederungshierarchien vom Autor genauso formatiert werden wie Auszeichnungen in fett und kursiv, Bildunterschriften, eingerückte Passagen und Stellen in einer Zweitschrift, die gerade bei textlastigen Publikationen Möglichkeiten zur Auflockerung des Layouts geben. Die Autoren strukturieren somit ihre Texte bereits für das Layout und helfen dem Verlag, im Satz und Layout Zeit und Kosten einzusparen.

Im Folgenden werden beispielhafte Hinweise für satzreife Manuskripte – wiederum in Form von Checklisten – gegeben. Auch hier gilt, dass diese Hinweise natürlich den entsprechenden Bedürfnissen des jeweiligen Verlags und seines Programms angepasst werden müssen.

Hinweise für satzreife Manuskripte

A Gliederung

- Inhaltsverzeichnis und Kapitelüberschriften im Textteil müssen übereinstimmen.
- Das Inhaltsverzeichnis wird bereits mit dem Text abgegeben, so dass es vor Satzbeginn vollständig sein muss.
- Überschriften sind so zu kennzeichnen, dass ihre Wertigkeit klar erkennbar ist. Eine entsprechende Auszeichnung erfolgt entweder über Formatvorlagen, im textidentischen Papierausdruck notfalls durch farbige Markierungen.
- Gliederungspunkte der Kapitelüberschriften und die Anzahl der hierarchischen Unterpunkte (drei, vier oder fünf Unterpunkte pro Kapitel) sind im Vorfeld vereinbart worden bzw. vorgegeben. Darüber hinaus gibt es keine weitere Untergliederung.
- Am Ende eines Absatzes erfolgt vor Eingabe der Return-Taste kein Blankzeichen.
- Nach jedem abschließenden Absatz werden durch die Return-Taste zwei Leerzeilen, nach jeder neuen Überschrift eine neue Leerzeile erzeugt.

B Text

- Die Texterfassung erfolgt in reinem Fließtext. Trennungen werden nicht vorgenommen.
- Texterfassung und Satz erfolgen nach der jeweils neuesten Duden-Auflage.
- Normvarianten müssen vereinheitlicht werden (Potential/Potenzial; Bibliographie/Bibliografie; zutage/zu Tage; in Bezug/in bezug [veralt.] etc.).
- Genitive englischer Fachtermini müssen vereinheitlicht werden (des Marketing/des Marketings; des Internet/des Internets etc.).
- Auf einheitliche Schreibweise bei zusammengesetzten Substantiven oder sonstigen Wortzusammensetzungen achten. Am besten durchgängig koppeln, d.h. kurze Bindestrich einfügen (das In-Frage-Stellen; Marketing-Mix etc.).
- Bei Abkürzungen konsequent auf Einheitlichkeit achten (bzw./beziehungsweise; z.B./zum Beispiel etc.) und gegebenenfalls ein Abkürzungsverzeichnis anlegen. Abkürzungen, die man beim Leser als bekannt voraussetzen darf (Jg., Bd., S., Hrsg., f., ff. etc.), brauchen nicht erklärt zu werden.
- Hervorhebungen sind bei elektronischen Manuskripten mit der Stilvorlage vorzunehmen. Ansonsten sind die in Rede stehenden Begriffe oder Textpassagen zu unterstreichen.
- Bei Abweichungen vom Duden ist in einem eigenen Beiblatt darauf hinzuweisen, wie überhaupt alle sprachlich-stilistischen Besonderheiten auf einem solchen Blatt zu erwähnen sind, um Irrtümer von vornherein auszuschließen.
- Begriffe und Pointierungen, auch im Sinne von „so genannt", sind hervorzuheben.
- Zitate sind philologisch exakt wiederzugeben. Hier müssen Sie den Autor in die Pflicht nehmen. In der Bundesrepublik Deutschland ist es leider immer noch so, dass manch ein Fachbereich seine eigenen Zitierregeln hat. Am besten ist es, Autoren und Herausgeber nach ihrem Zitiersystem zu fragen und sie darauf festzulegen, dasselbe dann auch konsequent durchzuhalten. Empfehlenswert ist die bei Psychologen und Linguisten schon fast allgemein übliche *amerikanische* Zitierweise zu verwenden (z.B. Müller 1961, S. 25). Selbstverständlich kann auch mit Kurztiteln gearbeitet werden (Müller, Revolution, S. 25). Ein System muss jedoch unbedingt einheitlich durchgehalten werden.

- Zitate werden in Ab- und Anführungsstriche gesetzt: „…" (= deutsche Regelung); "…" (= englische Regelung); «…» (= französische Regelung) etc.
- Werke und Aufsatztitel werden im Text einheitlich gekennzeichnet: entweder durchgängig kursiv oder durch Sonderzeichen ›…‹.
- Längere Zitate, Exkurse und Beispiele werden in einer Zweitschrift markiert bzw. werden bei einem papiernen Manuskript am linken Rand mit einem senkrechten (blauen) Strich versehen.
- Auslassungen in Zitaten werden durch eckige Klammern […] markiert.
- Zahlen bis zwölf werden im Text ausgeschrieben, bei Aufzählungen und Zahlen mit Wertangaben sind Ziffern zu bevorzugen.
- Illustrationen, (Info-)Grafiken, Bilder etc. werden fortlaufend nummeriert (Abb. 1 etc.). Die Abbildungen sind mit einer Bildunterschrift sowie – falls erforderlich – mit einem entsprechenden Quellennachweis versehen.
- Die verschiedenen Arten von Strichen sind gemäß ihrer Funktion zu trennen. Als Satzzeichen im grammatischen Sinne dient der lange Gedankenstrich. Von wenigen Ausnahmen abgesehen steht er zwischen Leerzeichen. Lange Striche werden auch als Streckenstrich (Frankfurt–Darmstadt), Minuszeichen, Währungsstrich (€ 20,–) oder als Spiegelstrich für Aufzählungen verwendet. Der kurze Bindestrich dient zum Verbinden (kuppeln, koppeln) von Wörtern oder als Trennungszeichen.

C Bibliographische Angaben

Bibliographische Angaben stehen als Literaturnachweis am Ende eines Bandes oder Artikels alphabetisch geordnet, aber ohne Auszeichnung. Hier gibt es verschiedene Systeme mit unterschiedlichen Varianten. Entscheidend ist einmal mehr das Prinzip der Einheitlichkeit. Hier auszugsweise ein paar Beispiele:

- Breyer-Mayländer, Thomas [oder Vornamen generell abgekürzt]: Wirtschaftsunternehmen Verlag, 4. Aufl., Edition Buchhandel Bd. 5, Frankfurt 2010 [gegebenenfalls zwischen Verlagsort und Jahreszahl den Verlagsnamen einfügen]

  oder mit Untertitel:
- Breyer-Mayländer, Thomas: Wirtschaftsunternehmen Verlag. Märkte analysieren und bewerten – Herstellungsprozesse verstehen und planen – Medialeistungen bewerben und verkaufen – Medienprodukte vertreiben – Arbeitsprozesse in Redaktion oder Lektorat organisieren. In Anlehnung an die Lernfelder 4, 5, 6, 9 und 10 des Ausbildungsberufes Medienkauf-

frau/Medienkaufmann Digital und Print. Mit Beiträgen von Klaus-W. Bramann, Ulrich Ernst Huse, Michaela von Koenigsmarck, Mario Lange und Hans-Heinrich Ruta sowie einem Englisch-Deutschen Fachwörterverzeichnis.
4. Aufl., Edition Buchhandel Bd. 5, Frankfurt, Bramann 2010
oder:
- Breyer-Mayländer, Thomas (2010: Wirtschaftsunternehmen Verlag, Frankfurt
oder:
- Huse, Ulrich Ernst: Arbeiten im Lektorat. In: Breyer-Mayländer, Thomas (2010): Wirtschaftsunternehmen Verlag, Frankfurt
oder:
- Schönstedt, Eduard: Kostenrechnung begreifen. In: Börsenblatt 90/ 12. November 2002 [oder Börsenblatt 90 (2002)], S. 9.

Hier ein paar zusätzliche Regeln:
- Einzelnamen bei doppelter Autorschaft werden durch Schrägstriche ohne Einfügen von Leerzeichen getrennt (Dorner, R./Abels, N.: [...]).
- Publikationen mit doppeltem Erscheinungsort werden ebenfalls durch Schrägstriche getrennt. Dieser Fall tritt dann ein, wenn ein Verlag verschiedene Niederlassungen hat oder wenn Koproduktionen vorliegen. Im letztgenannten Fall sollten die Verlagsnamen dem Verlagsort vorangestellt werden (Verlagslexikon, Bramann, Frankfurt/Input, Hamburg 2002).
- Bei englischsprachigen Titeln können die Bezeichnungen Ed. (= Auflage) oder Vol. (= Band) verwendet werden.
- Bei der alphabetischen Einordnung ist Alarmstufe 1 angesagt. Das Alphabet ist eine der häufigsten Fehlerquellen. Achtung bei Umlauten. Sammelbände, die von Herausgebern betreut werden, oder Publikationen, an denen mehr als drei Verfasser mitwirken, werden unter dem Sachtitel erfasst.

D Anmerkungen
Eventuelle Anmerkungen zum Text werden entweder am Ende des Bandes (Artikels) oder am Fuße der jeweiligen Seite abgedruckt und sind kapitelweise durchzunummerieren. Dabei müssen auch die Anmerkungsziffern im Text einheitlich (z. B. hochstehende Bruchziffern ohne Klammern) gesetzt werden. Hier einige Zitiersysteme, die durchaus von der Duden-Empfehlung abweichen können:

- Ziffer jeweils nach dem Satzzeichen, es sei denn die Anmerkung bezieht sich auf das unmittelbar vor dem Satzzeichen stehende Wort.
- Ziffer nach Satzzeichen bei vollständigem Satz. Entweder [...][15] oder [...],[15] wobei der Punkt integrierender Bestandteil des Zitats ist.
- Ziffer nach Zitatstelle bei einem Zitatauszug, der in einen Satz eingebettet ist. Entweder ...[15], oder nach zitiertem Satzteil ...“[15].

Es muss an dieser Stelle noch einmal nachdrücklich betont werden, wie wichtig die Einhaltung der in diesem Kapitel gegebenen Hinweise ist. Die modernen technischen Verfahren der Texterfassung sind nur unter der Voraussetzung kostengünstig zu nutzen, dass wirklich satzreife Manuskripte an die textverarbeitenden Betriebe geliefert werden. Gerade diese außerordentlich leistungsfähigen technischen Verfahren machen es notwendig, dass auf die Arbeitsvorbereitung größter Wert gelegt wird. Anders gerät der Vorteil zum Nachteil, d.h., Korrekturen aufgrund schlecht vorbereiteter Manuskripte verursachen höhere Kosten, als es bei den technischen Verfahren der Vergangenheit der Fall war.

Aber Lektoren reichen die satzfähigen Daten mitunter gar nicht mehr an die technischen Betriebe weiter, sondern setzen den Text mit Hilfe von DTP-Programmen an ihren eigenen Computerarbeitsplätzen. DTP ist die Abkürzung von Desktop Publishing und steht für die Möglichkeit, ein aufwändiges Layout mit aus Textprogrammen importierten Texten und aus verschiedenen Quellen stammenden Fotos, Grafiken und Bildern zu erzeugen. *PageMaker, QuarkXPress, InDesign* und *FrameMaker* heißen die gängigen DTP-Programme. Computer beherrschen bedeutet demnach schon lange mehr als Wörter in langen Texten zu suchen und zu ersetzen, einen Fußnotenapparat zu erstellen, ohne sich um die Durchnummerierung zu kümmern, oder Absätze in Windeseile auszutauschen. Die Verlagerung der Arbeit am Satz bzw. eines Teils der Setzerarbeit auf den Schreibtisch des Autors (digitale Texterfassung anhand von Stilvorlagen) und des Lektors (Erstkorrektur am Bildschirm) hat aber nicht zwangsläufig zur Arbeitsplatzvernichtung durch den Computer geführt. Man kann auch gegenteilige Tendenzen aufführen. So sind Setzereien beim gegenwärtigen Stand der Kosten durchaus dafür dankbar, wenn ihnen die Texterfassung erspart bleibt, die sie in aller Regel von aushäusigen Schreibkräften erledigen lassen. Und auch diese, die zudem oft unterbezahlt arbeiten, sind nicht von Brotlosigkeit bedroht. Denn wenn die „neuen Schreibmaschinen“ eines gebracht haben, dann das: immer mehr Texte und wachsende Berge bedruckten Papiers.

5.2 Informationstexte

Spätestens nach Abschluss der Manuskriptbearbeitung muss der Lektor Informationstexte über das von ihm betreute Buch erarbeiten. Ein Grundtext muss über den Inhalt des Buches und dessen Stellenwert sachlich und gleichzeitig interessant berichten. Darüber hinaus sollte er den Autor bzw. den/die Herausgeber des Buches vorstellen. Dieser Grundtext dient dann als Basis für den Text in der Programmvorschau des Verlags, für den Waschzettel, den die Presseabteilung zusammen mit jedem Rezensionsexemplar verschickt, und dieser Text liefert darüber hinaus den Rohstoff für Klappen- und Rückseitentexte des Schutzumschlags sowie für Internet-Infos (Website und Newsletter). Die jeweiligen Textfassungen werden dann oft von anderen Mitarbeitern des Verlags – häufig in der Werbeabteilung – erarbeitet, weil sie in jeweils anderem Kontext zu lesen sind. So ist beispielsweise bei eingeschweißten Büchern darauf zu achten, dass der potentielle Käufer nur den Rückentext als einzige zusätzliche Informationsquelle nutzen kann. Deshalb muss der Rückentext konkrete Informationen über den Inhalt und den Stellenwert des Buches enthalten. Aber auch ein bereits aus der Verschweißung genommenes Buch transportiert auf den Innenklappen des Schutzumschlags Verkaufshilfen. Hier sollten Informationen über das Buch und den Autor abgedruckt werden, die für den potentiellen Käufer und Leser zusätzliche Anreize schaffen bzw. vermitteln. Da zwischen der Formulierung des Grundtextes und der Abfassung zum Beispiel des Presse-Waschzettels oft einige Monate liegen und Werbeleute, die nur den Grundtext, nicht aber das gesamte Manuskript eines Buches kennen, leicht falsche Akzente setzen, ist die Anweisung von größter Bedeutung, dass jeder Presse-, Informations- oder Werbetext vor dem jeweiligen Imprimatur noch einmal vom zuständigen Lektor gegengelesen wird. Nur so ist gewährleistet, dass Änderungen berücksichtigt und Bewertungen, Vergleiche, Gewichtungen angemessen vorgenommen werden.

Natürlich ist es sinnvoll, auch vom Autor Textbausteine, unterstützende Informationen und Ideen hinsichtlich der Vermarktung seines Objekts zu erhalten. So wird in vielen Verlagen ein Autoren-Herausgeber-Fragebogen eingesetzt, der den Verlagen – mitunter auch überraschende – Perspektiven erschließen kann (s. Anhang S. 169 ff.). Gleichzeitig signalisiert er dem Autor, wie ernst man sich mit seiner Publikation auseinander setzt.

5.3 Umgang mit Autoren

Eng mit den aufgeführten Aufgaben verbunden ist die für den Beruf des Verlagslektors eigentlich wichtigste Funktion: der Umgang mit seinen Autoren. Das Wort „eigentlich“ bezieht sich dabei auf die Tatsache, dass es immer noch Verleger geben soll, die der Auffassung sind, der Umgang mit Autoren sei ihnen persönlich vorbehalten – eine Auffassung, die für die praktische Zusammenarbeit zwischen Autor und Verlag im Regelfall sehr nachteilig ist. Sie kann sich wohl nur deshalb halten, weil sich manche Autoren durch diese Art der Betreuung besonders ausgezeichnet fühlen. Für den Autor ist der Lektor Vertrauensperson, Partner und – nachdem er den literarischen Schaffensprozess begleitet hat – kritischer Erstleser, was nicht selten Änderungsvorschläge und entsprechende Detaildiskussionen nach sich zieht. Dazwischen und danach (!) liegen Phasen, die oft den Kernbereich des Persönlichen berühren und damit Leistungen des Lektors umfassen, die über beruflich zu definierende Kriterien hinausgehen.

In dieses Arbeitsfeld gehört auch, dass der Lektor die Interessen des Autors gegenüber dem Verlag und umgekehrt die Interessen des Verlags gegenüber dem Autor vertritt. Er hat also die schwierige Funktion, Mittler zwischen zwei Parteien zu sein, die zwar normalerweise das gemeinsame Ziel verbindet, möglichst viele Leser zu finden bzw. möglichst viele Bücher zu verkaufen, die aber auf dem Weg dorthin oft genug unterschiedliche Detailinteressen haben, welche keineswegs nur durch das Stichwort Honorarvorschuss definiert werden können. Verlage sind in diesem unserem Lande Wirtschaftsunternehmen, die sich in aller Regel gegen harte Konkurrenz durchsetzen und am Markt behaupten müssen. Das zwingt sie auch und vor allem zu einer markt- und kostengerechten Produktion. Dieser Zwang hat u.a. für den Lektor zur Folge, dass er mit dem Autor in einen Interessenkonflikt geraten kann. Das kann bedeuten, dem Autor ein Buchprojekt ausreden zu müssen, das demselben zwar am Herzen liegt, aber mehr oder minder offenkundig keine ausreichend begründete Marktchance hat. Das kann weiter bedeuten, dass der Lektor den Autor zu mehr oder minder massiven Kürzungen bewegen muss, wenn dieser ein erheblich umfangreicheres Manuskript an den Verlag geliefert hat, als der Vertrag vorsah und die Herstellung kalkuliert hat. Es kann um die Einhaltung von Terminen, um die Notwendigkeit von Korrekturen, um Ausstattungsfragen, um PR- und angemessenen Werbeaufwand gehen, und es kann sich um zahlreiche andere Beispiele alltäglicher Betreuung handeln.

Natürlich gibt es Autoren, die es dem Lektor außerordentlich schwer machen, seiner Betreuungsfunktion gerecht zu werden, zum Beispiel dadurch, dass sie ihn unangemessen belasten oder ihm, weniger behutsam formuliert, mit permanenten Briefen, Mails und Anrufen auf den Geist oder auf den Nerv gehen. Und es gibt natürlich Arbeitsbedingungen, die dem Lektor zu wenig Möglichkeiten – sprich: zu wenig Zeit und manchmal auch zu wenig Kompetenz – lassen, um der beschriebenen Aufgabe gerecht zu werden.

In den meisten Fällen kann der erfahrene Lektor tatsächlich zwischen divergierenden Interessen vermitteln. Aber dennoch gibt es auch für den erfahrenen Kollegen Konflikte, die nicht auszugleichen sind, Konflikte, in denen er Partei ergreifen muss. In einer derartigen Konfliktsituation kann die richtige Entscheidung in der Entscheidung für den Autor bestehen – diese Möglichkeit sollten auch Verleger nicht bestreiten. Die Autoren sind das A und das O in einem Buchverlag, quasi die Lieferanten des Rohstoffs. Ohne sie darf man getrost den gesamten Rest vergessen. Sind sie doch die geistigen Urheber, die mit der Übertragung bestimmter Rechte das Verlagsgeschäft zuallererst ermöglichen.

Nach Abwägung aller entscheidungsrelevanten Kriterien kann der Lektor zu der Erkenntnis kommen, dass *seine* Autoren für ihn nicht nur das A und O, sondern noch weit mehr bedeuten. Anders formuliert: *Seine* Autoren, also jene, die er entdeckt, akquiriert und aufgebaut hat, sind für den Lektor in bestimmten Situationen das einzige Kapital, über das er verfügt. Aus diesen Aussagen folgt einmal, dass es Situationen gibt, in denen sich der Lektor für den Autor entscheiden muss. In den meisten Konfliktsituationen dieser Art wird es ihm dann auch gelingen, seine Position gegenüber dem Verleger oder der Verlagsleitung durchzusetzen. Allerdings kann diese Entscheidung in Ausnahmefällen auch bedeuten, dass er die Konsequenz ziehen muss, den Dienst quittiert und bei einem anderen Verlag (nicht selten einem eigenen) unterkommt. Wen sollte es nach dem Gesagten wundern, dass der Autor *seinem* Lektor mitunter auch folgt …

6. Herstellung

Ein Buch ist in ökonomischer Hinsicht ein industriell gefertigtes Produkt bedruckten Papiers und eine Handelsware, die unter dem Gesichtspunkt von Kosten und Ertrag kalkuliert werden muss. Für die Produktion und meistens auch für die Kalkulation ist die Herstellungsabteilung zuständig und verantwortlich. Deshalb ist für einen funktionierenden Verlag die enge Zusammenarbeit zwischen Lektorat und Herstellungsabteilung zwingende Voraussetzung – auch dann und erst recht, wenn die Herstellungsabteilung in den Verlagen mit freien Herstellern arbeitet, was zunehmend der Fall ist. Dies mag zum einen am Kostendruck und der damit verbundenen generellen Tendenz zum Outsourcing liegen, zum anderen aber auch am Kreativgeist manch eines Schrift- und Layoutkünstlers, der auch für einige andere Auftraggeber arbeitet.

Vielleicht ist es wirklich so, wie Auguren behaupten: Die Kernkompetenzen eines Verlags bestehen in der Programm- und Marketingkompetenz. Alles andere kann im Prinzip externen Dienstleistern übergeben werden. So löst sich vielleicht eines Tages auch die Herstellung aus den institutionalisierten Abteilungen eines Verlagshauses heraus wie zu Beginn der Verlagsgeschichte die Druckerei. Freie Hersteller werden dann von Projektmanagern mit der technischen Durchführung Objekte beauftragt. Was auch immer in naher Zukunft passieren mag: Auch die freien Hersteller übernehmen die im Folgenden beschriebenen Funktionen und Aufgabenbereiche, teilweise in vollem Umfang, teilweise in abgespeckter Version.

Die Zusammenarbeit zwischen Lektor und Hersteller kann bei aufwändigen Objekten bereits lange vor dem Beginn der eigentlichen Produktion eines Buches einsetzen. Wenn beispielsweise ein Bildband oder eine illustrierte Sachbuchreihe projektiert ist, so sollten bereits in einer sehr frühen Planungsphase intensive Gespräche über Format- und Ausstattungsfragen, über technische Probleme wie etwa die Qualität der Druckvorlagen von Illustrationen geführt werden. Zu einem späteren Zeitpunkt, zu dem bereits konkrete Vorstellungen über Ladenpreise und Auflagen vorliegen, muss die Herstellung eine Vorkalkulation erstellen, die ihrerseits eine wesentliche Entscheidungsgrundlage für die Programmkonferenz bzw. die Verlagsleitung darstellt.

Nach der Aufnahme des Buches in das Programm wird unter maßgeblicher Beteiligung von Hersteller und Lektor über Format, Einband – Paperback oder Hardcover, Klebebindung oder Fadenheftung – und Ausstattung entschieden. Hersteller und Lektor werden sich dann auch über Fragen wie Satzspiegel (die bedruckte Fläche einer Seite inklusiv Abbildungen, Überschriften und Fußnoten, aber ohne Marginalien und Kolumnentitel) sowie Innentypographie und Layout verständigen. Der Hersteller hat dabei die schwierige Aufgabe zu lösen, einerseits dem individuellen Charakter eines Buches Rechnung zu tragen und andererseits eine kostengünstige Produktion – das bedeutet oft Standardisierung – zu gewährleisten. In diesem Zusammenhang haben Buchreihen eine nicht zu unterschätzende Funktion. Will man Reihen definieren als Programmsegmente mit inhaltlicher und optischer Geschlossenheit, so lassen sich nicht nur für den Absatz (identische Zielgruppe, Sammeltrieb des Käufers/Liebhabers, Werbung durch Reihenprospekt etc.) Vorteile aufzeigen. Auch im Prozess der Produktion bieten sich Rationalisierungsvorteile an. Zum einen in Bezug auf die organisatorische Zuordnung von Lektorat, Grafiker, Herausgeber etc., zum anderen hinsichtlich des einmal (!) festgelegten Layouts, des Formats, der Papier- und Bindequalität etc.

Manchmal gehört auch die Vergabe der Aufträge an den Grafiker, der die Schutzumschläge entwirft, in den Aufgabenbereich der Herstellungsabteilung. Bei Publikumsverlagen übernimmt diese Aufgabe zunehmend die Werbeabteilung, die diese Aufgabe wiederum häufig an Werbeagenturen außer Haus vergibt. Und so ist leider nicht immer gewährleistet, was selbstverständlich sein sollte: dass der Lektor, der als Einziger das Buch richtig und von mehreren Seiten her kennt, bei der Schriftlösung des Umschlags und der Wahl des verwendeten Bildmotivs beteiligt ist.

Der Hersteller des Verlags, in größeren Häusern der Chef der Herstellungsabteilung, holt bei den produzierenden Betrieben – Druckereien und Bindereien, gegebenenfalls auch Setzereien und Reprofirmen – Preisangebote für die Produktion jedes Titels ein. Diese Preisangebote sind Grundlage für die vom Hersteller zu erarbeitende Vorkalkulation eines Buches. Sofern der Verlag nicht mit eigenen Druckereien arbeitet, ist die Regel, mindestens zwei, meistens drei Angebote pro Titel einzuholen. Diese Angebote sind dann Gegenstand von oft harten Verhandlungen, wobei es auch um Cent-Beträge geht, die dann bei hohen Auflagen und relativ niedrigen Verkaufspreisen, wie zum Beispiel im Taschenbuchbereich, wesentlich über die Rendite entscheiden können. Allerdings sollte sich die definitive Auftragsvergabe nicht allein an dem Kriterium des billigsten Angebots orientieren. Fragen der Qualität und der Zuverlässigkeit, insbesondere der Termintreue, sind ebenfalls von ganz wesentlicher Bedeutung. Bei bestimmten Buchproduktionen, wie z.B. hochpreisigen Bildbänden oder bibliophilen Ausgaben, kann das Qualitätskriterium das allein entscheidende sein, weil in diesen Bereichen mindere Qualität, auch bei günstigen Preisen, mit Unverkäuflichkeit gleichgesetzt werden kann.

Die Frage der Preise für Nachdrucke bzw. für Neuauflagen sollte stets schon zum Zeitpunkt der ersten Auftragsvergabe vorgeklärt werden. Es kommt nicht eben selten vor, dass Produktionsbetriebe bei der Erstauflage einen sehr günstigen Preis angeben, um den Auftrag zu erhalten, und dann bei Nachauflagen versuchen, relativ hohe Preise durchzusetzen. Natürlich können auch veränderte Produktionsbedingungen wie Kapazitätsauslastung, gestiegene Materialpreise, verändertes Lohnniveau zu erhöhten Produktionspreisen führen. Hier spielen die Erfahrung, die Marktkenntnis und das Verhandlungsgeschick des Herstellers eine entscheidende Rolle.

In diesem Zusammenhang soll kurz auf die so genannten Billigproduktionsländer eingegangen werden. Es wird immer wieder versucht, durch Produktionsverlagerung in osteuropäische oder in asiatische Staaten dem Kostendruck in der Bundesrepublik und in anderen westeuropäischen Ländern zu entgehen. Im Regelfall ist dies jedoch nur unter bestimmten Voraussetzungen ein vertretbarer Ausweg. Denn zum einen muss ausreichend viel Zeit für die Produktion vorhanden sein – Singapur eignet sich ebenso wenig für Schnellschüsse wie Hongkong –, zum anderen dürfen häufig keine zu hohen Anforderungen an die Qualität gestellt werden, es sei denn, man installiert Produktionsmittel in Form modernster High-Tech-Anlagen in den besagten Staaten und profitiert nur vom billigen Lohnniveau dieser Länder. Darüber hinaus sind Fragen wie Schnelligkeit und Preisgünstigkeit bei Nachauflagen und die vermutliche Entwicklung des Wechselkurses zwischen der Bundesrepublik und dem Produktionsland sorgfältig zu prüfen und ständig zu beobachten. Und ein letzter Gesichtspunkt soll angesprochen werden: Ein Grund, warum deutsche Betriebe im direkten Vergleich in Bezug auf Preisangebote fast zwangsläufig schlechter abschneiden müssen, liegt schlicht und ergreifend in gesetzlichen Vorgaben hinsichtlich ökologischer Umweltstandards, die in anderen Ländern nicht gesetzlich eingeklagt werden.

Um aber nicht missverstanden zu werden: Im Zeitalter der Globalisierung und Internationalisierung der Märkte wird ein guter Hersteller ständig auch die außerdeutschen und die außereuropäischen Produktionsmärkte im Auge behalten und von Fall zu Fall prüfen, ob eine Produktionsverlagerung für einen Programmbereich oder für einzelne Bücher im Interesse seines Verlags liegt. In diesem Zusammenhang ist auch die Tatsache erwähnenswert, dass ausländische Produktionsbetriebe zunehmend dazu übergehen, in Westeuropa und auch in der Bundesrepublik Deutschland Repräsentanten einzusetzen, denen die gesamte Abwicklung übertragen wird. Diese Entwicklung bedeutet in der Praxis, dass der deutsche Auftraggeber einen für ihn zuständigen Gesprächspartner hat, der jederzeit und problemlos, d. h. auch ohne Sprachbarrieren, erreichbar und ansprechbar ist. Diese Repräsentanten arbeiten ihrerseits mit effizienten Luft-Kurierdiensten zusammen, so dass das Problem der geographischen Entfernung zunehmend reduziert wird.

Eine weitere wichtige Aufgabe des Herstellers besteht zumindest in größeren Verlagen in der Wahrnehmung des Papiereinkaufs. In einem Publikumsverlag gibt es zahlreiche Buchprojekte, die nicht auf normalen, bei den Papierfabriken auf Lager gehaltenen Papiersorten, sondern auf speziellen, oft gesondert anzufertigenden Papieren hergestellt werden müssen. Hier ist wiederum unter Kostengesichtspunkten die rechtzeitige und die mengenmäßig richtige Disposition und Bestellung für den Verlag von wesentlicher wirtschaftlicher Bedeutung.

6.1 Papier

Die Wahl des Papiers für das einzelne Buch ist von wirtschaftlichen, verkäuferischen und technischen Überlegungen abhängig. Ein hochwertiges Kunst- oder Bilderdruckpapier, das in speziellen Streichmaschinen nachträglich veredelt worden ist, kann für ein Buch schon deshalb die falsche Papierwahl bedeuten, weil es, wie die Hersteller sagen, nicht aufträgt, d. h., es hat kaum Volumen und wirkt – an dem verlangten Ladenpreis gemessen – zu dünn. Für ein anderes Buch, zum Beispiel einen Kunstband mit einer knappen Texteinleitung, kann dieses Papier die einzige vertretbare Alternative darstellen, weil nur auf diesem hochwertigen Papier die darzustellenden Motive optimal reproduziert werden können. In der Praxis gibt es zahlreiche Varianten. Sehr häufig müssen dann auf Vorschlag der Herstellung Kompromisse zwischen den drei vorgenannten Überlegungen geschlossen werden.

Der eigentliche Produktionsprozess eines Buches umfasst den Satz, den Druck und den Einband. Diese drei Produktionsphasen können in ein und derselben Produktionsfirma erfolgen – wie im Falle traditioneller Druckunternehmen oder moderner Printing-on-Demand-Betriebe. Sie müssen jedoch nicht. Denn mit steigender Technisierung differenzieren sich auch die Arbeitsabläufe.

6.2 Satz

Wer heute noch nach Männern vor den Setzkästen mit Winkelhaken in der Linken und hölzernem Steckspan in der Rechten sucht, wird wohl in Spezialmuseen gehen müssen. Es sei denn, man findet noch eine kleine Druckerei in seiner Region, die immer noch Akzidenzen in Form von Visitenkarten, Briefpapier, Geschäftsdrucksachen und Formularen druckt. Der Bleisatz, der über Jahrhunderte die Buchherstellung prägte, hat ausgedient. Aber auch seine direkte Nachfolgetechnik, der Fotosatz, seit den 70er Jahren des 20.Jahrhunderts das gebräuchlichste Satzverfahren, musste bereits seit Ende der 80er Jahre einer noch moderneren und preiswerteren Technik weichen: dem Satz mit Hilfe von DTP-Programmen. Im Kapitel 5 ist DTP bereits erklärt worden: als eine Möglichkeit, das Buchlayout aus Textprogrammen importierter Texte und aus verschiedenen Quellen stammenden Fotos, Grafiken und Bildern zu erzeugen. Das Zauberwort heißt „wysiwyg" und ist die Abkürzung für „what you see is what you get". Unter Sichtkontrolle können die einzelnen Seiten am Bildschirm so gestaltet werden, wie sie später gedruckt aussehen sollen. Auch die entscheidenden Namen sind bereits gefallen: *QuarkExpress und InDesign* heißen zur Zeit die DTP-Programme, die in verschiedenen Versionen angeboten werden und sich im Bedienungskomfort, in den Befehlsbezeichnungen, der typographischen Qualität und teilweise auch der Funktionalität unterscheiden. Keine Zeiten mehr für schwarze Magie, sondern die Beherrschung der Technik bestimmter Programmversionen und Arbeitsschritte sind heute angesagt. Dies gilt erst Recht für die medienneutrale Datenhaltung, auf die im Kapitel 6.3 eingegangen wird.

Trotz neuer Technik: Die Probleme der Buchgestaltung und der Mikrotypografie sind dieselben geblieben. Und so wird sich auch der moderne Setzer um die Festlegung von Schriftart, Schriftgrad und Satzspiegel zu kümmern haben. *Garamond, Aldus, Bodoni, Times* oder *Walbaum* sind die auch weiterhin häufig verwendeten Schriftarten, nur dass sie nicht mehr im Setzkasten vorrätig gehalten, sondern als Schriftenfonts erworben werden. Dafür kann man dann aber auch nach freiem Messen und Ermessen in der Schrifthöhe (Schriftgrad) und hinsichtlich der Schriftschnitte (kursiv, halbfett etc.) variieren. Der Schriftgrad ist definiert als die vertikale Ausdehnung einer Druckschrift vom oberen Rand der Oberlänge bis zum unteren Rand der Unterlänge eines Buchstabens und wird mit der Maßeinheit typographischer Punkt (1 p = 0,375 mm) gemessen. Die üblichen Buchschriftgrade, auch Brotschriftgrade (8–12 p) genannt, sind bei Taschenbüchern 9 p, bei Hardcover-Büchern in den üblichen Formaten 9 p, 10 p und 12 p. Als größere Maßeinheit war früher das Cicero (12 p = 4,51 mm) üblich. Noch heute wird sie häufig als Maßeinheit für die Angabe der Satzbreite verwendet. Nebenbei bemerkt: Schriften sind geschützt und werden in der Regel jeweils nur für einen Computer-Arbeitsplatz verkauft.

Der Arbeitsprozess geschieht wie folgt: Der Setzer hat den Rechner nach vereinbarten oder entworfenen Layout-Vorgaben mit Höhe und Breite der Buchseite und des Satzspiegels, mit Schriftart, Schriftgrad, Satzbreite und Durchschuss (= freier Raum zwischen zwei Zeilen) programmiert, wobei der Durchschuss sowie der Schriftgrad in Punkten angegeben werden. Hört oder liest man die Angabe „10/12 p" oder „zehn auf zwölf Punkt", so bedeutet dies nichts anderes, als dass mit einer Schriftgröße von 10 p und einem Durchschuss von 2 p gearbeitet wird. Natürlich muss die Größe des Durchschusses in Abhängigkeit von dem Schriftgrad und der Zeilenlänge gewählt werden, wobei als Faustregel gilt: Je länger die Zeile und je größer die Schrift ist, desto größer sollte der Durchschuss sein.

In dieses programmierte Layout lässt der Setzer nun die auf Disketten, CD-ROMs, DVDs oder Online-Manuskripten in Form von E-Mail-Anhängen vorliegenden digitalen Textdateien einfließen. Der Rechner addiert die vorgegebene Buchstabenbreite und den Ausschluss, d.h. den Freiraum zwischen den Wörtern, der üblicherweise mit einem Drittel des Schriftgrades angesetzt wird, und vergleicht die Summe mit der festgelegten Satzbreite. Gleichzeitig überprüft er, ob bei fast voller Zeilenbreite das nächste Wort noch auf die Zeile passt oder nicht. Ist das nicht der Fall, so trennt der Rechner mit einem Silbentrennprogramm, um noch eine Silbe auf die Zeile zu bekommen. Auf diese Weise wird der zu setzende Text Zeile für Zeile addiert. Wenn das Programm zu viele Trennungen aufeinander folgender Zeilen auswirft oder wenn zu große Wortzwischenräume entstehen, kann und muss der Setzer manuell eingreifen. Durch Einbringen, d.h. Verringern des Wortzwischenraums können Silben oder Wörter der nächsten Zeile noch in die vorangegangene Zeile geholt werden und ein flüssigerer Text entsteht.

Nachdem etwaige Grafiken und digitale Bilddateien an markierte Stellen in den Text eingefügt worden sind, ist der erste Arbeitsvorgang des Setzers beendet. Jetzt werden Ausdrucke des fertigen Werks in Form von vorläufigen Umbruchexemplaren fotokopiert und an maßgebliche Stellen verteilt: an den

Autor bzw. den Übersetzer, den Lektor sowie gegebenenfalls einen vom Verlag bestellten Korrektor. Sämtliche Korrekturen werden in einem nächsten Schritt vom Lektor in einem Umbruchexemplar zusammengetragen, was in der Fachsprache kollationieren genannt wird. Das kollationierte Exemplar wird anschließend mit eindeutigen Korrekturanweisungen vom Lektor an den Setzer zurückgegeben. Dieser nimmt die Korrekturen vor und gibt die erste Korrekturversion an den Lektor zurück, welcher überprüft, ob die Korrekturen richtig ausgeführt worden sind und ob sich aus ausgeführten Korrekturen neue (Trenn-)Fehler o. Ä. ergeben haben, und erteilt dem Setzer die letzten Korrekturanweisungen.

Nach dem letzten Korrekturvorgang erteilt der Verlag (Lektorat oder Herstellung) die Druckfreigabe, für die sich die lateinische Bezeichnung *Imprimatur* (= es werde gedruckt/es möge gedruckt werden) hartnäckig hält. Allerdings behält sich der Verlag noch eine letzte Kontrollmöglichkeit vor: den ersten Probeabzug der Druckerei, nachdem die Seiten zu Druckbogen zusammengefügt worden sind. Diese Probeabzüge werden entweder von fertig belichteten Filmen auf fotomechanischem Weg hergestellt und dem Verlag in Form einer Ozalidkopie auf lichtempfindlichem Papiermaterial zur Verfügung gestellt, oder sie werden in Form von Digitalproofs aus dem Datenbestand auf speziellen Druckern hergestellt. Bei digitalen Proofs gibt es je nach Qualitätsanspruch eine große Bandbreite im Druckergebnis. Auf guten Ink-Jet-Druckern kann man aber bereits eine Farbgenauigkeit von bis zu 98% erzielen. Kein guter Lektor wird es sich deshalb entgehen lassen, noch einmal kritische Stellen und die Anordnung der Drucklagen zu überprüfen. Denn noch – wenn auch mit hohen Mehrkosten verbunden – lassen sich letzte Fehler korrigieren. Gleichzeitig dient der Proof der Qualitätskontrolle und -überwachung. Er gilt als Richtnorm für den Auflagendruck. Insbesondere bei (farbigen) Bildbänden dient er der Qualitätskontrolle, geht es doch nicht nur um die richtige Zuordnung von Texten und Bildern, sondern auch um die Farbwiedergabe und die Passergenauigkeit, d.h. die Genauigkeit, mit der die einzelnen Farbauszüge übereinander gedruckt werden.

Erst jetzt, nach Abzeichnen der Ozalidkopie oder Bestätigen des Proofs, kann der eigentliche Druck beginnen. Man sieht: Spätestens ab dem Zeitpunkt, an dem der Lektor der Herstellung das Manuskript übergibt, besteht eine enge Verzahnung der beiden Abteilungen. Nur ein reibungsloses Hand-in-Hand-Arbeiten, in das auch andere Verlagsabteilungen wie die Auslieferung und die Werbeabteilung mit einbezogen werden, stellt sicher, dass der erarbeitete Zeitplan eingehalten werden kann.

6.3 Medienneutrale Datenhaltung

InDesign und *QuarkExpress* haben den digitalen Satz am Bildschirm revolutioniert. Doch ihre größte Stärke ist gleichzeitig ihre größte Schwäche. Paradox? – Nur vordergründig. Denn die Stärke dieser Programme besteht in der Ausrichtung auf das fertige Layout, auf eine anspruchsvolle Seitengestaltung. Was aber, falls der Verlag und der Markt wünschen, dass es nicht nur *ein* Endprodukt in Form eines gedruckten Buches geben soll? Falls derselbe Text in verschiedenen Ausgaben oder Editionsformen produziert werden soll? Als Buch, als DVD, als PDF-Datei, die online zur Verfügung steht, und als Download für mobile Endgeräte wie E-Book-Reader, Smartphones oder iPads? Dann kann dieses Problem nur ein medienneutrales Datenmanagement effizient lösen.

Medienneutrale Daten sind reine Textdateien, die an keine Software gebunden sind. Man generiert sie durch die Verwendung der Auszeichnungssprache XML, innerhalb derer Tags (elektronisch verarbeitbare Auszeichnungen) den Text inhaltlich strukturieren. Die Informationen zur typografischen Umsetzung werden in Form von Stylesheets und Templates zwar angelegt, jedoch erst in einem nachgelagerten Prozess verarbeitet.

Der entscheidende Grund für die zunehmende Verbreitung medienneutraler Daten liegt in der sprunghaften Mehrfachverwertung der Inhalte für zig Kunden-/Leser-Endversionen. Aber auch an anderen Stellen werden Textdaten benötigt. So versendet bereits die Presseabteilung digitale Satzfahnen an die Zeitschriften, und Leseproben stehen als ›Leseeinheiten‹ auf der verlagseigenen Website und – aus vertriebstechnischen Gründen – auf den Sites der Internet-Titeldatenbanken.

Kommt man auf die unterschiedlichen Dateiformate für elektronische Ausgaben zu sprechen, so muss man damit leben, dass derzeit nicht jede Datei mit jedem Gerät kompatibel ist. Experten erwarten allerdings, dass sich langfristig nur wenige Formate durchsetzen werden: EPUB, PDF und das bzw. die auf dem Amazon-Reader Kindle lesbare(n) Format(e) dürften es sein. EPUB und PDF sind demnach anbieterunabhängige Dateiformate.

- *.epub (electronic publication). EPUB wurde als offenes Format vom Open E-Book Forum, einem Zusammenschluss der führenden Anbieter von E-Book-Lesesoftware (Microsoft, Palm Digital Media und Abode), entwickelt und steht allen Anbietern zur Verfügung. Dateien, die im epub-Format vorliegen, können vergleichsweise leicht in andere Formate umgewandelt werden. epub-Dateien werden in erster Linie für reine Texte generiert.
- *.pdf. (Portable Document Format). Das PDF, für Adobe Reader entwickelt,

ist weltweit verbreitet und ermöglicht die Darstellung selbst komplexer Layouts. Die Endgeräte sind Bildschirme oder Tablets. Sach- und Fachbücher mit einem hohen Anteil an Abbildungen und Grafiken werden als PDF-Ausgaben angeboten. Das Seitenlayout ist identisch mit dem Buchformat, während beim epub-Format das ›Lese-Layout‹ sich den unterschiedlichen Endgeräten anpasst.

6.4 Druck

Nach Ausführung der letzten Korrekturen erhält der Druckbetrieb für eine Buchausgabe digitale Daten. Sofern *Computer-to-Plate (CtP)* gearbeitet wird, werden die Druckplatten direkt vom Rechner des Herstellers aus vorbereitet, der von der Druckerei Druckeinstellungen abruft. Dies geht jedoch nur, wenn alle vorgelagerten Arbeitsschritte wie z.B. das Ausschießen, d.h. das Zusammenstellen einzelner Seiten zu einem Druckbogen, und alle Datenzwischenspeicherungen ausschließlich digital erfolgen. Dies funktioniert u.a. mit Hilfe von *PDF-Dateien (PDF = Portable Document Format),* die in der Lage sind, Bilder, Texte und Layoutmerkmale in einer Datei zu vereinen und damit ein originalgetreues Abbild einer späteren Seite darzustellen. Dabei bindet *PDF* die Originalbilder und die verwendeten Schriften in die Datei ein und ermöglicht so die Weiterverarbeitung im Druck oder Digitaldruck. Falls nicht *Computer-to-Plate* gearbeitet wird, erfolgt traditionell in einer Reproanstalt eine Belichtung auf Filmmaterial, das dann seitengerecht umbrochen und als fertige Seitenfilme an die Druckerei geliefert wird. In der Montageabteilung der Drukkerei werden die Seitenfilme zu einer Druckform montiert, in der Regel ein Druckbogen zu 16 Druckseiten, häufig auch auf mehreren Bogen, wenn die Buchbinderei als nächste Produktionsstufe entsprechend ausgerüstet ist.

In der Buchproduktion ist heute der so genannte Offsetdruck vorherrschend. Der so genannte Buchdruck – auch Hochdruck genannt, weil die zu druckenden Buchstaben gegenüber den nicht zu druckenden Teilen erhaben sind – wird höchstens noch für bibliophile Buchproduktionen eingesetzt. Der industrielle Tiefdruck hat für die Produktion von Büchern nie eine wesentliche Rolle gespielt, weil er sich nur für hochauflagige Produktionen wie Zeitschriften eignet. Das Prinzip des Offsetdrucks beruht auf der Tatsache, dass sich Fett und Wasser gegenseitig abstoßen und die druckenden Teile (die Buchstaben) mit den nichtdruckenden Teilen in einer Ebene stehen. In der Praxis geschieht das in der Weise, dass der von der Montageabteilung gelieferte Montagebogen auf eine lichtempfindliche Metallplatte kopiert wird, die anschließend chemisch so präpariert wird, dass die druckenden Teile (die Buchstaben) die Fettfarbe (die Druckerschwärze) annehmen und die nichtdruckenden Teile die Fettfarbe abweisen und das Wasser annehmen.

Das Offsetdruckverfahren erlaubt zwei Möglichkeiten, das Papier zu bedrucken: Es können entweder einzelne Papierbogen verdruckt werden; dann handelt es sich um den so genannten Planodruck. Die andere Möglichkeit besteht darin, dass von einer Papierrolle gedruckt wird; dann spricht man vom Rotationsdruck oder auch von einem Rollenoffset. Die Beantwortung der Frage, wann welches Offsetverfahren eingesetzt wird, hängt im Wesentlichen von den Formaten, den zu druckenden Auflagen und den zu verdruckenden Papieren ab. Es ist Aufgabe des Herstellers, die jeweils kostengünstigste und qualitativ beste Verarbeitung zu wählen.

Digitaldruck ist der Oberbegriff für eine Drucktechnik, die nicht nur ohne Umweg über einen Film, sondern auch ohne Umweg über eine Druckplatte direkt von digitalen Daten aus realisiert wird. Dieses Verfahren ist für Auflagen zwischen einem und etwa 1000 Exemplaren und eine eingeschränkte Auswahl an Papiersorten und -formaten interessant, sprich für Kleinsterstauflagen und Nachauflagen. *Printing on Demand (PoD)*, d. h. die Produktion von Druckerzeugnissen auf Abruf, ist erst durch den Digitaldruck möglich geworden.

6.5 Buchbinderische Verarbeitung

Nach dem Druck erfolgt die buchbinderische Verarbeitung: Die bedruckten Planobogen werden in der Buchbinderei zunächst gefalzt und gebündelt und anschließend zusammengetragen und kollationiert, so dass der gesamte Innenteil des Buches in der richtigen Seitenfolge von der ersten bis zur letzten Buchseite als kompakter Buchblock vorliegt. Dieses Kollationieren geschieht mit Hilfe von Signaturen, d. h. Ziffern oder Buchstaben auf der ersten und dritten Seite eines Druckbogens unterhalb des Satzspiegels, und Flattermarken, Markierungen auf dem Druckbogen im Rücken des Gefalzten. Die in unterschiedlicher Höhe angebrachten Markierungen ergeben nach korrektem Kollationieren eine Linie oder Treppe. Ist ein Fehler aufgetreten, so flattern diese Orientierungshilfen.

Der Buchblock wird in einem anschließenden Arbeitsgang dreiseitig beschnitten. Der beschnittene Buchblock wird entweder mit einem festen Einband oder mit einem Broschurenumschlag versehen. Der Umschlag eines broschierten Buches ist stets mit dem Buchblockrücken direkt verbunden, während gebundene Bücher einen Hohlrücken und einen Bucheinband haben, dessen Deckel durch einen Gazestreifen, ein weitmaschiges Gewebe, mit dem Buchblock verbunden ist. Bei der Verbindung von Buchblock und Einband wird im Wesentlichen zwischen Fadenheftung und Klebebindung unterschieden. Bei der Fadenheftung wird der Heftfaden mit einer Nadel in der Mitte des jeweiligen Falzbogens an mehreren paarweise angebrachten Löchern durchgeführt und anschließend in den folgenden Falzbogen weitergeführt, so dass sämtliche Falzbogen des Buchblocks in sich geheftet und gleichzeitig miteinander durch Fäden verbunden sind. Auf den so gehefteten Buchblockrücken wird anschließend Heftgaze aufgeklebt. Ein aufwändiges, aber außerordentlich haltbares Verfahren ist die so genannte Fadenheftung auf Gaze. Bei diesem Verfahren wird der Faden durch die Gaze geführt, so dass der Buchblockrücken mit der Gaze stärker verbunden ist, als wenn diese lediglich auf den Buchrücken aufgeklebt ist. Dieses Verfahren wird vornehmlich bei Büchern verwendet, die besonderen Belastungen ausgesetzt sind, wie zum Beispiel Lexika, Nachschlagewerke etc.

Aus Kostengründen spielt heute die Klebebindung die größere Rolle, weil sie billiger ist als die Fadenheftung. Die Klebebindung wird sowohl beim broschierten als auch beim gebundenen Buch angewendet. Bei der Klebebindung gibt es im Wesentlichen drei Verfahren, die sich in der Bearbeitung des gefalzten Buchblocks unterscheiden. Bei der Klebebindung ist es erforderlich, dass die Druckbogen umgekehrt ausgeschossen werden, d.h. beim gefalzten Buchblock die geschlossene Falzkante rechts statt links liegt. Beim Lumbeck-Verfahren wird die Falzkante des Buchblockrückens glatt durchgeschnitten, dann der Kleber aufgetragen, wobei der Buchblockrücken abwechselnd einmal nach links und einmal nach rechts gefächert wird; die Methode wird deshalb auch als Fächermethode bezeichnet. Daneben ist die so genannte Fräsmethode heute sehr weit verbreitet; sie ist dadurch gekennzeichnet, dass der Buchblockrücken etwa 3 Millimeter abgefräst wird, bevor der Kleber aufgetragen wird. Bei der ebenfalls sehr häufig praktizierten Schlitzperforiermethode wird der Buchblockrücken wie bei der Fräsmethode abgefräst und zusätzlich mit Fräseinkerbungen versehen; dann erst wird der Kleber aufgetragen. Als Kleber werden entweder Kaltleim (Dispersionskleber) oder Heißleim verwendet. Beim Kaltleimverfahren beträgt die Trocknungszeit mehrere Minuten, während beim Hotmelt-Verfahren, das bei einer Temperatur von etwa 135 bis 175° Celsius angewendet wird, die Trocknung innerhalb weniger Sekunden erfolgt. Die Hotmelt-Verfahren finden deshalb insbesondere bei der Produktion von hochauflagigen Produkten auf so genannten Klebebindestraßen Anwendung. Beide Klebetechniken – Dispersion und Hotmelt – haben Vor- und Nachteile. Jeder erfahrene Hersteller wird vor der Entscheidung die von ihm gewählten Materialien unter Auflagenbedingungen in der Binderei testen lassen, um später unangenehme Überraschungen zu vermeiden. Bei der Entscheidung für das eine oder das andere Verfahren spielt insbesondere das Papier eine wichtige Rolle. Aufgrund des engen Zusammenhangs zwischen Papierwahl und buchbinderischer Verarbeitung ist es wichtig, dass diese Entscheidung nach gründlicher Überlegung und Prüfung zu einem frühen Zeitpunkt erfolgt.

Abschließend sei noch einmal betont, dass es für den Lektor von wesentlicher Bedeutung ist, die Grundzüge der einzelnen technischen Produktionsverfahren kennen zu lernen. Nur dann wird er das notwendige Kostenbewusstsein entwickeln können, und nur dann wird er sich über Fragen, welche die Produktion seines Buches betreffen, ein eigenständiges Urteil erlauben können. Darüber hinaus dient diese Kenntnis natürlich der Verständigung und der besseren Zusammenarbeit zwischen Lektor und Herstellungsabteilung. Es ist empfehlenswert, die theoretisch angeeigneten Kenntnisse vor Ort in den entsprechenden technischen Betrieben durch Augenschein zu überprüfen.

6.6 Reproduktion

Unter Reproduktion wird die Abbildung eines Originals oder Fotos verstanden, die anschließend vervielfältigt werden soll. Sie wird traditionell mit Hilfe manueller, fotografischer, fotomechanischer, chemischer oder drucktechnischer Verfahren vollzogen, heute zunehmend durch digitalen Datentransfer. Die Qualität der Reproduktion ist von entscheidender Bedeutung für das spätere Druckergebnis und deshalb für viele Projekte – wie z. B. Bildbände – eine wesentliche Voraussetzung für den späteren Verkaufserfolg. Vor der Reproduktion sollte bereits der exakte Abbildungsmaßstab (Reprofaktor) feststehen, damit die Daten bzw. der Film direkt ohne weitere Verkleinerung oder Vergrößerung verwendet werden kann.

Moderne Reproduktionsverfahren erlauben es, fast alle gewünschten Farbtöne aus den vier standardisierten Farben zu erzielen, aus Cyan (Blau), Magenta (Rot), Yellow (Gelb) und Key (Schwarz). Aus den ersten drei Grundfarben lassen sich alle gewünschten Töne erstellen. Bildelemente, die schwarz erscheinen sollen, bedruckt man mit einer vierten schwarzen Druckfarbe Key, die Bildern zusätzliche Tiefe verleiht. Jedes Bild, das im Vierfarb(en)druck gedruckt werden soll, muss in diesem Farbraum abgespeichert werden. Das betrifft Grafiken und Zeichnungen genauso wie Photoshop-Bilder. Da Bilddaten aber auch oft in anderen, wesentlich größeren Farbräumen erstellt werden, kann es beim Umrechnen auf CMYK zu Farbverlusten kommen. Zur Kontrolle müssen in diesen Fällen farbverbindliche Proofs angefertigt werden. Natürlich ist die Farbwiedergabe auch abhängig vom Bedruckstoff – d.h. dem zu bedruckenden Material –, also vom verwendeten Papier oder einem speziellen Einband-Bezugsstoff. Während die Farbwiedergabe auf Naturpapieren stumpf ist, lassen sich auf gestrichenen Papieren (mattgestrichen = Samtoffset, glänzendgestrichen = Bilderdruck oder Kunstdruck) mehr Nuancen und eine bessere Farbintensität erzielen.

Die für die Reproduktion benötigten Vorlagen werden unterschieden in Aufsichts- und Durchsichtsvorlagen. Aufsichtsvorlage ist der Oberbegriff für alle zweidimensionalen Druckvorlagen (Bilder, Gemälde, Fotos, Reinzeichnungen, Texte etc.), die nicht als Dia oder Film für die Reproduktion zur Verfügung stehen. Sie werden entweder mit einem Scanner digital erfasst oder mit einer Reprokamera in der Reproanstalt optisch (analog) auf Film belichtet, wobei das von der Aufsichtsvorlage reflektierte Licht in elektrische Impulse oder chemische Reaktionen umgesetzt wird. Bei der Durchsichtsvorlage hingegen wird das durch Dia oder Film hindurchgelassene Licht verwertet. Für die technische Verarbeitung ist dabei von Bedeutung, ob die Aufsichtvorlagen starr sind wie z.B. in Form von Gemälden oder Reinzeichnungen auf starkem Karton, oder ob sie flexibel sind, wie bei Fotoabzügen. Denn flexible Vorlagen können mit einem Scanner kostengünstiger reproduziert werden. Außerdem wird zwischen Halbton- und Strichvorlagen unterschieden. Strichvorlagen bestehen aus reinen Strichen, wie z.B. eine Federzeichnung ohne Graunuancen. Unter Halbtonvorlagen sind alle anderen Vorlagearten zusammengefasst, bei denen Grautonwerte oder Farbnuancen wiedergegeben werden.

Für die Umwandlung von Grautönen oder Farbnuancen in ein druckbares Bild wird ein so genannter Raster benötigt. Raster ist die Bezeichnung für Linien- oder Punktsysteme, mit denen in Bildern unechte Halbtöne erzielt werden können. Ein Raster verwandelt also die Halbtonvorlage in Punkte verschiedener Größe. Diese Punktgrößen entsprechen den Tonwerten der Vorlage. Dem Auge werden also Halbtöne vorgetäuscht: In den Schatten erscheinen große Punkte und in den Lichtpartien des Bildes kleine Punkte. Die verschiedenen Tonwerte sind dann das Ergebnis der unterschiedlichen Punktgrößen. Die Rasterweite richtet sich nach dem Druckverfahren, nach der Art der Vorlage und vor allem nach der Beschaffenheit des zu bedruckenden Materials. Unter Rasterweite oder auch Rasterfrequenz versteht man die Anzahl der Linien oder Punkte auf 1 cm Länge. Ein 60er Raster hat also 60 Punkte auf 1 cm Länge; auf 1 cm^2 sind demnach $60 \times 60 = 3600$ Punkte. Neben dem Wert L/cm (Linien/cm) trifft man auch auf die englische Maßeinheit lpi (lines per inch), wobei dem im Offsetdruck üblichen Wert des 60er Rasters ca. 150 lpi entsprechen. Je höher die Anzahl der Punkte oder Linien, um so mehr Details können wiedergegeben werden.

Bei der Wiedergabe einer farbigen Vorlage werden mehrere Farben übereinander gedruckt. Damit die Punkte nicht übereinander liegen und außerdem kein Moiré – eine störende Musterbildung, die bei Halbtonbildern erscheint, die aus bereits einmal gerasterten Vorlagen angefertigt werden (das Raster der Vorlage wird durch die erneute Rasterung überlagert) – entsteht, muss jede Farbe in einem bestimmten Winkel gerastert werden. Diesen Vorgang nennen die Reprotechniker die Rasterwinkelung, bei der der Rasterwinkel die Richtung der Rasterung gemessen von der Vertikalen aus angibt. Bei einfarbigen Abbildungen ist ein 45er oder 135er Rasterwinkel üblich. Bei mehrfarbigen Drucken werden für die Darstellung der Farben unterschiedliche Rasterwinkel verwendet, um den beschriebenen Überlagerungseffekt (Moiré) zu vermeiden.

Schließen wir mit dem Druck. Im gängigen Offsetdruck sind – wie bereits ausgeführt – druckende und nichtdruckende Teile in einer Ebene. Bevor die Druckfarbe durch Walzen aufgetragen wird, wird die gesamte Druckplatte, deren druckende Teile vorher gefettet wurden, mit Wasser befeuchtet. Alle druckenden Teile nehmen jetzt die Farbe an, während bei den nichtdruckenden Teilen das Wasser die Farbe abstößt. Die Druckfarbe wird vom Gummizylinder – indirektes Verfahren – abgenommen und auf das Papier übertragen. Es ist von ganz wesentlicher Bedeutung, dass der Andruck unter Fortdruckbedingungen erstellt wird. Das bedeutet, sämtliche technischen Daten müssen eingehalten und durch Kontrollelemente dokumentiert werden. Nur so erhält man die notwendigen Aussagen über Kopie, Druck, Farbe usw. Die Verwendung des späteren Auflagenpapiers ist die Voraussetzung für die Beurteilung der tatsächlichen Wiedergabequalität. Diese Andrucke werden dem Verlag zur Prüfung und Abnahme vorgelegt. Nur unter diesen Voraussetzungen besteht die Gewähr, dass der spätere Fortdruck auch dem genehmigten Andruck entspricht.

7. Buchkalkulation

Zur wirtschaftlichen Beurteilung eines Buchprojekts ist die Kalkulation unabdingbare Voraussetzung. Bei vorgegebenem Ladenpreis und geschätzter Verkaufsauflage zeigt die Kalkulation, ob das Projekt einen positiven Deckungsbeitrag erwirtschaften kann. Dabei sollten die Vorgaben nicht willkürlich erfolgen, sondern sich am Markt orientieren. Diesbezüglich sollte man wissen, dass der Ladenpreis in erster Linie eine Funktion des Marktes und nicht primär eine Funktion der Kosten ist. Deshalb kann (und sollte) im Einzelfall ein höherer Ladenpreis angesetzt werden, als es von der Kostenseite her unbedingt notwendig wäre. Allerdings wird dies aufgrund der harten Konkurrenzsituation selten möglich sein. Denn was nützt es, das kalkulatorische Ergebnis durch Anhebung des Ladenpreises zu verbessern, wenn der Markt den Preis nicht akzeptiert. Hier helfen allein die sorgfältige Marktbeobachtung, der Produktvergleich und die emotionslose Einschätzung des Projekts.

Für die Festsetzung der Auflagen gilt Vergleichbares. Auch hier ist die Marktakzeptanz von entscheidender Bedeutung. Im Klartext: Die kalkulierte Auflage muss auch tatsächlich verkauft werden, und zwar zu dem kalkulierten Ladenpreis. Es besteht die Gefahr, dass man sich selbst betrügt, indem man die Kalkulationsauflage zu hoch ansetzt, um so optisch ein besseres Ergebnis zu erzielen, das jedoch nur auf dem Kalkulationsformular existiert. Erfahrungsgemäß wird jedoch bei mindestens einem Drittel aller realisierten Bücher tatsächlich nicht die kalkulierte Auflage zum kalkulierten Preis verkauft, sondern ein Teil zum herabgesetzten Preis verramscht oder sogar makuliert, d.h. zu Rohstoff verarbeitet – gänzlich ohne (!) Verlagserlös. Da in der Praxis kaum zu erwarten ist, dass ein anderes Drittel entsprechend höhere Auflagen verkauft, muss mit einem entsprechend erhöhten durchschnittlichen kalkulatorischen Deckungsbeitrag gerechnet werden. Es kommt also auch hier darauf an, die vorgegebene Auflage nach bestem Wissen und Gewissen so realistisch wie nur eben möglich einzuschätzen.

Ursprünglich ging die Verlagskalkulation von einer Drittel-Verteilung aus, wie sie im 19. und angehenden 20. Jahrhundert nach dem so genannten Leipziger Modell praktiziert wurde: Ein Drittel des Ladenpreises entfiel auf die Herstellung, das zweite Drittel war für die Deckung der allgemeinen Verlagskosten (inklusive Verlagsgewinn) vorgesehen, während das letzte Drittel als Händlerrabatt zu Buche schlug. An diese Kalkulation erinnert noch der Rabattsatz $33^{1}/_{3}$ %, der noch heute von einigen Publikumsverlagen als Grundrabatt den Handelspartnern gewährt wird. Der Ladenpreis konnte nach dieser Art mit Hilfe der Multiplikatormethode mit dem Kalkulationsfaktor 3 leicht ermittelt werden: Man nahm die Kosten für die technische Herstellung pro Exemplar und multiplizierte sie mit 3.

7.1 Deckungsbeitragsrechnung

Da sich die wirtschaftliche Situation spätestens seit den 70er Jahren des 20. Jahrhunderts durch den Übergang von einem Verkäufer- zu einem Käufermarkt grundlegend gewandelt hat, muss die Verlagskalkulation zwangsläufig anders und differenzierter betrachtet werden. Es geht nun nicht mehr in erster Linie um einen kalkulatorisch-kostendeckenden Ladenpreis. Entscheidend wurde und ist die Frage: Welchen Preis verträgt der Markt, und welchen Deckungsbeitrag wirft ein Projekt ab, wobei auch Gesichtspunkte wie Druckkostenzuschüsse, Sponsoring oder Lizenzerlöse eine Rolle spielen. Die Deckungsbeitragsrechnung geht von der Annahme aus, dass es immer wieder Titel gibt, die aus strategischen Gründen auch dann veröffentlicht werden sollten, wenn der Ladenpreis bzw. Verlagserlös nicht den gewünschten Verlagsgewinn einspielt. Hier liegt der kaufmännische Kern der in Verlagen praktizierten Mischkalkulation. Die Deckungsbeitragsrechnung ist demnach eine Teilkostenrechnung mit der Fragestellung: Welcher Deckungsbeitrag/welche Deckungsbeiträge bleibt/bleiben nach Abzug der dem einzelnen Objekt direkt zurechenbaren Einzelkosten übrig und reicht/reichen der Betrag/die Beträge aus, um alle weiteren nicht direkt zurechenbaren Kosten (Gemeinkosten), aber auch Wagniszuschläge und Gewinne abzudecken? Somit wird eine abgestufte Erfolgsrechnung für jeden Titel möglich. Leider finden sich sowohl in der Praxis als auch in der Literatur sehr unterschiedliche Beispiele, welche Kosten an welcher Stelle auf welche Weise in die Deckungsbeitragsrechnung einfließen. Deshalb sei im Folgenden ein Modell vorgestellt, das die zurechenbaren Herstell-, Honorar-, Vertriebs- und Werbekosten in den Vordergrund stellt.

7.2 Beispiel einer Deckungsbeitragsrechnung

Das gewählte fiktive Beispiel geht von folgenden Parametern aus: Es handelt sich um ein Sachbuch, das in einer Auflage von 3000 Exemplaren und einem Ladenpreis von 22,00 Euro verkauft werden soll. Wichtig ist der Hinweis, dass es sich bei den 3000 Exemplaren um eine Verkaufsauflage handelt. Denn die Druckauflage liegt zwangsläufig höher, weil ein Teil der gedruckten Auflage kostenfrei abgegeben wird. Dies gilt für die Autorenbelegstücke ebenso wie für die Freiexemplare, die anderen Urhebern (wie z. B. Herausgebern, Fotografen oder Lizenzgebern) und der Hausverteilung, die auch die Archivstelle mit einschließt, zur Verfügung gestellt werden müssen. Hinzu kommen die Pflichtexemplare, die im Rahmen der Pflichtstückverordnung abgegeben werden müssen, sowie die Rezensionsexemplare, die als Freistücke an die Presse und die anderen Medien verschickt werden. Das sind – je nach Objekt – schnell einige hundert Exemplare. In manchen Verlagen wird als Faustregel mit 10 Prozent der Gesamtauflage kalkuliert. Das heißt zum Beispiel: Bei 5000 Exemplaren Druckauflage wird eine Verkaufsauflage von 4500 Exemplaren gerechnet. In anderen Häusern werden absolute Ist-Werte eingesetzt, die einmal jährlich als Durchschnittswerte errechnet werden, wobei eine realistische Größenordnung in Publikumsverlagen bei etwa 400, in Wissenschaftsverlagen angesichts der kleineren Zielgruppen eher bei 50 und weniger Exemplaren liegt.

Die Kalkulation wird nun zunächst in einer Übersicht dargestellt. Anschließend werden die in der Kalkulation fortlaufend nummerierten Positionen erklärt und Zusammenhänge transparent gemacht.

Position 1 – Ladenpreis
Der Ladenpreis ist identisch mit dem gebundenen Verkaufspreis, zu dem der Titel an den Endverbraucher verkauft werden muss. Bei Objekten, die nicht preisbindungsfähig sind, muss hier der Begriff unverbindliche Preisempfehlung stehen.

Position 2 – Umsatzsteuer
Der gebundene Verkaufspreis beinhaltet die gesetzlich vorgeschriebene Umsatzsteuer, die der Sortimentsbuchhändler beim späteren Verkauf des Buches an das Finanzamt abzuführen hat. Da die Ertragsrechnung für Verlage, aber auch für (Zwischen-)Buchhändler umsatzsteuerneutral erfolgt – oder anders ausgedrückt: weil es sich bei der Umsatzsteuer um einen durchlaufenden Posten handelt –, muss die Umsatzsteuer aus dem Verkaufspreis herausgerechnet werden.

1		Ladenpreis Bruttoumsatz (22,00 € × 3000 Expl.)	66000 €
2	⁒	Umsatzsteuer (7%)	4318 €
3	=	Umsatz zu Nettoladenpreisen	61682 €
4	⁒	∅ Händlerrabatt 46,5%	28682 €
5	=	Vertriebserlös	33000 €
6	⁒	Herstellkosten (3300 × 3,30 €)	10890 €
7	=	**Deckungsbeitrag 1**	22110 €
8	⁒	Autorenhonorar (= 10% von Position 3)	6168 €
9	=	**Deckungsbeitrag 2**	15942 €
10	⁒	Auslieferungskosten (8% von Position 5)	2640 €
11	⁒	Vertreterprovision (freie Handelsvertreter) (7% von Position 5)	2310 €
12	⁒	Werbekosten (5% von Position 5)	1650 €
13	=	**Deckungsbeitrag 3**	9342 €

In diesem Fall gilt ein ermäßigter Umsatzsteuersatz von 7%. Es handelt sich quasi um ein Steuerprivileg für Print-Medien, damit die Kulturware Buch zu einem niedrigeren Preis angeboten werden kann. Da der Ladenpreis von der Kalkulation her mit dem vermehrten Grundwert von 107% anzusetzen ist, lautet der Dreisatz:

$$107\% \triangleq 66000\text{ €}$$
$$7\% \triangleq x$$

7% vom vermehrten Grundwert (Ladenpreis = 107%) entsprechen einem Prozentsatz von 6,54% vom Grundwert (Nettoladenpreis = 100%), mit dem in manchen Kalkulationsschemata gerechnet wird.

Ob man übrigens zunächst die Umsatzsteuer und in einem zweiten Schritt den Rabatt abzieht, um zum Vertriebserlös zu kommen, oder ob man zunächst den Rabatt und dann die Umsatzsteuer abzieht, ändert nichts am rechnerischen Ergebnis der Position 5 (= Vertriebserlös).

Position 3 – Umsatz zu Nettoladenpreisen

Der Nettoladenpreis ist der um die Umsatzsteuer reduzierte Verkaufspreis. Wenn man mit dem vermehrten Grundwert rechnet, dann lautet der Dreisatz:

$$107\% \triangleq 66\,000 \text{ €}$$
$$100\% \triangleq \times$$

Warum errechnet man diese Größe, die mit der Erlössituation nur dann etwas zu tun hat, wenn ein Verlag im Direktgeschäft zum gebundenen Ladenpreis verkauft und dem Finanzamt die Umsatzsteuer abführt? Hierfür gibt es zwei Gründe. Zunächst einmal einen formal-juristischen: Das Finanzamt fordert, dass die Umsatzsteuer nach dem letzten Kalkulationsschritt, der in der freien Kalkulation bei den Produktionskosten beginnt und bei der Umsatzsteuer aufhört, draufgeschlagen werden muss. Der zweite Grund kann ein innerbetrieblicher sein, denn relativ häufig wird das Autorenhonorar als Absatzhonorar vom Nettoladenpreis berechnet.

Position 4 – Händlerrabatt

Der Durchschnittsrabatt von 46,5% wird den Handelspartnern Einzel- und Großhandel eingeräumt. Dieser Rabattsatz kann bei Verlagen von Objekt zu Objekt anders ausfallen. Denn zum einen fließt hier der Barsortimentsrabatt ein, der bei Publikumsverlagen um die 50% liegt. Zum anderen fallen die Rabatte an den Einzelhändler an, wobei ein Reiserabatt von 40% Usus ist. Allerdings kann sich der Sortimenterrabatt durchaus erhöhen, was im Folgenden anhand dreier Rabattformen kurz erklärt werden soll.

An erster Stelle ist der Jahresabschluss-Rabatt, abgekürzt als Jahresabschluss, zu erwähnen, den Publikumsverlage zunehmend praktizieren: Bei einer zu Beginn des Jahres festgelegten Mindestjahresumsatz-Garantie übersteigen die Rabatte durch festgelegte Staffeln den Reiserabatt – im Einzelfall bis zu 48%. An zweiter Stelle ist auf den Partie-Bezug als eine Form des Naturalrabatts hinzuweisen: Es werden mehr Exemplare geliefert als berechnet, wodurch sich der Effektivrabatt des Händlers erhöht. Neben den normalen Partien (11/10 bei Publikumsverlagen und 7/6 bei wissenschaftlichen Verlagen), wobei das elfte bzw. das siebente Exemplar als so genanntes Partiestück gratis hinzugefügt wird, gibt es mit 35/30, 58/50 oder 120/100 auch Reizpartien. Manche Verlage bieten für ihre Verlagsreihen auch gemischte Partien an. An dritter Stelle sollen Aktionsrabatte angesprochen werden, die an die Durchführung verkaufsfördernder Maßnahmen (Autorenlesungen, Signierstunden etc.) geknüpft und die meistens mit dem Höchstrabatt von 50 Prozent gleichzusetzen sind.

Grundsätzlich spiegeln die Rabatte die jeweilige Marktsituation der Verlage wider. Dies gilt bereits bei der Festlegung der Grundrabatte. Kinderbücher und Taschenbücher sind relativ kleinpreisig und relativ leicht substituierbar, weshalb hier vergleichsweise hohe Rabatte (30%, 33 1/3% oder 35%) üblich sind. Für die Bereiche Wissenschaft und Fachliteratur hingegen erhält der Händler zwischen 20 und 25 Prozent Grundrabatt. Der so genannte Reiserabatt liegt dann in der Regel 5 bis 10 Prozent über dem Grundrabatt.

Halten wir abschließend als Faustregel fest: Je höher der Barsortimentsanteil, desto höher liegt auch der dem Handel gewährte Durchschnittsrabatt. In die Position 4 kann auch die Kategorie Skonto mit eingerechnet werden, handelt es sich doch bei Rabatten und Skonti gleichermaßen um Nachlässe an den Handel.

Position 5 – Vertriebserlös

Aus den Verkäufen dieses Titels kann der Verlag aufgerundet 33 000 € Umsatz generieren. Umsatzsteuerbereinigt versteht sich, weshalb in der klassischen Schulkalkulation dieser Wert auch Nettowarenwert genannt wird. Dieser Wert ist identisch mit dem Verlagsabgabepreis, der laut § 4 Abs. 1 des Normvertrags (Kap. 4.3) eine der drei Bemessungsgrundlagen des Absatzhonorars sein kann. In der Literatur begegnet man auch dem Begriff Verlagserlös. Allerdings sind Verlagserlös und Vertriebserlös nur dann identisch, wenn der Verlag neben den Handels- oder Vertriebserlösen keine weiteren sonstigen Erlöse in Form von Druckkostenzuschüssen, Fördergeldern oder Einnahmen durch Sponsoring oder Anzeigen nachweisen kann.

Von diesem projektierten Vertriebserlös sind alle Kosten zu bestreiten und ein Gewinn zu erwirtschaften. Falls der Saldo aus diesem Erlös und den nachstehend aufgeführten Kosten (Positionen 6, 8, 10, 11 und 12) negativ sein sollte, so bedeutet dies im Klartext, dass der Verlag für jedes einzelne verkaufte Buch diese mit negativem Vorzeichen gekennzeichnete Summe bar als Zuschuss oder Subvention ausgeben muss.

Position 6 – Herstellkosten

Unter Herstellkosten fasst man alle Produktionskosten zusammen, die bei der Entstehung eines Verlagsprodukts anfallen. Hierzu gehören Kosten für Layout, Satz, Abbildungen, Grafiken, Korrekturkosten, Papier, Druck, Einband, Schutzumschlag und Schrumpffolie. Es gibt Erfahrungswerte, nach denen die Herstellkosten in Relation zum Vertriebserlös 30 Prozent bei belletristischen Titeln und 35 bis 40 Prozent bei illustrierten Sachbüchern ausmachen. Im vorliegenden Fall beträgt der Prozentsatz gerundet 30 Prozent. Erfasst wird die gesamte Druckauflage inkl. etwaiger Freiexemplare (siehe einleitender Text 7.2).

Position 7 – Deckungsbeitrag 1

Der Deckungsbeitrag (DB) 1 beläuft sich nach Abzug der Kosten für die technische Herstellung in unserem Beispiel über 23 100 €. Von diesem Betrag müssen die weiteren Kosten bestritten werden.

Position 8 – Autorenhonorar

Das Autorenhonorar wird – unabhängig davon, auf welche Berechnungsgröße es sich bezieht (Nettoladenpreis oder Vertriebserlös) – als Einzelkostenfaktor betrachtet. Es kann entweder pauschal oder in Abhängigkeit zur verkauften Auflage (= Absatzhonorar) angesetzt werden. Das Absatzhonorar beträgt bei Publikumsverlagen zwischen 7 und 13 Prozent vom Nettoladenpreis (Position 3) eines jeden verkauften und bezahlten Exemplars. Oft wird ein so genanntes Staffelhonorar vereinbart, d. h., der vertraglich vereinbarte Prozentsatz steigt mit der verkauften Auflage. Zum Beispiel: 10 Prozent bis 10 000 Exemplare, 11 Prozent bis 20 000 Exemplare und 12 Prozent bei mehr als 20 000 Exemplaren.

Bei belletristischen Hardcovertiteln und bei Sachbüchern wird in Publikumsverlagen im Regelfall bei 10 Prozent Honorar angefangen. Bei Taschenbuchverlagen fängt die Staffel eher bei 5 Prozent an, was mit dem geringeren Ladenpreis zusammenhängt, der zwangsläufig zu niedrigeren Erlösen führt. Im Gegenzug wird aber wahrscheinlich eine höhere Auflage abgesetzt, so dass ein Autor auch mit einem Taschenbuchhonorar leben kann. Übersetzte, aufwändig illustrierte Bücher, aber auch technisch komplizierte Fachbücher und Bildbände beginnen sehr häufig mit niedrigeren Honorarsätzen. Unter die Position Autorenhonorar fallen selbstverständlich auch etwaige Herausgeberhonorare. Auch Einmal-Zahlungen für Verfasser von Vor- und/oder Nachworten können hier erfasst werden.

Position 9 – Deckungsbeitrag 2

Der Deckungsbeitrag (DB) 2 beläuft sich nach Abzug der Kosten für die technische Herstellung und des Autorenhonorars in unserem Beispiel über 15942 €. In der Literatur werden die Gesamtkosten für die technische und geistige Leistung auch unter dem Begriff Wareneinsatz zusammengefasst. Falls diese Kosten in einer Position zusammengefasst werden, die im Branchendurchschnitt zwischen 40 und 50 Prozent vom Verlagserlös ausmachen, ergibt die Differenz von Verlagserlös und Wareneinsatz den Deckungsbeitrag 1. Wie differenziert Verlage dies auch handhaben mögen – in unserem Beispiel erzielt der Verlag einen Deckungsbeitrag 2 in Höhe von 15942 €. Von diesem Betrag sind alle weiteren Kosten zu bestreiten.

Position 10 – Auslieferungskosten

Die meisten Verlage überlassen ihre Auslieferung einem spezialisierten Dienstleistungsunternehmen, für den sich der Begriff Verlagsauslieferung eingebürgert hat. Rund 80 Unternehmen agieren am Markt und übernehmen neben der Lagerverwaltung auch die Bestellbearbeitung, die Rechnungstellung, die Zuteilung der Packstücke auf die unterschiedlichen Versandwege und die Remittendenabwicklung. Manche Verlagsauslieferungen übernehmen darüber hinaus auch das Inkasso und Delcredere (= Haftung für den Eingang von Forderungen). Die Akzeptanz von Verlagsauslieferungen liegt in erster Linie im Problem der Absatzspitzen begründet, die eine Verlagsauslieferung hinsichtlich Raum- und Personalbedarf verlagsübergreifend besser organisieren kann als ein einzelner Verlag. Außerdem kann der Verlag sich auf andere Aufgabenbereiche konzentrieren und sein Hauptaugenmerk auf seine Programm- und Marketingkompetenz richten – strategisch eine durchaus richtige Entscheidung.

Die Gebühren, die der Verlag an seine Auslieferung zu zahlen hat, richten sich nach prozentualem Wert der ausgelieferten Titel, eingelagertem Gewicht und gegebenenfalls nach weiteren Dienstleistungen. Für einen Full-Service inkl. Buchhaltung, Inkasso und Delcredere zahlt ein Verlag mitunter bis zu 12 Prozent vom Nettoerlös. Natürlich variieren diese Sätze je nach verlagsspezifischen Besonderheiten. In unserem Beispiel sind Gebühren ohne finanztechnische Dienstleistungen kalkulatorisch zu veranschlagen. In absoluten Zahlen ausgedrückt: 2640 €.

Position 11 – Vertreterprovision

Die Vertreterprovision bezieht sich auf die Verkaufsleistung des Außendienstes. Nur sofern Verlage fest angestellte Vertreter (= Reisende) haben, können die anfallenden Kosten den allgemeinen Verwaltungskosten bzw. den Vertriebskosten zugeordnet werden. Die meisten Verlage arbeiten jedoch mit freien Handelsvertretern zusammen, die als selbstständige Kaufleute keiner innerbetrieblichen Kostenstelle zuzuordnen sind. Sie werden auf Provisionsbasis bezahlt, erhalten also einen Prozentsatz vom Vertriebserlös. Die Provisionssätze variieren und sind oft auch für einzelne Programmbereiche unterschiedlich, z.B. für Wissenschaft geringer als für Belletristik. In vielen Verlagen liegt dieser Prozentsatz zwischen 5 und 8 Prozent. Strittige Punkte sind in der Regel die Provisionierung von Barsortimentsbestellungen sowie Bestellungen von großen Sortimentsbuchhandlungen, die keine Vertreter empfangen. Ein Mischwert aus den genannten Prozentsätzen ist in diese Position der Kalkulation einzusetzen.

Position 12 – Werbekosten

In den meisten Verlagen wird ein bestimmter Prozentsatz – in der Regel zwischen 5 und 10 Prozent vom Verlagserlös – als Werbeetat angesetzt. Zur Werbung zählen dabei in jedem Fall die Publikums- und Händlerwerbung, außerdem die anteiligen Kosten für Verlagsankündigungen und Gesamtverzeichnisse. Der Messestand bzw. die Messestände werden ebenso in der Kostenstelle Werbung erfasst wie Promotion-Maßnahmen und Hilfsmittel (Verkaufsdisplays, Werbemittel für Schaufenster usw.) zur Verkaufsförderung. In manchen Verlagen werden darüber hinaus auch weitere Kosten wie beispielsweise die für Schutzumschläge und Leseexemplare zur Werbung gerechnet.

Position 13 – Deckungsbeitrag 3

Der Deckungsbeitrag (DB) 3 über 9342 € ist der Betrag, den der Titel zur Deckung der dem Objekt nicht zurechenbaren Gemeinkosten, des kalkulatorischen Risikos (= Wagnis) und eines möglichen Gewinns beitragen kann. Nun steht die verlegerische Entscheidung an: Reicht dieser Betrag aus, um im Rahmen einer Mischkalkulation mit den Deckungsbeiträgen anderer Titel ein gewinnbringendes Verlagsprogramm anzubieten? Denn die so oft in diesem Zusammenhang beschworene Mischkalkulation bedeutet nicht, dass Flops irgendwie durch Bestseller mitfinanziert werden, sondern heißt im Rahmen der Deckungsbeitragsrechnung: Reicht die Summe der vermuteten Deckungsbeiträge der verlegten Titel aus, um das Unternehmen gesund zu halten?

Am Ende des Kapitels 7.1 wurde betont, dass ein Deckungsbeitragsmodell vorgestellt werden soll, das die zurechenbaren Herstell-, Honorar-, Vertriebs- und Werbekosten in den Vordergrund stellt. Natürlich gibt es auch andere

Modelle und weitere Deckungsbeitragsstufen. Denn die Ausgangsfrage sei noch einmal in Erinnerung gerufen: Welcher Deckungsbeitrag bleibt nach Abzug der dem einzelnen Objekt direkt zurechenbaren Einzelkosten übrig und reicht dieser Betrag aus, um alle weiteren nicht direkt zurechenbaren Kosten (Gemeinkosten), aber auch Wagniszuschläge und Gewinne abzudecken?

So bleibt es eine Frage des Controllings, welche Kosten in welchem Umfang transparent gemacht werden sollen. Wenn beispielsweise die Lektoratskosten sorgfältig erfasst und auf die Gesamtzahl der produzierten Titel verteilt werden können, könnte man eine weitere Deckungsbeitragsstufe angeben, nämlich den Deckungsbeitrag (DB) 4. Ähnlich wie die Lektoratskosten lassen sich aber auch die Buch-Bereichskosten errechnen. Es sind dies jene allgemeinen Betriebs- und Verwaltungskosten, die außer den Lektoratskosten entstehen und direkt und zweifelsfrei dem Buch-Bereich zuzuordnen sind. In einem Großverlag, in dem auch andere Bereiche wie Lehr- und Lernmittel, Zeitschriften, Spiele usw. produziert werden, ist diese Aufteilung wichtig. In anderen Verlagen, die sich ausschließlich mit der Produktion von Büchern befassen, ergeben sich diese Kosten als die um die Lektoratskosten verminderten allgemeinen Betriebs- und Verwaltungskosten. Damit könnte man einen Deckungsbeitrag (DB) 5 errechnen.

Von diesem Deckungsbeitrag 5 sind noch einmal die verbleibenden allgemeinen Betriebs- und Verwaltungskosten abzuziehen, die nicht zweifelsfrei als Lektorats- oder Buch-Bereichskosten zu erfassen sind, also im Wesentlichen die Finanzierungskosten (Kredite und Zinsen) und die Kosten der Geschäftsleitung in einem Verlag mit gemischter Produktion.

7.3 Vereinfachte Deckungsbeitragsrechnung

In der praktischen Arbeit kann auch mit einem vereinfachten Kalkulationsschema gearbeitet werden. Es ist nur erforderlich, den notwendigen Deckungsbeitrag in Prozent vom Verlagserlös zu erfassen. Wenn also beispielsweise ein Kleinverlag jährliche allgemeine Betriebskosten (Gehälter, Miete, Energie, Telefon, Arbeitsmittel, Reise und Bewirtung, Versicherungen etc.) in Höhe von 250 000 € zu verbuchen hat und einen Umsatz von 1 000 000 € veranschlagt, dann muss die Summe aller Deckungsbeiträge diese 250 000 € abdecken. Mit anderen Worten: Der Deckungsbeitrag muss mindestens 25 Prozent vom Verlagserlös betragen. Ist er geringer, so muss selbst nach dem Abverkauf der gesamten kalkulierten Auflage zum kalkulierten Preis Omas Sparstrumpf geplündert werden, um die Kostendifferenz abzudecken.

Dieser prozentuale Deckungsbeitrag (DB in Prozent vom Erlös) muss mindestens einmal jährlich anhand der Ist-Zahlen überprüft und gegebenenfalls korrigiert werden. Bei der Beurteilung der ausgewiesenen Deckungsbeiträge dieses vereinfachten Kalkulationsschemas ist allerdings zu berücksichtigen, dass aus diesem Deckungsbeitrag über die im letzten Absatz erwähnten Kosten hinaus zu finanzieren sind: Zins- und Lagerkosten für den mittleren Bestand während der Lieferbarkeit des Titels, Wagnis und kalkulatorischer Gewinn, Abschreibungen, Steuern sowie im Einzelnen manch ein hier nicht ausdrücklich genannter Kostenfaktor.

Unter der Voraussetzung, dass der Apparat eines Verlages nicht erhöht wird, also beispielsweise keine zusätzlichen freien Mitarbeiter beschäftigt und keine zusätzlichen Überstunden geleistet werden müssen, ist im Prinzip jedes Buch mit positivem Deckungsbeitrag vernünftig, weil es einen Beitrag leistet zur Abdeckung der ohnehin entstehenden Kosten. Allerdings muss man zwei Gesichtspunkte im Auge behalten: Zum einen ist ein inhaltlich geschlossener Marktauftritt wichtig, aufgrund dessen Handel und Käufer den Verlag identifizieren können. Nichts würde größere Irritationen hervorrufen, als wenn ein Publikumsverlag einen einzelnen Wissenschaftstitel verlegt oder wenn ein Wissenschaftsverlag sich plötzlich der Produktion von Stadtplänen zuwendet. Zum anderen ist auf das Gesamtergebnis eines Verlages im jeweiligen Geschäftsjahr zu achten. Dieses Gesamtergebnis gehört jedoch schon zum Thema Unternehmensführung und übersteigt damit die Interpretationshinweise für Kalkulationen, die hier gegeben werden sollen.

8. Marketing

Marketing bedeutet wörtlich „auf den Markt bringen". Hierunter sind jedoch nicht nur die Maßnahmen zu verstehen, die sich auf die Verbreitung von Produkten oder Dienstleistungen beziehen. Marketing ist umfassender zu sehen. Denn das Marketingkonzept, aus dem sich bestenfalls alle unternehmerischen Maßnahmen ableiten, umfasst die Koordination *aller* auf den Markt bezogenen Maßnahmen. Traditionell gliedert man die eingesetzten Marketinginstrumente in vier unternehmenspolitische Teilbereiche.

Die *Produktpolitik* klärt, welche Problemlösungen (Print- oder Online-Produkte, Dienstleistungen etc.) in welcher Form am Markt angeboten werden sollen. Hier geht es um Produkte und Programme, ihre Qualität, ihre Ausstattung, und um die Etablierung von Marken, was unter dem englischen Begriff *Branding* in der Medienbranche diskutiert wird.

Die *Distributionspolitik* beschäftigt sich mit der Frage, wie die Produkte an den Kunden verkauft werden sollen. Hier geht es um die Absatzkanäle, d.h. um die Entscheidung, ob Bücher (via Vertreter) über den Buchhandel inklusive des Großhandels (Barsortiments) und/oder im Direktvertrieb vertrieben werden sollen, aber auch um Fragen der Lagerlogistik, Lieferzeiten etc.

Die *Kontrahierungspolitik* legt die vertraglichen Leistungen fest, zu denen die Produkte am Markt angeboten werden. Hier geht es in erster Linie um die Preisgestaltung, nachgelagert aber auch um Konditionen für Groß- und Einzelhändler.

Die *Kommunikationspolitik* ist für die Fragen zuständig, welche Informationswege und welche psychologisch-beeinflussenden Maßnahmen den Absatz der Leistung unterstützen sollen. Oder anders formuliert: Wie erreicht und gewinnt man den Händler und die Kunden durch Werbung, Sales-Promotion-Veranstaltungen und effektive Pressearbeit?

Im Rahmen eines Marketing-Mix wird festgelegt, welche Marketinginstrumente im Einzelnen einzusetzen sind, um angestrebte (Teil-)Marketingziele zu erreichen. Es wird also ständig geplant und realisiert, aber auch kontrolliert. Wichtig ist jedoch nicht nur, dass die Elemente innerhalb eines Marketingblocks gut aufeinander abgestimmt sind, entscheidend ist vielmehr, dass die Summe aller Maßnahmen ein sinnvolles Ganzes ergibt. Wobei es immer gilt, auf Erfahrungen der eigenen Firmengeschichte oder vergleichbarer Unternehmen zu schauen. So können einige Marketinginstrumente wie Werbung und PR zwar kurzfristig eingesetzt werden, zeigen jedoch mitunter erst nach längerer Zeit tatsächlich Wirkung. Auf jeden Fall erfordern langfristige Kundenbindung sowie eine längerfristige Verschiebung von Marktanteilen den Einsatz des kompletten Marketing-Mix unter Einbeziehung inhaltlicher, produktpolitischer Maßnahmen. Marketing ist demnach die Grundlage für kontinuierlich erfolgreiche Verlagsarbeit – nicht nur für die Einführung neuer Produkte. Korrektiv aller Maßnahmen muss in letzter Instanz die Markt- oder Kundenorientierung sein. Denn wenn ein Verlag es nicht schafft, vom Markt bzw. von seinem Markt her zu denken und zu handeln und seine erklärte(n) Zielgruppe(n) mit allen zu Gebote stehenden Mitteln zufrieden zu stellen, hat er in einem Markt, der den Charakter eines Nullsummenspiels hat, kaum Überlebenschancen.

Im Verlagsalltag mag man zwar die aufgezeigten theoretischen Grundsätze berücksichtigen, doch haben sich im Rahmen der operativen Umsetzung unternehmerischer Entscheidungen Abteilungen institutionalisiert, die entsprechende Marketingfunktionen übernehmen. Da die Aufgaben des Lektorats für die Produktpolitik ausreichend thematisiert worden sind, geht es nunmehr um die absatzpolitischen Maßnahmen im Rahmen der Distributions-, Kontrahierungs- und Kommunikationspolitik. Oder in vertrauter Terminologie formuliert: Es geht um die Abteilungen Vertrieb, Verkauf, Werbung und PR. Bei großen Unternehmen sind diese Abteilungen stark ausdifferenziert, während in mittleren und kleineren Unternehmen wenige Mitarbeiter für die verschiedenen Funktionen zuständig sind. Obwohl es bei den folgenden Ausführungen um das jeweils Spezifische, d.h. auch Trennende geht, sei noch einmal darauf hingewiesen, dass allein die marktorientierte und koordinierte Gesamtheit aller Maßnahmen den Erfolg eines Verlags ausmacht – ohne innere und abgestimmte Kommunikation ist erfolgreicher Verkauf und Absatz schlecht möglich.

8.1 Verkauf und Vertrieb

Die Verkaufs- und Vertriebsabteilung des Verlages ist für den Verkauf, seine Vorbereitung, Förderung und Abwicklung zuständig. Zu ihren Aufgaben gehören im Außendienst die Führung und Betreuung der Verlagsvertreter sowie im Innendienst die Betreuung aller Phasen der Auslieferung vom Bestelleingang bis zum Zahlungseingang, die Mitwirkung bei der Auflagenfestsetzung, die Lagerkontrolle und in der Regel auch die Herstellung der Absatz- und Umsatzstatistiken.

Die Verkaufsabteilung wird bereits bei der Programmplanung eingeschaltet; ihr Leiter ist regelmäßig Mitglied der Programmkonferenz, und wenn eine solche nicht existiert, so wird seine Meinung vor der Entscheidung gehört. Insbesondere bei der Beurteilung der Verkaufschancen, der Auflagenhöhe, des Ladenpreises und bei allen den Verkauf direkt betreffenden Fragen, wie zum Beispiel Titelfindung, Schutzumschlaggestaltung und Werbung, spricht der Verkaufsleiter ein gewichtiges Wort mit. In Programmkonferenzen ist es seine Aufgabe, Auskunft über den Verkauf vergleichbarer Bücher zu geben. Bei der Kalkulation eines Projekts werden der zuständige Cheflektor und der Verkaufschef befragt, wie sie die Auflagen einschätzen, wobei das Votum des Verkaufs zumeist das stärkere Gewicht besitzt.

Publikumsverlage verkaufen ihre Produktion nur in Ausnahmefällen direkt an den Endabnehmer, im Regelfall wird der Vertrieb indirekt über zwischengeschaltete Handelsstufen organisiert: entweder einstufig-indirekt via Verlagsvertreter an den Bucheinzelhändler oder zweistufig-indirekt über das Barsortiment, den Großhändler der Branche, der seinerseits an den Bucheinzelhändler weiterverkauft.

Die Verlagsvertreter sind entweder freie Handelsvertreter, die auf Provisionsbasis das Programm eines oder mehrerer Verlage vertreten. Oder sie sind Reisende, die in Festanstellung unterwegs sind. Fest angestellte Vertreter rechnen sich für einen Verlag nur selten unter einem Umsatz von 15 Mio. Euro. Selbst mittelgroße Verlage mit 30 Mio. Euro Jahresumsatz arbeiten noch mit freien Handelsvertretern. Die „Freien" reisen zum Teil exklusiv für einen großen Verlag, mitunter aber auch für mehrere Verlage, deren Programme sich gegenseitig ergänzen. Auf diese Weise stellen sie sicher, dass sie von jeder Buchhandlung empfangen werden. Der Vertreterbesuch erfolgt in zugeteilten Verkaufsgebieten (Gebietsschutz für die Vertreter, beispielsweise für bestimmte Bundesländer) oder für spezielle Kundengruppen (Kundenschutz, Vertreter für Warenhäuser und Nebenmärkte). Auch Firmen in Österreich und in der deutschsprachigen Schweiz werden von Vertretern besucht; häufig sind es Mitarbeiter von Auslieferungsfirmen, mit denen der Verlag in diesen Ländern zusammenarbeitet.

Kleine Verlage haben oft Probleme, überhaupt Vertreter zu finden. Und so bleibt das beschriebene flächendeckende Vertreternetz oft des Kleinverlegers Wunschtraum, weil sein Programm für die beim Sortiment eingeführten Vertreter nicht attraktiv genug ist, d.h. im Klartext, weil es nicht verkäuflich genug ist und damit die zu erwartenden Verkaufsprovisionen als zu gering eingeschätzt werden. Gewinnt man trotzdem einen engagierten Vertreter, so muss man ihn mit sechs bis zwölf anderen Verlagen teilen. Wenn es aber überhaupt nicht gelingen will, eingeführte Verlagsvertreter zu gewinnen – und das gelingt selten! –, ist Eigeninitiative angesagt. Vielleicht schließt man sich in einem solchen Fall mit anderen, den Programmbereich ergänzenden Verlegern zusammen und versucht, einen jungen Buchhändler zu engagieren, der seinerseits den Sprung in die Selbständigkeit als Verlagsvertreter wagen will.

Seit einigen Jahren ist insbesondere bei Großbuchhandlungen mit Filialen die Tendenz zu beobachten, Vertreter nicht mehr zu empfangen, ihm nur ein begrenztes Zeitkontigent einzuräumen oder den Vertreterbesuch von Mindestumsätzen der betroffenen Verlage abhängig zu machen. Diese Entwicklung hat nicht nur für den Berufsstand der Verlagsvertreter bedrohliche Konsequenzen, sondern auch insbesondere für die Kleinverlage. Die Präsenz von Büchern am *point of sale* ist eine entscheidende Voraussetzung für die Verkaufschance eines Buches. Wenn die Verlage nicht einmal mehr die Chance haben, ihre Programme dem Buchhandel kompetent zu präsentieren, dann impliziert das eine sehr ernst zu nehmende Einschränkung ihrer Überlebenschancen.

Die Hauptaufgabe der Vertreter besteht darin, das Programm des Buchverlags an das Sortiment zu verkaufen. Aber die Vertreter sind nicht nur Verkäufer, sie sind gleichzeitig die Repräsentanten des Verlags beim Sortiment, die Marktforscher bzw. Markterkunder, und wenn sie sehr gute Vertreter sind, dann sind sie gleichzeitig auch noch gute Berater ihrer Kunden, d.h. der Buchhändler. Von einem erfolgreichen Verlagsvertreter stammt das Zitat: „Meinen Verlag kann ich notfalls wechseln, meine Kunden nicht.“ Dieser Satz macht deutlich, warum gute Vertreter keine Drücker sind und warum ein Verlag schlecht beraten wäre, der bei Anforderungen, die er an seine Außendienstmitarbeiter stellt, diesen Unterschied übersehen würde.

Vertreterkonferenz

Der Verkaufsleitung obliegt die Vorbereitung und Durchführung der Vertreterkonferenz. Die Vertreterkonferenz soll die Verlagsvertreter über das Novitätenprogramm informieren, sie mit Verkaufsargumenten ausstatten und darüber hinaus Titel, Schutzumschläge, Auflagen und Ladenpreise einem letzten Test unterziehen. Das nimmt bei größeren Verlagen meistens zwei bis drei Tage in Anspruch.

Zu Beginn steht eine gemeinsame Aussprache, in der die Vertreter das Programm des vergangenen Halbjahres kritisch würdigen – eine Gelegenheit für den Verlag, aus Fehlern Konsequenzen für die Zukunft zu ziehen. Dann werden – in den Publikumsverlagen getrennt nach Belletristik und Sachbuch – die einzelnen Bücher des kommenden Programms vorgestellt. Zum Zeitpunkt der Vertreterkonferenz existiert davon meistens noch keines, denn die Konferenz findet etwa vier bis fünf Monate vor der ersten Auslieferung statt. Im günstigsten Fall haben die Vertreter vor Beginn der Konferenz einzelne Leseproben oder Manuskripte erhalten, aber nur im Idealfall liegen sie für alle Titel vor. Deshalb erhält jeder Vertreter zumindest die Rohfassung des Informationstextes, wie er für die Programmvorschau vorgesehen ist.

Der das jeweilige Projekt betreuende Lektor stellt in einem kurzen Vortrag, der nur in Ausnahmefällen länger als zehn Minuten dauern sollte, sein Buch vor. Der Vortrag referiert zunächst, auf das Wesentliche komprimiert, den Inhalt des Buches und geht dann auf die besondere Qualität ein. Wichtig ist die Information über den USP (Unique Selling Proposition), die Einzigartigkeit des Produkts oder das Hauptverkaufsargument und die Alleinstellungsmerkmale. Der Lektor erläutert den Vertretern, warum der Verlag sich für das vorgestellte Buch entschieden hat, an welche Zielgruppen es sich wendet und welche Erwartungen der Verlag damit verbindet. Zu den Ausführungen gehört auch die Vorstellung des Autors unter Berücksichtigung seiner Qualifikation und seiner bisher publizierten Arbeiten; gegebenenfalls werden Pläne angesprochen, die der Verlag mit einem bestimmten Autor für die Zukunft hat.

Bei jeder Vorstellung eines Titels auf der Vertreterkonferenz ist es unbedingt erforderlich, auf die Konkurrenzsituation einzugehen – eine Frage, die der Lektor sorgfältig prüfen muss. (Es ist zu empfehlen, den Vertretern eine Aufstellung der wichtigsten Konkurrenzliteratur auszuhändigen.) Der Lektor wird sich bemühen, das eigene Projekt von der Konkurrenzliteratur abzuheben, also deutlich zu machen, wo die besonderen Vorteile liegen. Er wäre allerdings schlecht beraten, wenn er dies als Möglichkeit ansähe, die Konkurrenz madig zu machen; er sollte sehr sachlich über Unterschiede informieren. Sinn der Übung ist es, dass der Vertreter bei seinem Verkaufsgespräch mit den Buchhändlern informiert ist und kritischen Fragen und/oder Anmerkungen qualifiziert begegnen kann. Abschließend werden Entwurf oder Andruck des Schutzumschlags vorgestellt sowie die Pläne des Verlags hinsichtlich Auflage und Ladenpreis erläutert.

Die Vertreterkonferenz ist keine Programm-, sondern eine Verkaufskonferenz. Dennoch sollte jeder Verlag, der über ein gutes Vertreterteam verfügt, inhaltliche Diskussionen über ein Buch, Kritik an Titeln und Schutzumschlägen sowie an Auflagen und Ladenpreisen nicht nur zulassen, sondern ernst nehmen. Verlagsvertreter sind markterfahrene Mitarbeiter des Verlags, die oft eine bessere Kenntnis des Buchhandels besitzen als die Programmleute im Verlag und die – das sollte man zu keinem Zeitpunkt vergessen – ebenfalls vom Verkauf der Bücher leben. Es ist also zumindest zu vermuten, dass ihre Kritik und ihre Vorschläge nicht primär deshalb vorgebracht werden, um den Lektor zu ärgern, sondern um das Buch verkäuflicher zu machen oder den Verlag vor falscher Einschätzung zu bewahren. Umgekehrt ist die Vertreterkonferenz der falsche Ort, um literarische Grundsatzdiskussionen zu führen oder über die Programmpolitik eines Verlags zu entscheiden.

Als Ergebnis sachlicher Diskussionen auf der Vertreterkonferenz können die Schutzumschläge einzelner Titel geändert, die Auflagen und die Ladenpreise korrigiert werden. Nicht selten hat eine harte Auseinandersetzung über einen Titel, die auch auf Seiten des Lektors mit Leidenschaft und Sachverstand geführt worden ist, die Vertreter erst entsprechend motiviert, sich ihrerseits im Verkaufsgespräch mit den Buchhändlern für diesen Titel ganz besonders einzusetzen.

Auf der Vertreterkonferenz wird auch über die geplante Werbung gesprochen. Selbstverständlich geht es hierbei um die groben Richtlinien, die *essentials,* d.h. um das Werbekonzept und die Größenordnung, nicht jedoch um einzelne Anzeigen und deren Schaltungen. Soweit bereits von konkreten Presseaktivitäten, zum Beispiel Vorabdrucken, Interviews oder Fernsehsendungen, zu berichten ist, geschieht dies ebenfalls auf der Vertreterkonferenz. Alles, was dem Vertreter in seinen Verkaufsgesprächen potentiell helfen kann, ist ein sinnvolles Thema. Selbstverständlich werden derartige Hinweise auch während der Reisetätigkeit der Vertreter weitergegeben. In großen Verlagen unterhält die Presseabteilung dafür einen institutionalisierten Informationsdienst, der die Vertreter regelmäßig mit für ihre Verkaufsarbeit wichtigen Informationen per Mail versorgt.

Es kann sinnvoll sein, zu der Vertreterkonferenz einen oder zwei Autoren einzuladen, die ihre Bücher selbst vorstellen. Der Lektor muss sich allerdings sicher sein, dass der Autor sein Buch auch wirksam präsentieren kann. Es gibt hervorragende Autoren, mit denen eine solche Veranstaltung möglicherweise zur Katastrophe gerät, weil sie zwar exzellente Experten in ihrem Gebiet, aber schlechte Verkäufer der eigenen Sache sind. Umgekehrt können der Auftritt eines interessanten jungen Autors oder eines Fernseh- oder Showstars die Vertreterkonferenz beleben und gleichzeitig den jeweiligen Titel *pushen*, weil er sich durch diese Art der Vorstellung bei den Vertretern ganz besonders eingeprägt hat. Darüber hinaus ergeben sich am Rande der Konferenz Gespräche zwischen Autoren und Vertretern, die das Engagement der Vertreter fördern können, weil sie einen persönlichen Bezug zum Autor und seinem Buch herstellen.

Die Vertreterkonferenz, die im Frühjahr zur Vorbereitung des Herbstprogramms und im Spätherbst zur Vorbereitung des folgenden Frühjahrsprogramms stattfindet und häufig außerhalb der Verlagsräume stattfindet, ist eine außerordentlich wichtige Kommunikationsveranstaltung. So können die Mitarbeiter des Verlags auch am Rande der Konferenz mit den Vertretern Meinungen austauschen und Pläne testen. Ein gutes Verhältnis zu den Vertretern des eigenen Hauses ist für jeden Verlagslektor wichtig. Die Vertreterkonferenz bietet ihm die Möglichkeit, dieses Verhältnis zu pflegen und auszubauen.

Vertreterreise

In den Wochen nach der Konferenz bereiten die Verlagsvertreter ihre Reise vor: Sie lesen weitere eintreffende Materialien, erarbeiten ihre eigene Verkaufsstrategie und organisieren den Ablauf ihrer Verkaufsreise. Für das Frühjahrsprogramm beginnt sie Anfang Januar und dauert meistens bis in den April. Die Herbstreise beginnt im Mai oder Juni und endet im September. Dies gilt für alle Kunden. Top-Kunden werden noch häufiger besucht, unter Umständen auch regelmäßig alle zwei Monate.

Von den Vertretern der größeren Verlage werden etwa 1000 Buchhandlungen besucht. Dazu kommt der Buchhandel in Österreich und das deutschsprachige Sortiment in der Schweiz. Der einzelne Buchhändler hat bereits vor dem Besuch des Vertreters die Verlagsvorschau erhalten und über die einzukaufenden Titel nachgedacht. Sehr häufig steht am Beginn eines Verkaufsgesprächs die Frage der Remittenden, d.h., es wird über die nicht verkauften Bände des vergangenen Programms gesprochen. Der Vertreter wird den Buchhändler davon zu überzeugen versuchen, dass es sinnvoll ist, von diesen Titeln zumindest einen Teil weiter am Lager zu halten. Um aber das neue Programm zu verkaufen, ist man zu einer flexiblen Haltung in der Remissionsfrage gezwungen.

Buchhändler und Vertreter gehen dann das Programm wegen der Bestellungen durch, wobei ein guter Vertreter, der sich das Vertrauen erworben hat, durchaus die Möglichkeit besitzt, die vom Buchhändler geplante Zahl ganz wesentlich nach oben, aber auch nach unten zu korrigieren. Selbstverständlich ist der Vertreter bestrebt, jeden Titel mit guten Stückzahlen in das Sortiment einzuverkaufen. Denn ein Buch, das verkauft werden soll, muss zunächst beim Buchhändler am Lager sein. Das gilt ganz besonders für das – zumindest partiell – auswechselbare Programm von Publikumsverlagen (bei wissenschaftlichen oder Fachbuchtiteln liegen die Verhältnisse anders). Auf der anderen Seite wird ein guter Vertreter keineswegs so viele Bücher in das Sortiment drücken, wie dies bei Aufbietung aller Beredsamkeit und Argumentation vielleicht möglich wäre. Der Vertreter weiß, dass er in einem halben Jahr demselben Buchhändler wieder gegenübersitzt, um das neue Programm seines Verlags zu verkaufen. Spätestens dann würde er die Quittung für unangemessenes Drücken erhalten. Es kommt also darauf an, jeden Titel in einer für das jeweilige Sortiment angemessenen Stückzahl auf den „Bestellblock" zu bekommen. Dabei bestreitet er nicht selten eine regelrechte Gratwanderung: Auf der einen Seite verkauft er für seinen Vertriebschef in der Regel zu wenig, auf der anderen verkauft er dem Buchhändler in der Regel zu viel.

Die Aufträge der Vertreter werden an die Verkaufsabteilung des Verlags geschickt oder per Laptop an den Innendienst weitergeleitet, dort bearbeitet und für die Vorbestellstatistik ausgewertet. Diese Zahlen können von ganz wesentlicher Bedeutung für die endgültige Höhe der Druckauflage sein. Die Vertreter reisen ja – wie ausgeführt – zu einem Zeitpunkt, zu dem die Bücher noch gar nicht gedruckt sind. Da bereits nach einer Woche eine Hochrechnung der Vorbestellzahlen möglich ist, die erfahrungsgemäß ein relativ zuverlässiges Trendbild abgibt, ist es sinnvoll, dies für die definitive Auflagenfestsetzung zu nutzen, die dann zum spätestmöglichen Zeitpunkt erfolgt. Allerdings wird diese Art der Hochrechnung in Zeiten eines sich verändernden Einkaufsverhaltens seitens der Händler zunehmend schwieriger. Denn die Großhändler bestellen ihren voraussichtlichen Bedarf von vier bis sechs Wochen und Einzelhändler – durch Analysen über ihre Lagerumschlagshäufigkeit aufgeschreckt – bestellen auch nicht mehr wie in früheren Zeiten ihren Bedarf für ein halbes Jahr.

Die Verlagsvertreter besuchen nicht nur den Buchemzelhändler, sondern auch die Barsortimente, die ihrerseits dann den Buchhandel beliefern. Ihnen muss der Verlag für diese Zwischenhandelsfunktion einen höheren Rabatt einräumen als den einzelnen Buchhändlern. Dieser Mehr-Rabatt wird *Funktionsrabatt* genannt und bewegt sich in einer Größenordnung von ca. 15%. Dies ist die Differenz zwischen Barsortimentsrabatt und dem Grundrabatt des Verlags. So kann sich für Publikumsverlage ein Rabatt-Mix ergeben, der auf den ersten Eindruck verwirrend erscheint:

Rabatt für das Barsortiment	50%
Reiserabatt	40%
nach Umsätzen gestaffelter Jahresabschluss	bis 48%
Grundrabatt bei Einzelbezug (ohne Vertreter)	35%

Die Zahlen legen nahe, dass ein Verlag daran interessiert sein muss, einen möglichst hohen Anteil seiner Auflage direkt an das Sortiment zu verkaufen. Und so gewährt er für die Zeit der Reise seiner Vertreter besondere Kaufanreize in Form erhöhter Rabatte und verbesserter Zahlungsbedingungen. Bei den Rabatten ist der Reiserabatt (40%) sowie der Jahresabschluss hervorzuheben, eine gestaffelte Rabattkategorie, die für größere, jahresumsatzbezogene Auftragsvolumen zu Beginn des Jahres vergeben wird. Er wird, ausgehend vom erreichten Umsatz des Vorjahres, für das kommende Jahr gewährt und gilt remittendenbereinigt. Bei Nichterreichen des vertraglich zugesicherten Jahresumsatzes behalten sich Verlage vor, die Differenz zwischen dem Abschlussrabatt und dem nächstniedrigen Rabatt nachzubelasten. Eine weitere Form des Mengenrabatts ist ein noch häufig praktizierter Naturalrabatt, der so genannte *Partiebezug*: Hier werden zehn Exemplare mit 40 Prozent Rabatt und ein elftes Exemplar kostenfrei geliefert. In der Praxis gibt es etliche Varianten des Partiebezugs, wie zum Beispiel die *Reizpartie* (30 berechnete plus fünf unberechnete Exemplare) oder die *Partieergänzung*, nämlich die Aufteilung des Partiebezugs in zwei kleinere Teillieferungen (erste Lieferung fünf gelieferte und fünf berechnete Exemplare, die zweite Lieferung dann mit sechs gelieferten und fünf berechneten Exemplaren).

Neben den Rabatten sind insbesondere die Zahlungsbedingungen wichtig. Hier geht es vor allem um langfristige Zahlungsziele bzw. um Valuta, eine spätere Wertstellung. Diese Konditionen sind natürlich in einer Zeit der Kapitalverknappung für beide Seiten von großer Bedeutung. Neben Skonto spielen ferner Vereinbarungen über die Übernahme von Versandkosten (Portofreiheit oder Portobeteiligung ab einem bestimmten Umsatz) eine wesentliche Bedeutung bei den Gesprächen über die Konditionen. In einer für die gesamte Buchbranche schwierigen Zeit besteht das Problem darin, dass Verlag und Sortimenter darauf achten müssen, ihre Ertragssituation nach Möglichkeit zu verbessern, aber auf keinen Fall zu verschlechtern. Dieser Zwang erklärt, warum es so schwierig ist, Konditionen unter erschwerten Marktbedingungen zu verändern. Die komplizierte und differenzierte Situation und Interessenlage von Verlagen und Buchhändlern erfordert im Umgang miteinander vor allem Behutsamkeit. Der grobe Keil und der Holzhammer sind hier für die

Durchsetzung von Interessen die falschen Werkzeuge. Das Wissen voneinander, das Verständnis füreinander, das geduldige Gespräch, die rationale Argumentation und die Bereitschaft zu einem vernünftigen Kompromiss sind nach aller Erfahrung die bessere Methode.

All die genannten Konditionen bedeuten aber nicht, dass ein Verlag die Zusammenarbeit mit dem Barsortiment zurückfährt. Natürlich verliert ein Verlag Rabattpunkte an den Großhändler, aber trotzdem wäre es fatal, allein aus diesem Grund auf das Barsortiment verzichten zu wollen. Denn es ist zu bedenken, dass die Barsortimente die Verlage von vielen Einzelbestellungen entlasten, für den Einzelhändler qualitätsvolle Datenbanken erstellen, hinsichtlich etwaiger Medientitel von heute auf morgen liefern und eingekaufte Novitäten für einen längeren Zeitraum bevorraten. Damit leisten sie einen nicht zu unterschätzenden Dienst für die Recherchier- und Verfügbarkeit der Backlist. Für alle Verlage, die mit ihrem Sortiment die Verpflichtung haben, ständig nahezu überall präsent zu sein, gibt es zum Barsortiment keine Alternative. So ist erklärbar, warum Publikumsverlage sehr stark vom Zwischenbuchhandel abhängen, auch wenn das Barsortiment für sie eine Black Box ist. Denn der Verlag erfährt nicht, welcher Einzelhändler welche Titel bestellt, und verliert damit Anhaltspunkte für konkrete Werbeaktivitäten am *point of sale.* Spezialisierte Fachverlage hingegen können mitunter eher ohne den Einsatz der Zwischenbuchhändler auskommen.

Auslieferung

Bereits Monate vor dem Erscheinen der Bücher hat die Verkaufsabteilung die Auslieferungstermine festgelegt. Es gibt normalerweise ein Frühjahrs- und ein Herbstprogramm und innerhalb dieser Programme jeweils mehrere Auslieferungstermine zwischen Januar und März sowie Juni und September. Spätere Auslieferungen werden nur in Notfällen angesetzt, um verspätete Titel aufzufangen, weil sich der verfügbare Verkaufszeitraum zum Nachteil des Titels verkürzt. Auch hier liegen im wissenschaftlichen Bereich, in dem es weniger auf bestimmte Auslieferungstermine als in erster Linie auf eine baldige Auslieferung der Titel nach ihrer Fertigstellung ankommt, die Dinge etwas anders.

Die Auslieferung der Bücher umfasst die Bearbeitung der eingehenden Bestellungen, die Ausfertigung der Rechnungen, das Verpacken und Versenden der Bücher, die Überwachung des Zahlungseingangs und eventuell das Mahnwesen. Hierzu gehören auch die Bearbeitung der Remittenden und der mit der Auslieferung verbundene Schriftwechsel sowie die Erfassung und Verarbeitung diverser statistischer Daten per EDV. Viele der großen Publikumsverlage, aber auch zahlreiche mittlere und sogar kleine Verlage arbeiten heute mit Verlagsauslieferungen zusammen. Das sind Dienstleistungsfirmen, die die manuelle und technisch-logistische Seite der Auslieferung übernehmen. Dabei kann es sich um einen Teilservice, wie zum Beispiel Lagerhaltung, Verpackung und Versand, handeln oder um einen Fullservice, der alle Funktionen inklusive der Finanzdienstleistungen umfasst. Je nach Aufwand und nach Verhandlungsgeschick entstehen dadurch für den Verlag Gebühren zwischen 5% und 12% vom Nettoerlös. Dafür ist garantiert, dass Absatz- und Lagerspitzen keine Engpässe mehr bei den Verlagen hervorrufen. Denn die Lagerkapazität einer Verlagsauslieferung ist ausreichend bemessen. Aufwändige Novitäten-Anlagen sorgen dafür, dass die Bücher, die am Tag zuvor von der Druckerei kamen, am nächsten Tag für den Buchhändler verpackt werden.

In der EDV-Anlage der Auslieferung ist das komplette Kundenverzeichnis mit sämtlichen Daten – Adressen, Rabattsätze, Konditionen – ebenso gespeichert wie das Titelverzeichnis mit Autor, Titel, ISBN und Ladenpreis. Die Fakturierung erfolgt, wenn die Bestellung über DFÜ (Datenfernübertragung) in elektronischer Form eingeht, vollautomatisiert. Für eine manuelle Eingabe am Bildschirm reicht die Eingabe der Verkehrsnummer, des Lieferwegs, der ISBN und der Stückzahl. Die vollständigen Angaben wie Lieferanschrift und Kurztitel setzt dann der an die EDV-Anlage angeschlossene Drucker in Rechnungsformulare um (s. Anhang S. 175).

Parallel zur Rechnung wird ein Packzettel mit den Lagerplatzdaten ausgedruckt. Die Lagerplätze werden über einen Balkencode automatisch angesteuert, und die Lagerarbeiter(innen) legen die bestellte Stückzahl in einen Warenbehälter (in eine Wanne im Falle späteren Umpackens oder in eine bereits größenmäßig vom Computer ausgerechnete Einweg-Kartonage). Eine 13-stellige *Internationale Lokationsnummer (ILN)*, die von GS 1 Germany (Global Standards One Germany) an jeden interessierten, international agierenden Wirtschaftsteilnehmer vergeben wird und die sich problemlos in Strichcodes überführen lässt, ermöglicht den Versand selbst an verschiedene Lieferadressen.

Der Tag, an dem der Verlag oder sein Fremdauslieferer mit der Auslieferung beginnt, wird als Erstauslieferungstag bezeichnet – im Unterschied zum Erstverkaufstag, dem Tag, an dem ein bestimmtes Buch in allen Buchhandlungen erstmals verkauft werden darf. Bei Schwerpunkttiteln und so genannten Bestsellern wird manchmal ein Erstverkaufstag festgelegt, um nicht diejenigen Buchhandlungen zu benachteiligen, die aufgrund der Arbeitsabläufe in der

Auslieferung später als die konkurrierende Buchhandlung am Ort beliefert werden.

Bei den Bestellungen wird zwischen Festbestellungen und so genannten RR-Bestellungen, Bestellungen mit Rückgaberecht, unterschieden. In der Praxis ist dieser Unterschied jedoch von relativ geringer Bedeutung, weil der Verlag genötigt ist, auch festverkaufte Titel zurückzunehmen, wenn der Buchhändler wirklich darauf besteht und eine Neubestellung davon abhängig macht.

Nach Abschluss der Vertreterreise kann der Buchhändler seine Nachbestellungen entweder direkt oder über den Vertreter an den Verlag richten, oder er kann – insbesondere Einzeltitel – über das Barsortiment ordern. Im Bestellverkehr zwischen Barsortiment und Buchhandel werden bereits seit Jahrzehnten EDV und Datenfernübertragungstechniken eingesetzt, sodass die Bestellungen innerhalb von 24 Stunden ausgeführt werden können.

In den Wochen und Monaten nach der Auslieferung besteht eine wichtige Aufgabe der Verkaufsabteilung in der Lagerkontrolle, d. h. in der ständigen Überwachung des Lagerabgangs und des Bestands, um rechtzeitig das Signal für die Nachauflagenentscheidung zu geben. Eine Entscheidung hierüber wird nach der Kalkulation entsprechender Nachauflagequoten und aufgrund entsprechender Empfehlung der Verkaufsabteilung von der Verlagsleitung gefällt.

Für den Lektor ist die enge Kooperation mit dem Verkaufsleiter eine wesentliche Voraussetzung für seinen Erfolg. Deshalb wird er stets das Gespräch mit dem Verkaufsleiter suchen, bevor er neue Programminitiativen offiziell startet, und er wird insbesondere bei schwierigen Titeln gemeinsam mit ihm nach Wegen abseits der Routine suchen, um ein solches Buch im Sortiment durchzusetzen. Im Wirtschaftsunternehmen Buchverlag gehören Verkaufschefs naturgemäß zu den einflussreichsten Leuten – es ist also ein schlichtes Gebot der Vernunft, dass die Programm-Macher so eng wie möglich mit ihnen kooperieren.

ISBN und Balkencode

Entweder das Lektorat oder der Vertrieb vergibt die *Internationale Standard-Buchnummer (ISBN)*, die im Impressum des Buches eingedruckt wird und das Buch von der Konzeption bis zu unveränderten Nachauflagen oder bis zum Ausverkauf – im Buchhandel auch Ramsch genannt – begleitet. Seit 1971 gilt die ISBN auch als DIN-Norm, die jeden Buchtitel unverwechselbar identifiziert. Jede Änderung des Produkts, d. h. jede neue Ausstattung und jede veränderte Neuauflage, zieht eine neue ISBN nach sich. Diese seit 2007 stets 13-stellige Nummer ist grundsätzlich in fünf Teile aufgegliedert, die durch

Bindestriche oder Zwischenräume voneinander getrennt werden. Die internen Zusammenhänge seien anhand der ISBN 978-3-934054-37-0 erklärt.

978 = ISBN-Präfix
978 steht im Rahmen der 13-stelligen EAN-Codierung (EAN = european article number) für das Medium Buch. Dies ist in Abgrenzung zu der gängigen Vergabe der ersten Ziffern des EAN-Codes geregelt worden, die ansonsten zur Kennzeichnung des Produktionslandes verwendet werden. Das EAN-System wird in Deutschland von GS 1 (Global Standards One) organisiert.

3 = Gruppennummer
Sie wird von einer internationalen ISBN-Agentur für nationale Staaten, geografische Räume oder für Sprachgruppen vergeben, wobei die Ziffer 3 für den deutschsprachigen Raum steht.

934054 = Verlagsnummer
Sie wird von nationalen ISBN-Agenturen (in der Bundesrepublik Deutschland die MVB [als Partner] der Buchindustrie Standardangentur [BISAG]) innerhalb einer Gruppennummer vergeben. Die Verlagsnummer für die Gruppennummer 3 kann 2- bis 7-stellig sein. Mit der Vergabe erhält jeder Verlag ein bestimmtes Nummernkontingent für seine Verlagsproduktion. Dabei gilt die Regel: Je kleiner die Verlagsnummer, umso höher ist das Titelkontingent, je größer, desto geringer.

37 = Titelnummer
Das Titelnummernkontingent wird von der nationalen ISBN-Agentur zugeteilt, wobei der Verlag nach eigenem Ermessen hierüber verfügen darf. Häufig hängt die Vergabe der Titelnummer von der chronologischen Veröffentlichung von (Reihen-)Produktionen ab. Bei Taschenbüchern ist die Titelnummer in der Regel auch die Bandnummer. Das Titelnummernkontingent ergibt sich in Abhängigkeit von der Verlagsnummer und kann demnach für die Gruppennummer 3 1- bis 6-stellig sein.

0 = Prüfziffer
Die Prüfziffer ist prinzipiell 1-stellig und wird über einen Algorithmus ermittelt. Der Verlag erhält von der ISBN-Agentur bereits die Prüfziffer mit der Zuteilung der Titelnummer.

Die ISBN erscheint auch als Strichcode auf Büchern und vereinfacht dadurch nicht nur die elektronische Verarbeitung von Bestellungen, sondern auch das weitere Handling in den Dateien von Groß- und Einzelhändlern.

Buchmessen

Jedes Jahr im Oktober findet die Frankfurter Buchmesse statt. Während einer knappen Woche präsentieren neben zahlreichen Gemeinschaftsständen über 7000 Einzelaussteller aus mehr als 100 Ländern rund 300 000 Besuchern ihr Angebot. Fürwahr eine gigantische Präsentation der Welt des Buches! Fachbesucher aus allen Berufssparten rund um das Buch (Verleger, Buchhändler, literarische Agenturen, Bibliothekare, Journalisten etc.) nutzen die Messe zu Gesprächen, Kontaktaufnahmen oder zu Vertragsabschlüssen oder treffen sich auf den zahlreichen Rahmenveranstaltungen auf dem Messegelände und im Großraum Frankfurt.

Ob die Frankfurter Buchmesse auch für die ausstellenden bundesdeutschen Verlage allerdings ein Geschäft bedeutet, wird von Kritikern schon lange bezweifelt. Zumindest hat sie ihre frühere Bedeutung als Ordermesse, als Platz, wo der Buchhändler seine Einkäufe tätigt, seit vielen Jahren verloren. Die Vertreter der Verlage haben in den Monaten vor der Messe auf ihrer Herbstreise die Novitäten an das Sortiment verkauft und das Lager ergänzt. Die Bestellungen der Sortimenter sind in den Wochen und Tagen vor der Frankfurter Buchmesse ausgeliefert worden; für Nachbestellungen besteht zu diesem Zeitpunkt in aller Regel noch kein Anlass. Ausnahmen sind nicht besuchte Buchhandlungen, sofern deren Eigentümer oder Einkäufer die Messe überhaupt besuchen, und „Wenn-ich-schon-mal-da-bin-Bestellungen", die den Verlag auch über die anderen Bestellkanäle erreichen würden.

Die Kosten der Frankfurter Messe inklusive Reise-, Hotel-, Bewirtungs- und dem großen Posten Nebenkosten sind für die Verlage enorm. Schnell summieren sie sich schon für einen mittleren Verlag auf 20 000,– € und mehr. Rechnet sich dieser Aufwand? Wenn nicht Ordermesse, dann vielleicht als Lizenzmesse? In der Tat werden in Frankfurt Lizenzgeschäfte gemacht. Aber mit Abstand die meisten davon werden nur vollzogen, denn sie sind Monate vorher über Scouts und Agenten angebahnt und vorbereitet worden. So bleibt ein dritter Gesichtspunkt, der allerdings schwer in Zahlen zu fassen ist: Image- und Autorenpflege sowie PR für das eigene Programm. Und so muss jeder Verlag seine eigene Kosten-Nutzen-Analyse erstellen, die ihm die Entscheidung über eine weitere Teilnahme im kommenden Jahr erleichtert.

Unabhängig von der firmenindividuellen Seite bleibt noch der Gesichtspunkt der weltgrößten PR-Show für das Buch und für die neuen Medien. Denn die Medienpräsenz ist allgegenwärtig. Das Fernsehen sendet Ausschnitte aus der feierlichen Eröffnungsveranstaltung, überträgt die Verleihung des *Friedenspreises des Deutschen Buchhandels* und bringt bilanzierende Analysen. Dies alles bewirkt Öffentlichkeit. Allerdings garantiert sie nicht, dass das eigene Programm so wahrgenommen wird, wie man es sich vielleicht wünscht. Da muss man schon den Deutschen Buchpreis (dbp) gewonnen haben, der seit 2005 vergeben wird. Wer einmal die pfundschweren Literaturbeilagen der Tages- und Wochenzeitungen während der Buchmesse gesehen hat, kann sich eigentlich nur wünschen, dass sein Buch *nicht* während der Messe rezensiert wird.

Jedes Jahr gibt es auf der Frankfurter Buchmesse eine Sonderausstellung, die mit dem programmatischen Titel *Dienstleistungen für Verlage und Buchhandel* durchgeführt wird. Hier kann sich der interessierte Buchhändler und Verleger über alles informieren, was er vielleicht zu seinem Unternehmenserfolg braucht: EDV-Dienstleistungen und neue Software-Lösungen, neueste Entwicklungen im Bereich bibliografischer Datenbanken, Kontakte zu Großhändlern und spartenübergreifende Fachgespräche. In einer gleichnamigen Broschüre erscheinen neben Beiträgen einzelner Aussteller auch betriebswirtschaftliche Ausführungen.

Die Frankfurter Buchmesse wird von der *Ausstellungs- und Messe-GmbH (AuM)* des Börsenvereins organisiert, die darüber hinaus die Aufgabe hat, Ausstellungen deutscher Bücher und Verlagsobjekte auch im Ausland durchzuführen. So ist sie auf 30 ausländischen Buch- und Handelsmessen rund um die Erde vertreten. Das kulturpolitische Engagement, das aus diesen Bemühungen spricht, wird von der Kulturabteilung des *Auswärtigen Amtes* der Bundesrepublik Deutschland mit finanzieller und organisatorischer Unterstützung honoriert. Als wichtige Auslandsmessen sollen in diesem Zusammenhang die Messen in London, Paris und die *BookExpo America* genannt werden. Darüber hinaus gewinnen aber auch Fachmessen wie Kinderbuch (Bologna) oder auch Computerbuch (CeBit, Hannover) im Zuge der Spezialisierung von Verlagsprogrammen zunehmend an Bedeutung.

Neben der Frankfurter Buchmesse hat sich die Leipziger Buchmesse im März eines jeden Jahres fest als Publikumsmesse etabliert. Vor allem mit dem umfangreichen Rahmenprogramm „Leipzig liest“ wird hier einem breiten Publikum die Vielfalt der Branchenproduktion gezeigt.

8.2 Internet-Buchhandel

Mitte der 90er Jahre sorgte das World Wide Web (WWW) für den Start eines weltweit einsetzenden Internet-Booms. Was zuvor als weltweites Netz von Einzelcomputern und Netzwerken vornehmend für militärische, später auch für universitäre Zwecke „entwickelt“ worden war, wurde durch den anwenderfreundlichen WWW-Kommunikationsdienst, der mit Hilfe von Hyperlinks, die ein Springen von Information zu Information ermöglichen, sogar multimediale Daten von Rechner zu Rechner vermitteln konnte, zum begehrten Medium für Industrie, Handel und Dienstleistungen. Solange die Anwendung des Internets noch auf wenige spezielle Zielgruppen beschränkt war, konzentrierten sich die Einsatzfelder auf Special-Interest-Bereiche bzw. Business-to-Business-(b2b-)Anwendungen.

Mit zunehmender Verbreitung stellten sich Marketing- und Vertriebsexperten jedoch die Frage, wie dieses neue Medium bestehende Distributions- und Kommunikationsformen von Konsumgütern modifizieren, verändern oder sogar ersetzen könnte. Dass die Ware Buch davon betroffen sein würde, war binnen kurzer Zeit klar – fanden doch die Marktforscher heraus, welche Produkteigenschaften von WWW-Shoppern geschätzt wurden. Denn zur Präsentation der Ware reicht eine nüchterne Beschreibung durch Angabe der bibliografischen Daten aus, garniert mit einer Abbildung des Covers, mit Inhaltsangaben und Leseproben, mit Rezensionen oder sonstigen Stimmen zum Buch. Das WWW ist also immer dann eine Einkaufsmöglichkeit (und dies wie der Versandhandel rund um die Uhr), wenn das haptische, das sinnlich erfahrbare Erlebnis beim Kauf nicht im Vordergrund steht. Hinzu kommen spezifische Besonderheiten der Buch- und Medienbranche. Denn die Logistik des Buchhandels ist auf ein rasches Bestellwesen ausgelegt, das der Großhandel perfekt und flexibel organisiert. Ferner: Die immense Titelzahl von über 1 000 000 deutschsprachigen Titeln ist aufgrund unterschiedlicher Suchkriterien elektronisch gut recherchierbar.

Da sich die Verbreitung des neuen Mediums zunächst auf den wissenschaftlichen Bereich konzentrierte, waren es folgerichtig Fachbuchhandlungen und Fachverlage, die durch eigene Online-Kataloge ihr Programm für den deutschsprachigen Markt via Internet anboten. Erstaunlich war, dass zahlreiche Wettbewerber des Internet-Buchhandels nicht aus der Buchhandelsbranche stammen. War der derzeitige Branchenführer *amazon.de (amazon.com)*, einer der Pioniere der ersten Stunde, nur cleverer, oder bestand sein geistiger Vorsprung im Grunde darin, nicht mit der Buchbranche verknüpft zu sein?

Mittlerweile hat sich der Markt bereinigt und stabilisiert. *Amazon* setzt alles daran, Marktführer zu bleiben. Sein Auftritt perfektioniert das, was eine gute Datenbank bieten kann: größtmögliche Titelanzahl durch Verarbeitung aller marktrelevanten Datenbanken (Großhandel, Verzeichnis lieferbarer Bücher und Nationalbibliothen), Interaktivität (Möglichkeit, Rezensionen zu schreiben), Verweise auch ähnliche Titel und eine Koppelung mit dem Markt der Gebrauchtbücher (Angebote privater Kunden, die den market place als Vekaufsplattform nutzen). Das Warensortiment bei *Amazon* ist längst nicht mehr nur auf Bücher beschränkt. Der Trend geht, der US-amerikanischen Entwicklung folgend, in Richtung von E-Commerce-Shops mit einem universellen Warenangebot.

Warum taten bzw. tun sich Publikumsverlage im Online-Vertrieb schwer? Nun, es liegt an dem Konflikt der Vertriebskanäle. Denn da der Verkauf via Internet kaum zusätzlichen Buchumsatz generiert, die Marktanteile sich also nur von einem Absatzkanal zum anderen hin verlagern, bedeutet die Stärkung des einen Vertriebskanals zwangsläufig eine Schwächung des anderen. Bücher von Publikumsverlagen verkaufen sich aber zum größten Teil über Buchhandlungen oder Buchhandelsabteilungen von Kaufhäusern. Sie sind somit quasi gezwungen, weitgehende Rücksichten auf den Buchhandel zu nehmen. Der einzelne Buchhändler mag unter bestimmten Umständen, zumindest vorübergehend, auf die Produktion eines Verlags verzichten können. Der Buchverlag kann niemals auf den Buchhandel verzichten, solange dies sein wichtigster Vertriebsweg ist. Eine einseitige Forcierung des Internethandels würde die traditionellen Partner des stationären Buchhandels ebenso demotivieren wie die Etablierung einer eigenen Versandbuchhandlung – mit der Konsequenz, dass der Außendienst eines Buchverlags große Schwierigkeiten hätte, die Buchhändler von dem neuen Verlagsprogramm zu überzeugen.

Neben den Buchhandelsbemühungen gibt es aber eine weitere Herausforderung für Buchverlage, die ihre Titel und ihr Programm in geeigneter Form der wachsenden Zahl der Online-Nutzer präsentieren müssen. Wobei die Nutzer nicht nur Endabnehmer sind. Ausgehend von der noch näher zu besprechenden Unterscheidung von Publikumswerbung und Händlerwerbung gehen einige Verlage dazu über, ihre Werbemittel (Schutzumschläge etc.) im Netz anzubieten, um dem Buchhändler bei der Erstellung seiner eigenen Werbemittel zu unterstützen. Darüber hinaus bieten die Websites mancher Verlage wahre Fundgruben: Neben Informationen zu Autoren, Programmen und Veranstaltungen stehen Kulturnachrichten im Webauftritt, werden Newsletter zum Abonnement angeboten und können Redaktionen und Agenturen auf die Rubriken *presse news* und *foreign rights* zugreifen. Selbstverständlich kann der Online-Nutzer auch kaufen. Sofern Verlage aus den dargelegten Gründen nicht direkt verkaufen wollen, können sie doch per Link eine Anbindung an das buchhändlerische Vertriebsnetz sicherstellen. Wofür sonst gibt es Schnittstellen zu den Internetdatenbanken der großen Zwischenbuchhändler (*www.libri.de, www.buchkatalog.de*) oder zur Datenbank des *Verzeichnisses Lieferbarer Bücher (www.buchhandel.de)*, von wo aus Bestellungen über angeschlossene Buchhandlungen abgewickelt werden können?

Verlage, die aufgrund der speziellen Inhalte ihres Programms nur wenig vom Buchhandel abhängig sind, erhalten also durch das Internet eine Chance für die Steigerung des Direktvertriebs. Dies gilt insbesondere für Fachverlage und kleinere Spezialanbieter, die durch einen eigenen Katalog, in der Internetfachsprache Warenkorb genannt, Direktbestellungen forcieren können. Insgesamt ist jedoch die Struktur des Buchverlags ausschlaggebend, ob sich die Online-Aktivitäten eher auf den kommunikationspolitischen, werblichen Themenbereich konzentrieren oder ob der Online-Vertrieb im eigenen Haus gefördert wird. Auf jeden Fall kann man sagen, dass das Internet als Informations- und Kommunikationsmedium das Leben der Medienbranche fundamental verändert. Informationen sind binnen Sekundenschnelle verfügbar und müssen nicht aufwändig nachgeschlagen und recherchiert werden, Suchmaschinen bieten Ergebnisse zu „Exoten“, von denen man bislang nichts gehört hat, und Daten jeglicher Art gehen per Datenfernübertragung durch das Netz der Netze oder werden als E-Mail-Anhänge versandt und können direkt digital weiterverarbeitet werden.

8.3 Werbung

Auf das Wesentliche reduziert verfolgt Werbung das Ziel, Interesse für ein beworbenes Produkt zu wecken, um beim potentiellen Käufer eine Kaufentscheidung vorzubereiten. Diese Aussage gilt für alle Produkte, die in einer Konsumgesellschaft angeboten werden. Werbung für Bücher ist allerdings stark zu unterscheiden von der Werbung der Markenartikelindustrie. Denn während es dort darum geht, für einen oft langen Zeitraum immer wieder das gleiche Produkt zu bewerben, so unterscheiden sich die Bücher eines Verlages stark voneinander. Ein Publikumsverlag, der zum Beispiel 20 Novitäten im Rahmen seines Herbstprogramms publiziert, steht im Prinzip vor der Aufgabe, 20 Einzelprodukte zu bewerben. Selbst wenn alle Produktionen aus dem Bereich der Belletristik kommen, sind sie doch so voneinander verschieden, dass sie sich auch in der Werbung nicht überzeugend und zielgruppengerecht zusammenfassen lassen. Selbst ein so generelles Thema wie ‚Das anspruchsvolle Buch‘ bietet sich hier nicht als Alternative an. Denn derartige Klammern sagen nichts über die Persönlichkeit dieser Autoren, die in ihren Büchern ihren Ausdruck findet, sie vermögen nicht den literarischen Anspruch, die Kraft der Phantasie und der Sprache zu erfassen; sie können nicht die unterschiedlichen Themen, Schauplätze, Personen an den Leser transportieren.

Noch deutlicher wird das Problem, wenn man daran denkt, dass Publikumsverlage auch Reportagen, Sachbücher, Biographien und Autobiographien verlegen. Die meisten dieser Bücher sprechen jeweils unterschiedliche Zielgruppen an – wer sich für kritische Gesellschaftsanalysen interessiert, der muss sich noch lange nicht für Musikerbiographien erwärmen.

Werbung für Bücher bedeutet also in erster Linie Werbung für nicht austauschbare Produkte, die in relativ geringer Stückzahl zu einem relativ geringen Preis verkauft werden. Man denke hier als Vergleich nur an Massenprodukte wie Zigaretten, für die bei viel geringerem Verkaufspreis eine gigantische Werbung gemacht werden kann, oder an Hochpreisprodukte wie Autos, für die das Gleiche geschieht.

Der Werbeetat eines Verlags wird im Regelfall in Prozent vom erwarteten Umsatz berechnet. In der Vorkalkulation jedes Buches steht die Spalte Werbung. Es werden in den meisten Verlagen für diese Position 7–10 Prozent vom Verlagsumsatz gerechnet; bei Taschenbüchern beträgt dieser Anteil oft 5–7 Prozent. Die unterschiedliche Größenordnung ergibt sich u.a. daraus, dass in den einzelnen Verlagen unter Werbekosten unterschiedliche Kostenfaktoren erfasst werden. Der eine Verlag errechnet hier nur die tatsächlichen Kosten für die Agentur sowie die Schaltkosten der Händler- und Publikumswerbung, während andere Verlage unter dieser Position auch die Kosten der Schutzumschläge sowie Stück- und Versandkosten der Leseexemplare erfassen. Welche Kostenart an welcher Stelle berechnet wird, und welche Kostenarten im Einzelnen zu dem Grobblock der Kostenstelle Gemeinkosten zuzurechnen sind, wird eben in der Praxis sehr unterschiedlich gehandhabt.

Aus den einzelnen Summen der jeweiligen Kalkulation lässt sich der gesamte Werbeetat eines Verlags für sein Frühjahrs- oder Herbstprogramm hochrechnen. Hinzu kommt der Werbeanteil aus dem geschätzten Umsatz der Backlist, d.h. der Umsatz, den jene Titel erzielen, die in einem früheren Verlagsprogramm publiziert worden sind. In der Praxis wird jedoch keineswegs für jeden einzelnen Titel jener Betrag für Werbung ausgegeben, der in der Kalkulation enthalten ist. Dafür gibt es mehrere und gute Gründe: Zunächst gibt es Kosten der Werbung, die nicht einem einzelnen Titel, sondern nur dem Gesamtprogramm oder einem Teilprogramm zuzuordnen sind. Hierzu gehören beispielsweise die Verlagsvorschau, mit der das neue Programm angekündigt wird, Gesamtverzeichnisse, der Webauftritt im Internet, Prospekte für Programmgruppen, die Kosten der Buchmessen, Anzeigen für das gesamte Verlagsprogramm, wie sie zum Beispiel zu Beginn der Vertreterreise von vielen Verlagen in der Branchenpresse geschaltet werden, oder so genannte Image-Anzeigen, die für den Namen und das Ansehen des Verlags werben sollen.

Der nach Abzug der vorgenannten Kosten verbleibende Werbeetat wird vom Werbeleiter wiederum nicht mit dem Taschenrechner auf die einzelnen Titel nach dem Gießkannenprinzip aufgeteilt, sondern zunächst unter dem Gesichtspunkt der größten Wirkung verplant. Das heißt beispielsweise, dass ein Bestseller in der Praxis einen höheren Etat bekommt, als sich aus der Kalkulation errechnet. Andererseits kann es sinnvoll sein, einen zielgruppenorientierten Bildband, beispielsweise zum Thema Naturfotografie, lediglich sehr gezielt in Special-Interest-Magazinen zu bewerben und auf eine Publikumswerbung in der allgemeinen Tages- und Wochenpresse ganz zu verzichten. Dann gibt es Titel, für die eine Nachfasswerbung notwendig wird, oder es muss für ein Buch, das aus sehr aktuellem Anlass plötzlich eine gute Verkaufschance erhält, Werbegeld ausgegeben werden, das vorher gar nicht eingeplant war. Dafür wird jeder Werbeleiter einen Reserveetat bereit halten, der natürlich aus dem Gesamtetat finanziert werden muss, so dass zwangsläufig in jedem Verlagsprogramm Titel publiziert werden, für die gar keine Werbung betrieben werden kann. Eine für den jeweiligen Autor und sicher sehr häufig auch für den Lektor schmerzliche Tatsache, die sich aber zwingend aus dem vorher Gesagten ergibt. Es ist selbstverständlich, dass die definitive Entscheidung für den Werbeetat nur nach sorgfältiger Beratung unter Abwägung aller Kriterien, zu denen selbstverständlich auch Rücksichtnahme auf Autoren gehören muss, erfolgen sollte. In diesem Zusammenhang sind die so genannten Autoren Gefälligkeitsanzeigen zu nennen. Darunter sind Anzeigen zu verstehen, von denen ernsthaft gar nicht erwartet werden kann und nicht erwartet wird, dass sie Kaufimpulse auslösen – z. B. eine Einmalanzeige in der ›Zeit‹, die aber dennoch sinnvoll ist, weil sie eine Geste gegenüber einem wichtigen Hausautor darstellt. Allerdings ist ein Verlag schlecht beraten, wenn er sein – stets zu knappes – Werbegeld überwiegend in derartige Anzeigen investiert. In den größeren Verlagen sind die Mitglieder der Programmkonferenz an dem Entscheidungsprozess über die Aufteilung des Werbekuchens maßgeblich beteiligt. Im Zweifelsfall liegt die letzte Entscheidung bei der Verlagsleitung.

Händlerwerbung

Die Händlerwerbung verfolgt das Ziel, den einzelnen Buchhändler von der Verkäuflichkeit eines Buches und/oder von dessen literarischer Qualität zu überzeugen und damit die Anstrengungen der Verlagsvertreter zu unterstützen. Wichtigstes Instrument hierfür ist die Verlagsvorschau, mit der das neue

Programm vorgestellt wird. Jeweils auf einer Seite, bei besonders wichtigen Büchern auf einer Doppelseite, wird das Buch mit einem inhaltlich korrekten, sprachlich überzeugenden Text, der über Inhalt und Stellenwert des Buches und seines Autors informiert, vorgestellt. Gleichzeitig muss der Text die exakten bibliographischen Daten sowie eine Kurzinformation für Schnell-Leser enthalten, dazu sollte jeweils der Schutzumschlag bzw. die Titelseite des Buches abgebildet sein. Ergänzt werden die Angaben durch einen scanfähigen Balkencode, damit der Buchhändler die bestellten Bücher bereits schon vor Erhalt der Ware in sein Warenwirtschaftssystem eingeben kann.

Bei Büchern, von denen sich der Verlag ein besonderes Engagement des Buchhändlers erwartet, kann es sinnvoll sein, wenn (bei Romanen) ein so genanntes Leseexemplar verschickt oder (vorrangig bei Sachbüchern) Leseproben eingesetzt werden. Einige große Publikumsverlage versenden zu Beginn der Vertreterreise ein so genanntes Buchhändler-Informationspaket, das neben der Verlagsvorschau die Leseexemplare und/oder Leseproben enthält. Es empfiehlt sich, dieses Händler-Informationspaket mit weiteren Informationsmitteln oder einer kleinen Aufmerksamkeit auszustatten, die zwar keine direkte Werbung darstellt, die aber die Sympathie des Buchhändlers zu gewinnen sucht. So kann beispielsweise einer Musikerbiographie eine CD mit Einspielungen dieses Musikers beigelegt werden.

Die eigentliche Händlerwerbung erfolgt durch Anzeigen in der buchhändlerischen Fachpresse. In der Bundesrepublik Deutschland sind dies die Organe ›Börsenblatt. Wochenmagazin für den Deutschen Buchhandel‹, ›Buchreport‹, ›Buchmarkt‹ und ›Buchhändler heute‹. Viele Verlage zeigen in der buchhändlerischen Fachpresse zu Beginn der Vertreterreise einmal das gesamte Novitätenprogramm an, das die Vertreter auf der bevorstehenden Reise anbieten werden.

Zwar behaupten scharfzüngige Verlagsleute, die Anzeigen in der Branchenpresse nützten in erster Linie eben diesen Presseerzeugnissen – die Buchhändler lesen sie ohnehin kaum und machen schon gar nicht ihre Bestellungen davon abhängig, aber dennoch kann es wirkungsvoll sein, bereits einige Wochen vor Beginn der Reise zumindest für Schwerpunkttitel Anzeigen in der Branchenpresse zu schalten, die dann während der Vertreterreise fortgesetzt werden. Bei diesen Titeln wird dann oft eine derartige Kampagne in allen Fachblättern geschaltet, flankiert durch Informationen auf der eigenen Website und Serienbriefe für Top-Kunden. Somit wird dem Buchhändler bereits vor dem Vertreterbesuch durch eine *Multi-Channel-Strategie* signalisiert, auf welche Titel der Verlag setzt.

Streng genommen wird ein Buch dreimal verkauft: Zuerst muss es der Lektor im eigenen Hause durchsetzen, z.B. bei der Programmkonferenz und dann wiederum bei den hauseigenen Vertretern auf der Vertreterkonferenz. Das zweite Mal wird das Buch verkauft, wenn der Vertreter im Verkaufsgespräch dem Buchhändler gegenübersitzt. Und das dritte Mal, wenn der Sortimenter den Titel bei seinem Kunden, dem Leser, anbietet. Die Händlerwerbung unterstützt und fördert den Verkauf der zweiten Stufe. So werden in die Händlerwerbung, insbesondere bei Anzeigenserien für Schwerpunkttitel, sehr häufig Informationen aufgenommen über die vom Verlag geplante Publikumswerbung, über besondere Aktionen und über bevorstehende Fernseh- oder Kinofilme, die auf das jeweilige Buch zurückgehen. Derartige Informationen sollen den Sortimenter davon überzeugen, dass er gut beraten ist, bereits beim Vertreter einzukaufen, damit er der zu erwartenden Nachfrage, beispielsweise ausgelöst durch die große Publikumswerbung des Verlages oder die Fernsehaufführung des verfilmten Romanstoffes, nachkommen kann. Derartige Händler-Infos, die gleichzeitig auch für den Käufer interessant sein könnten, sollten selbstverständlich auch im Webauftritt hervorgehoben werden.

Zwischen der so genannten Händlerwerbung und der Publikumswerbung, die den Käufer und Leser des Buches ansprechen soll, liegen die „verkaufsfördernden Maßnahmen" *(Sales Promotion)*, d.h. jene Werbemittel und Aktionen, die der Verlag einsetzt, um den Buchhändler beim Verkauf zu unterstützen. Hierzu zählen Lesungen, Schaufensterwettbewerbe, Aktionspakete, Deko-Materialien, Verkaufsmöbel und im weiteren Sinn auch Prospekte und Fachkataloge. Die am häufigsten eingesetzten Werbemittel sind das Plakat oder das Display; nicht selten werden beide Werbemittel kombiniert – gelegentlich in Verbindung mit einem Schaufensterwettbewerb. Besonders bei diesen Werbemitteln ist die Tatsache zu berücksichtigen, dass der verfügbare Platz zum Aufstellen eines Displays im Schaufenster und die verfügbare Fläche zum Ankleben oder Aushängen eines Plakats sehr begrenzt und außerordentlich umworben sind. Es hat also wenig Sinn, dem Buchhändler ein Plakat im Format von 100 × 100 cm zur Verfügung zu stellen, noch dazu vielleicht für einen Lyrikband. Die Chance, dass dieses Plakat tatsächlich an einer nennenswerten Zahl von Buchhandelsschaufensterscheiben auftaucht, wäre denkbar gering. Sehr bewährt hat sich das kleinformatige Streifenplakat, das heute häufig im Buchhandel eingesetzt wird. Ähnliches gilt für Fenster- oder Türkleber, die von vielen Verlagen als verkaufsfördernde Werbemittel verschickt werden. Auch hier ist die Tatsache des äußerst knappen Raumes entsprechend zu berücksichtigen.

Für Bücher, die eine begründete Chance haben, in kurzer Zeit in hohen Stückzahlen verkauft zu werden, können Verkaufsdisplays, die im Laden an der Kasse oder am Eingang aufgestellt werden, nützlich sein. In diesem Zusammenhang ist insbesondere darauf zu achten, dass der Container die Menge an Exemplaren enthält, die auch eine kleinere Buchhandlung abnehmen kann. Größere Buchhandlungen erhalten eine entsprechende Stückzahl von Containern oder Nachfüllpaketen.

Am wirkungsvollsten ist wohl jede Form der kooperativen Werbung, stellt sie doch sicher, dass sich beide Partner – Verlage und Buchhandlungen – einbringen und sich etwas von der gemeinsam erarbeiteten Werbung versprechen. Eine relativ banale Maßnahme stellt in dieser Hinsicht der Firmeneindruck des Buchhändlers in die Gesamtverzeichnisse oder Prospekte der Verlage dar. Ferner wird die Anzeigenwerbung des Buchhändlers für Schwerpunkttitel unterstützt, indem der Verlag Druckvorlagen zur Verfügung stellt und sich auch an den Kosten für die Schaltung in der jeweiligen Regionalpresse beteiligt. Professionelle Werbeagenturen und Großbuchhandlungen verlangen von den Verlagen eine Titelgebühr für Anzeigen in Weihnachtskatalogen und Spezialprospekten und garantieren dafür beste Präsentationsmöglichkeiten am Point-of-Sale.

Auch die Autorenlesung und/oder die Signierstunde gehören in den Bereich der Verkaufsförderung. Bei prominenten Autoren kann dies ein sehr wichtiger Faktor sowohl für den Verkauf als auch für das Image der Buchhandlung sein. Es gibt Autoren, die für lange Zeit ausgebucht sind und bei denen der jeweilige Verlag vor der nicht einfachen Situation steht, dass sich gleich mehrere Buchhändler einer Stadt um eine Lesung dieses Autors bemühen und der Verlag entscheiden muss, zu welchem Buchhändler der Autor reist. Umgekehrt gibt es natürlich Autoren, die sehr gern auf Lesereise gehen würden, die der Verlag jedoch vergeblich anbietet – eine für den Verlag dann nicht minder schwierige Situation. Bei Autorenlesungen wird in der Praxis häufig so verfahren, dass der Verlag die Reise- und Hotelspesen des Autors trägt und der Buchhändler das Honorar des Autors übernimmt. Bei attraktiven Autoren ist es inzwischen weit verbreitete Praxis, ein angemessenes Eintrittsgeld für die Lesung zu verlangen, um daraus die entstehenden Kosten – neben dem Honorar oft eine Werbung in der Regionalpresse oder eine Plakat- oder Mailingaktion – zu bestreiten.

Bei jedem der vorgenannten Werbemittel ist im Verlag natürlich sorgfältig zu überlegen, ob dieses Mittel dem Projekt angemessen ist und ob eine begründete Aussicht besteht, dass dieses Werbemittel auch vom Buchhändler eingesetzt wird. Bei aufwändigen Werbemitteln wie Displays, Prospekten usw. hat es sich als praktisch erwiesen, die Werbemittel auf der Vertreterreise anzubieten und vom Buchhändler bestellen zu lassen. Dieses Verfahren impliziert zwar nicht die Garantie, dass jedes bestellte Werbemittel auch tatsächlich benutzt wird, aber die Wahrscheinlichkeit ist dann erfahrungsgemäß größer, als wenn man dem Buchhändler unaufgefordert entsprechende Werbemittel ins Haus schickt. In jedem Fall ist es in diesem Zusammenhang empfehlenswert, den Versuch zu unternehmen, sich in die Lage des Buchhändlers hineinzuversetzen und sich gleichzeitig die Tatsache vor Augen zu führen, dass das eigene Haus nicht der einzige Verlag ist, der Werbemittel produziert und vom Buchhändler erwartet, dass er sie auch einsetzt.

Abschließend sollte auf das gewachsene Selbstbewusstsein einiger, oder besser gesagt der gut organisierten Großflächenbuchhändler und Filialisten hingewiesen werden. Diese Firmen sind seit geraumer Zeit nicht mehr damit zufrieden, vom Verlag verkaufsfördernde Werbemittel im traditionellen Umfang zu erhalten. Und so werden in Gesprächen mit den Vertriebsleitern *Werbekostenzuschüsse (WKZ)* gefordert, die dann von Verlagsseite im Rahmen eines *Key-Account-Managements* auch gewährt werden. Damit kann der Buchhändler – auch zum Nutzen des jeweiligen Verlags – Werbegelder des Verlages gezielt für individuelle Aktionen oder *Events* verwenden.

Publikumswerbung

Publikumswerbung verfolgt das Ziel, den potenziellen Verbraucher einer Ware auf das Produkt aufmerksam zu machen und zum Kauf anzureizen. Auf das Buch übertragen: Publikumswerbung soll den Leser erreichen, ihn mit Informationen über das beworbene Buch versorgen und zum Kauf des Buches anregen, zumindest aber zum Besuch der Buchhandlung, um das Buch dort einer näheren Prüfung zu unterziehen. Prinzipiell sind für die Buchwerbung dieselben Werbemittel und -träger geeignet, die für die Produktwerbung eingesetzt werden. In der folgenden Auflistung stehen die am häufigsten praktizierten Formen der Publikumswerbung für Produkte, sortiert nach Einsatzchancen bei Buchverlagen:

- Anzeigen in Zeitungen und Zeitschriften,
- Prospektbeilagen in Zeitungen und Zeitschriften,
- Direktwerbung mit Prospekten und personalisierten Briefen (= Mail-Order-Package),
- Präsenz auf Ausstellungen und Messen mit Publikumsverkehr,
- Eigener Webauftritt,

- Personalisierte Online-Direktwerbung via E-Mails,
- Plakatierung von Großflächen,
- Plakatierung an Litfaßsäulen,
- Beschriftung oder Plakatierung öffentlicher Verkehrsmittel,
- Werbung im Fernsehen,
- Werbung im Hörfunk.

Vermutlich wären die meisten Autoren begeistert, wenn ihr Verlag alle diese Werbeformen oder zumindest einige davon kombiniert einsetzen könnte, wie das bei den Werbekampagnen der Markenartikelindustrie häufig praktiziert wird. Das wäre aber für ein Buch, sogar für einen Bestseller, unter keinen Umständen zu finanzieren. Denn es wurde bereits dargelegt: Im Unterschied zu den Markenartikeln, bei denen es sich entweder um Massenware handelt, die in sehr hohen Stückzahlen verkauft wird, oder um Produkte, die aufgrund ihres Preises zu entsprechend hohen Umsätzen führen, sind Bücher Waren, die in kleinen Stückzahlen zu relativ geringen Preisen verkauft werden müssen. Hinzu kommt der ebenfalls angesprochene Gesichtspunkt, dass für die einzelnen Programmgruppen und sogar für die einzelnen Titel eines Verlagsprogramms unterschiedliche Personengruppen als Interessenten und potenzielle Käufer in Frage kommen.

Der Werbeleiter des Verlags muss also zunächst klären, welcher Personenkreis als Zielgruppe für das zu bewerbende Buch anzusprechen ist. Bei einem Titel wie ›Das große Buch vom Tennis‹ ist diese Frage relativ einfach zu beantworten. Das Gleiche gilt auch für Lehr- oder Fachbücher. Bei populären Sachbüchern oder Reportagen ist die Beantwortung dieser Frage schon wesentlich schwieriger. Häufig haben jedoch Sachbuchautoren eine Fangemeinde. So kann das Buch eines Autors, dessen Berichte vorwiegend in bestimmten Zeitschriften oder Magazinen veröffentlicht werden, in eben diesen Organen beworben werden. Denn mit Sicherheit können die Leser dieser Zeitung zur Kernzielgruppe dieser Bücher gerechnet werden. Die Freunde moderner Lyrik schließlich sind wohl am schwierigsten zu beschreiben. Literarisch Interessierte überhaupt oder auch der so genannte interessierte Laie sind weder an eine Alters- oder Berufsgruppe noch an eine Einkommensgruppe gebunden. Es darf sogar bezweifelt werden, dass eine bestimmte Bildung oder gar Ausbildung in diesem Zusammenhang von relevanter Bedeutung ist. Nachdem die Überlegungen zur Zielgruppe des zu bewerbenden Buches abgeschlossen sind, muss die Frage geprüft werden, wo und wie diese Zielgruppe mit dem verfügbaren Werbebudget mit dem geringsten Streuverlust erreicht werden kann.

Die begrenzten Mittel des verfügbaren Etats lassen in den meisten Fällen einige der vorgenannten Werbeformen sofort ausscheiden. Die Kosten für Werbung im Fernsehen lassen sich nur in den seltensten Fällen aus dem Werbeetat für ein Buch bestreiten. Auch die Plakatierung an Großflächen und Litfaßsäulen ist allenfalls bei Top-Bestsellern zu finanzieren. Das mit großem Abstand wichtigste Werbemittel für Bücher ist nach wie vor die in Zeitungen und Zeitschriften geschaltete Anzeige. Für die vom Werbeleiter zu treffende Entscheidung, in welcher Zeitung er für das zu bewerbende Buch eine oder mehrere Anzeigen schalten will, sind Auflagen und Anzeigenpreise von wesentlicher Bedeutung.

Die Frauenzeitschrift ›Brigitte‹ gilt als hervorragender Werbeträger für Buchwerbung, und wie das Durchblättern nahezu jeder ›Brigitte‹-Ausgabe lehrt, machen Buchverlage von diesem Werbeträger entsprechend intensiv Gebrauch. Aber bei einer verkauften Auflage von rund 700 000 Exemplaren und einer entsprechend strukturierten Leserschaft hat das seinen Preis: Bei ›Brigitte‹ derzeit (November 2010) rund 51 000 € für die 1/1-Schwarzweiß-Seite oder eine 4c-Anzeige. Damit übersteigt allein der Anzeigenpreis für eine (!) Publikumszeitschrift den Etat vieler zu bewerbender Einzeltitel. Unter der über 3 Millionen zählenden Leserschaft der ›Brigitte‹ befinden sich sicherlich auch zahlreiche an Lyrik interessierte Leser respektive Leserinnen. Die Frage ist nur, wie viele sind dies? Oder anders herum gefragt: Wie hoch sind die so genannten Streuverluste? Bei unserem Lyrik-Beispiel sind diese Streuverluste mit an Sicherheit grenzender Wahrscheinlichkeit immens hoch. Für diesen Titel würde der an sich sehr gute Werbeträger ›Spiegel‹ also auch im Hinblick auf die hohen Streuverluste ausscheiden.

Andererseits gibt es in der Bundesrepublik Deutschland einige Literaturzeitschriften, die zwar zusammen kaum mehr als eine Auflage von 30 000 bis 40 000 Exemplaren erreichen, deren Leser aber mit Sicherheit zur Kernzielgruppe eines Lyrikbandes zu rechnen sind. Die kleinen Auflagen dieser Zeitschriften haben entsprechend niedrige Anzeigenpreise – oft nur einige hundert Euro für die ganze Seite. In diesen Literaturzeitschriften kann also zum Beispiel mit dem kleinen verfügbaren Etat sinnvoll – also gezielt und (fast) ohne Streuverluste – geworben werden.

Für einen potenziellen Bestseller kann in der Publikumswerbung eine Bestsellerkampagne durchgeführt werden. Für eine Bestsellerkampagne muss ein Werbeetat von mindestens 200 000 € bereitgestellt werden. Diese Summe ermöglicht dann u. a. auch die Schaltung von (wiederholten) großformatigen Anzeigen in ausgewählten überregionalen Tages- und Wochenzeitungen.

In diesem Zusammenhang muss aber noch einmal daran erinnert werden, dass die Publikumswerbung nur einen Teil der Buchwerbung ausmacht, also auch nur einen Teil der Werbekampagne, die für einen potenziellen Bestseller realisiert wird. Eine Bestsellerkampagne kann zum Beispiel wie folgt aussehen: Bereits Wochen vor Beginn der Vertreterreise erscheinen erste Anzeigen in der Branchenpresse. Zu Beginn und während der Vertreterreise wird die Vorwerbung in der Branchenpresse mit veränderten Anzeigeninhalten und -motiven fortgesetzt, um die Verkaufsgespräche der Vertreter zu unterstützen. Bereits vor Beginn der Vertreterreise hat die Werbeabteilung an alle zu besuchenden Buchhandlungen Leseexemplare des Buches verschickt. Bei der Auslieferung werden dem Titel ein farbiges Streifenplakat und ein farbiges Display für das Schaufenster des Buchhändlers beigelegt, die vorher von den Vertretern angeboten und notiert worden sind. In einigen Buchhändlerkatalogen und -prospekten – die für das Weihnachtsgeschäft vorbereitet werden – sind Anzeigen für dieses Buch geschaltet worden. Unmittelbar nach der Auslieferung setzt dann massiv die Publikumswerbung in den größten überregionalen Tages- und Wochenzeitungen ein – in ›Spiegel‹, ›Zeit‹, ›F.A.Z.‹ und ›Süddeutsche Zeitung‹ mit Wiederholungsanzeigen. Auch das Internet wird eingebunden. So werden Banner auf den Websites wichtiger Anbieter geschaltet. Dabei bieten sich eingeführte Namen von Online-Anbietern wie *amazon.de* oder *buch.de* genauso an wie bekannte Suchmaschinen à la *yahoo* oder *google*, sofern die Schaltkosten durch den Etat gedeckt sind. Auf dem Höhepunkt des Weihnachtsgeschäfts Ende November/Anfang Dezember wird dann noch einmal mit Publikumsanzeigen in der überregionalen Presse geworben – dann vielleicht schon mit Verweis auf den erreichten Platz auf der Bestsellerliste.

Abschließend muss nochmals ein Hinweis gegeben werden, der für die praktische Zusammenarbeit von Werbeabteilung und Lektorat von wesentlicher Bedeutung ist. In jedem Verlag sollte gewährleistet sein, dass kein Text der Werbeabteilung, keine *Headline* und kein Slogan für den Druck freigegeben werden, die nicht zuvor vom zuständigen, d.h. das jeweilige Buch betreuenden Lektor gegengelesen wurden. Werbeaussagen werden normalerweise zu einem Zeitpunkt formuliert, zu dem das Buch, dem sie gelten, noch nicht existiert. Der das Buch betreuende Lektor ist also nicht selten der einzige Mensch im Verlag, der bereits zu diesem Zeitpunkt das spätere Buch genau kennt, weil er das Manuskript lektoriert hat und folglich beurteilen kann, ob ein sehr werbewirksam formulierter Text auch dem Inhalt und der Aussage des Buches entspricht. Da Buchwerbung – vielleicht mehr noch als andere

Produktwerbung – unter dem Gebot der Seriosität stehen muss, ist es für das Ansehen des Verlags sehr wichtig, dies zu gewährleisten.

8.4 Pressearbeit

Bücher verkaufen sich – unabhängig von ihrer Qualität – nicht von selbst. Eine entscheidende Voraussetzung für den Erfolg besteht darin, dem potenziellen Käufer zu signalisieren, dass es dieses Buch X zum Thema Y vom Autor Z zu kaufen gibt. Werbung allein, zudem sie häufig aus Kostengründen nicht im notwendigen Umfang oder gar nicht stattfindet, kann das nicht leisten. Hier setzt die erste und wichtigste Aufgabe einer Presseabteilung im Buchverlag an: Sie hat dafür zu sorgen bzw. dabei zu helfen, dass die Medien, also Presse, Funk und Fernsehen, über Autoren und ihre Bücher berichten. Das klingt sehr einfach, ist aber in der Praxis außerordentlich schwierig, weil ca. 17 000 Verlage allein in der Bundesrepublik Deutschland Verlage jährlich mehr als 80 000 Novitäten publizieren und die gleiche Absicht verfolgen.

Bei diesen Voraussetzungen muss sich die für die Pressearbeit verantwortliche Person, die in der Regel eine Frau ist, weshalb im Folgenden ausnahmsweise nur noch von der Pressesprecherin geredet werden soll, schon etwas einfallen lassen, damit die Produktion des Verlags in den Redaktionsstuben die gewünschte Aufmerksamkeit findet. Dabei ist eine optimal organisierte und systematische Arbeit der Presseabteilung genauso wichtig wie Einfallsreichtum.

Wenn Informationen über Bücher und Autoren an die Medien gehen sollen, müssen zunächst die Pressesprecherin und ihre Mitarbeiter selbst auf dem Laufenden sein. Da ein Großteil der Pressearbeit zu einem Zeitpunkt geleistet wird, zu dem die Bücher noch gar nicht existieren, ist schon aus diesem Grund generell eine sehr enge Kooperation mit den Lektoraten nötig – zumindest aber bei den Schwerpunkttiteln des jeweiligen Programms. Dazu gehört beispielsweise auch, dass lange vor dem Erscheinen des Buches der Kontakt zwischen Presseabteilung und Autor hergestellt worden ist.

Das wichtigste Arbeitsinstrument ist die Pressedatei bzw. -kartei. Sie muss alle für das Verlagsprogramm wichtigen Redaktionen der überregionalen und der lokalen Zeitungen, der Wochen- und Monatszeitschriften enthalten, daneben die zuständigen Ressorts in den Rundfunk- und Fernsehanstalten sowie jene freien Journalisten, die für verschiedene Medien arbeiten. Entscheidend ist, dass dabei nicht nur Ressort, Name und Post- und E-Mail-Anschrift der

Zeitung vermerkt sind, sondern auch Name, Fax-, Telefon- und Mobilfunknummer sowie die E-Mail-Adresse des zuständigen Redakteurs. Der *Zimpel*, ein Loseblattwerk, das genau diese Daten ständig aktualisiert, leistet in dieser Hinsicht hervorragende Dienste. Erfolgreiche Pressesprecherinnen haben übrigens auch private Daten in ihrer Kartei – Geburtstag, Jubiläen oder besondere Hinweise auf Hobbys oder möglicherweise den Familienstand. Pressearbeit ist zu einem wesentlichen Teil von der guten zwischenmenschlichen Beziehung abhängig. Da kann ein Telefonanruf zum Geburtstag ebenso wichtig sein wie ein kleines Präsent aus Anlass einer Familienfeier. Und das Hobby eines Journalisten zu kennen kann schon deshalb wichtig sein, um so die obligatorische Whisky- oder Cognacflasche zum Weihnachtsfest vielleicht durch ein persönlicheres Geschenk zu ersetzen.

Etwa vier Wochen, bevor die Vertreter mit ihrer Reise beginnen, verschickt die Presseabteilung die Materialien zum neuen Programm (an den Buchhandel) und an die Medien, die vorab über die neuen Bücher informieren: bibliografische Daten, eine Inhaltsangabe, einen Kurztext, eine Autoren-Vita sowie möglichst die Abbildung des Schutzumschlags, dazu oft auch einen Hinweis auf potenzielle Zielgruppen. Aufgrund der Informationshefte oder Programmvorschauen fordern die Redaktionen dann bei den Verlagen kostenlose Rezensionsexemplare an, sofern man sie ihnen nicht bereits im Rahmen einer Standing-Order-Vereinbarung zugesandt hat.

Da große Publikumszeitschriften und auflagenstarke überregionale Zeitungen ihre Themen oft viele Monate im Voraus planen, ist es notwendig, dass eine Presseabteilung Informationen an die zuständigen Redakteure bereits zum frühestmöglichen Zeitpunkt schickt – besonders dann, wenn ein Vorabdruck, ein Interview oder eine Sachgeschichte angestrebt wird. Hier empfiehlt sich, dass die Pressesprecherin regelmäßigen Kontakt hält und im persönlichen Gespräch über geplante Bücher informiert. So lässt sich am besten feststellen, für welchen Stoff und welchen Autor Interesse besteht. Wenn dies der Fall ist, sollten eine Manuskriptkopie oder Umbruchexemplare verschickt werden, denn für diesen Zweck kommen die fertigen Rezensionsstücke auf jeden Fall zu spät.

Der normale Rezensionsversand sollte nicht nach dem Gießkannenprinzip erfolgen, d.h., es sollten nicht alle Bücher an alle Adressaten der Pressekartei – und erst recht nicht unangefordert – verschickt werden. Das ist oft hinausgeworfenes Geld und mitunter auch eine Zumutung für die Empfänger. Wenn die Anforderung von Rezensionsexemplaren nicht ausreichend erscheint, so wird eine kluge Pressesprecherin mit gezielten Anrufen nachfassen, und sie wird in Ausnahmefällen auch unverlangte Rezensionsstücke verschicken, dann aber stets mit einem entsprechenden Begleitbrief. Hier kann es oft hilfreich sein, wenn der Lektor, der das Buch betreut, einen solchen Brief schreibt – nach Möglichkeit mit einer persönlichen Ansprache und einem Bezug auf das jeweilige Buch und die angeschriebene Person. Selbstverständlich darf man derartige Verfahren nicht zu häufig anwenden, denn dann zeigen sie erfahrungsgemäß keine Wirkung mehr.

Grundsätzlich muss jedem Rezensionsexemplar ein so genannter Waschzettel beiliegen – ein vom Verlag erstellter Begleittext, dem die bibliografischen Angaben, also der vollständige Autorenname, der Haupttitel und der Untertitel des Werkes, das Format, der exakte Umfang, die Zahl der Abbildungen und der Ladenpreis, zu entnehmen sind. Darüber hinaus muss der Waschzettel eine knappe Inhaltsangabe enthalten sowie eine Würdigung des Buches. Idealerweise enthält er auch einen inhaltlichen Aufhänger, der die Journalisten anspricht und als Einstieg zur Berichterstattung dienen kann. Bei der Abfassung des Textes ist darauf zu achten, dass er unter Umständen in der vorliegenden Form veröffentlicht wird. Vor allem Redaktionen, in denen keine eigene Kritik erarbeitet wird, verwenden häufig den Text des Verlags – vorzugsweise dann, wenn er mehr als eine reine Selbstbeweihräucherung darstellt. Um die Arbeit des Redakteurs zu vereinfachen, sollte dieser Waschzettel auch als digitale Datei mitgesandt werden, entweder als CD- oder DVD-Beilage oder in Form einer parallel verschickten E-Mail. So kann der Redakteur mit nur wenigen Eingriffen den fremden Text zu seinem eigenen machen. Außerdem entstehen auf diese Weise keine peinlichen Fehler durch falsches Abschreiben/Übertragen wichtiger Daten.

Neben dem normalen Rezensionsversand ist es wichtig, ganz gezielt Rezensions- oder Multiplikatorenstücke an Persönlichkeiten zu schicken, bei denen man aufgrund ihrer Funktion, ihrer eigenen Arbeit oder ihres persönlichen Interesses erwarten darf, dass sie sich für das Buch einsetzen werden. Es kann nützlich sein, wenn Lektor, Pressesprecherin und Autor einige Wochen vor Erscheinen des Buches gemeinsam eine gezielte Rezensenten- oder Multiplikatorenliste erstellen – ein Verfahren, das sich insbesondere im Wissenschaftsbereich bewährt hat, oft auch für die Beurteilung durch einen anderen Hochschullehrer. Das wiederum kann für die eigene Werbung oder für das Verkaufsgespräch der Vertreter hilfreich sein.

Beim Start eines neuen Buches oder einer neuen Programmgruppe führt der Verlag manchmal eine Präsentation vor Pressevertretern und Buchhändlern durch. Eine solche Veranstaltung ist mit erheblichen Kosten verbunden:

Es muss ein geeigneter Raum gewählt (und meist gemietet) werden, es fallen Bewirtungskosten an, oft muss der Autor anreisen und übernachten, und die Arbeitszeit von mehreren Mitarbeitern des Hauses ist für einige Zeit gebunden. Aus diesem Grund muss die Frage einer Präsentation sorgfältig geprüft werden. Sie kann effektiv sein beispielsweise bei dem neuen Buch eines für eine breite Öffentlichkeit attraktiven Autors, beim Start eines neuen Programmbereichs, bei der Publikation eines sicheren Bestsellers.

Von entscheidender Bedeutung für Erfolg und Nichterfolg ist in jedem Fall die sorgfältige Vorbereitung und Durchführung. Das beginnt bereits mit der Wahl des Ortes und des Zeitpunkts. Die einzuladenden Journalisten und Buchhändler sind zumindest tagsüber vielbeschäftigte Leute. Es ist also wenig sinnvoll, eine Präsentation in die normale Arbeitszeit zu legen. Ebenso wenig empfiehlt es sich, eine Buchpremiere für einen Freitagabend vorzusehen, weil dann schon für viele das Wochenende beginnt. Wichtig sind außerdem eine verkehrsgünstige Lage und das Vorhandensein von Parkplätzen, und schließlich sollte der Veranstaltungsort dem Buch angemessen sein: Die Diplomaten-Memoiren sollte man nicht in der urigen Kellerkneipe, den ersten Band einer neuen Reihe von Seefahrtgebrauchsliteratur sicherlich nicht im Ballsaal des Stadtschlosses präsentieren.

Jede Buchpremiere sollte eingeleitet werden durch einige Worte des Verlegers, Verlagsleiters, Lektors oder der Pressechefin. Anschließend sollte der Autor sprechen – möglichst nach vorheriger Absprache über Inhalt und Dauer seiner Rede. Es gibt kaum unangenehmere Situationen als die, in denen sich die Aufmerksamkeit langsam aber sicher dem Nachbarn oder dem Büfett zuwendet. Während der Präsentation sollten ausreichend viele Exemplare des Buches sowie gegebenenfalls auch Pressemappen ausliegen, in der alle Informations-Materialien und Presse-Informationen gesammelt sind, die den Medienvertretern zur Verfügung gestellt werden. Im Falle einer Bucheinführung gehören hierzu auf jeden Fall konkrete Informationen zum Produkt und zum Autor, vielleicht auch zum Lektorat, ferner Prospekte und weitere Infos – kurz alles, was dem Journalisten hilft, seine Berichterstattung leichter und fundierter schreiben zu können. Diese Posten sind schlicht in die Kosten einer derartigen Veranstaltung einzurechnen. Wenn man das nicht will, sollte man eine Buchpremiere gar nicht erst veranstalten. Für den Erfolg eines Buches ist sie im Übrigen von sekundärer Bedeutung. Die Präsentation dient im Wesentlichen der Kontakt- und der Imagepflege. Sie ist eine PR-Veranstaltung für das Haus, deren Erfolg sich nur sehr partiell am nächsten Tag bei der Lektüre der Morgenzeitung und kaum bei der Analyse der Verkaufszahlen beurteilen lässt.

Nachdem die neuen Bücher vorgestellt, ausgeliefert und die Rezensionsexemplare versandt worden sind, ist die Arbeit der Presseabteilung keineswegs beendet. Jetzt kommt es darauf an, bei jeder sich bietenden Gelegenheit nachzufassen. Zur besseren Routine der Presseabteilung sollte es gehören, die örtliche Presse zu informieren, wenn ein Autor auf Lese- oder Vortragsreise geht. Die Erfahrung lehrt, dass insbesondere die Lokalredaktionen der kleineren Zeitungen von solchen Hinweisen häufig Gebrauch machen und nicht nur auf die Lesung hinweisen, sondern auch noch einen Bericht bringen, eventuell sogar kombiniert mit einer Geschichte über das Buch oder mit einem Autoreninterview. Darüber hinaus muss die Presseabteilung darauf achten, dass sie alle Nachrichten bekommt, die im Zusammenhang mit einem Autor oder seinem Buch von journalistischem Wert sind, damit sie möglicherweise als Pressemeldung an die verschiedenen Redaktionen weitergegeben werden können. Hierzu gehören sowohl Erfolgsmeldungen wie Nachauflagen, Auslandsabschlüsse als auch die Verleihung eines Literaturpreises oder andere Auszeichnungen. Bei der Formulierung der Meldung sind journalistische Grundregeln zu beachten, beispielsweise die, dass die wichtigste Aussage bereits in der Überschrift enthalten ist und dass der Text auf das Wesentliche konzentriert formuliert sein muss.

Die systematische Sammlung aller Ausschnitte aus Zeitungen, Zeitschriften oder Online-Publikationen als Dokumentation der Medienresonanz bezeichnet man als Pressespiegel oder Presseecho. Im Einzelfall beauftragen Unternehmen Ausschnittdienste, die diese Ausschnitte (*Clippings*) sammeln. Verlagsintern ist ein Pressespiegel ein wichtiges Arbeits- und Informationsmittel für Mitarbeiter und Management, da er die Grundlage einer Bewertung der PR-Aktivitäten darstellt. Darüber hinaus können die Ausschnitte aber auch für die Verkaufsförderung genutzt werden. So nutzen Verlage prägnante Textpassagen mit lobenden Aussagen häufig in ihren Werbemitteln. Eine ähnliche Funktion haben *Testimonials*. Hier bemüht man sich um prominente Personen des öffentlichen Lebens, die durch ihre Stellungnahme die Popularität des Produkts unterstreichen sollen.

Das mit Abstand wichtigste Medium für die Durchsetzung von Büchern – insbesondere für die Programme von Publikumsverlagen – ist seit Jahren das Fernsehen. Die Präsentation eines Romans in einem vielgesehenen Literaturmagazin, die Vorstellung eines Sachbuchs in einer entsprechenden Magazinsendung und/oder der Auftritt einer Autorin oder eines Autors in einer oder gar in mehreren Talk-Shows kann den Durchbruch des Buches bedeuten. Es gibt nicht wenige Erfolgsautoren und Erfolgstitel, die ihren Erfolg ganz wesentlich dem Fernsehen zu verdanken haben. Dabei spielt auch eine Rolle, dass angesehene Fernsehsender bzw. deren Kulturkanäle – meinungsbildenden Magazinen wie z. B. ›Spiegel‹ und ›Zeit‹ ähnlich – eine Art Leitfunktion ausüben. Dies bedeutet: Die Vorstellung eines Buches in einer derartigen Magazinsendung hat nicht selten Rezensionen, Interviews und Buchgeschichten in anderen Medien zur Folge.

Aufgrund dieser großen Öffentlichkeitswirkung konzentriert sich die Arbeit einer guten Presseabteilung schon lange nicht nur auf die klassischen Printmedien und den Hörfunk, sondern auch auf die zahlreichen Fernsehkanäle mit deren entsprechenden Redaktionen. Auch in diesem Bereich kommt es wesentlich darauf an, zu den Ansprechpartnern in den jeweiligen Redaktionen gute Kontakte zu unterhalten und die zuständigen Redakteure regelmäßig mit potentiell geeigneten Informationen zu versorgen.

Die Presseabteilung übernimmt nicht nur die PR-Arbeit für das jeweilige konkrete Programm und dessen einzelne Titel. Häufig ist sie auch die Nachrichtenzentrale des Hauses, also die Stelle, von der aus Nachrichten in das Haus getragen und verteilt werden. So wird der gesamte Pressespiegel (oder Auszüge aus ihm) an die verschiedenen Abteilungen im Hause weitergeleitet. Dies geschieht normalerweise im Umlaufverfahren, d. h., Verlagsleitung, Lektorat, Vertreter und alle anderen Interessierten erhalten nacheinander die Mappe zur Durchsicht. Natürlich erhalten auch die Autoren eine Zusammenstellung der Rezensionen – häufig mit einem Verrechnungsscheck für das jährlich zu vergütende Absatzhonorar.

Ferner ist es Aufgabe einer guten Presseabteilung, die einzelnen Abteilungen des Verlags und die Vertreter mit wichtigen Informationen zu versorgen. Dazu gehören Lesereisen von Autoren des Hauses, Fernseh- und Hörfunkveranstaltungen, an denen Autoren des Hauses beteiligt sind, wichtige kulturelle und kulturpolitische Veranstaltungen und wichtige Lizenzabschlüsse. Es sollte auch Sache der Presseabteilung sein, über bevorstehende Geburtstage und Jubiläen von Autoren zu informieren – ein Punkt übrigens, der in seiner Bedeutung kaum überschätzt werden kann.

Eine gute Pressesprecherin muss zwei einander widersprechende Funktionen miteinander verbinden können: Sie muss zum einen sorgfältige und präzise Arbeit an ihrem Inhouse-Computerarbeitsplatz leisten, muss viel lesen und häufig mit Lektoren im Hause konferieren, um sich selbst zu informieren, zum anderen muss sie aber auch oft Outdoor-Kontakte pflegen, muss reisen, um mit ihren Partnern in den Medien im Gespräch zu bleiben.

9. Lizenzen

Unter dem Begriff Lizenzgeschäft wird im Folgenden ausschließlich der Verkauf von Nebenrechten verstanden, die der Verlag durch seinen Verlagsvertrag mit einem deutschen Autor oder einem ausländischen Rechtegeber (Verlag, Agentur, Autor) erworben hat, da das Thema Einkauf von Rechten bereits in den Kapiteln 3 und 4 behandelt worden ist. Dabei können im Wesentlichen deutsche Lizenzen und ausländische Lizenzen in Form von Übersetzungsrechten unterschieden werden. In großen Verlagen wird das Lizenzgeschäft, das einen wesentlichen Anteil am wirtschaftlichen Ergebnis eines Verlages haben kann, von einer eigenen Lizenzabteilung wahrgenommen, die mitunter in deutsche Rechte und Auslandsrechte geteilt ist. In kleineren Verlagen sind Pressearbeit und Lizenzgeschäft oft in einer Abteilung zusammengefasst.

9.1 Deutsche Rechte

Die wirtschaftlich wichtigsten Nebenrechte sind die Taschenbuchrechte. Mit erheblichem Abstand folgen die Buchclublizenzen oder Lizenzen für Weltbild-Ausgaben. Das Vorabdruckrecht in Zeitungen und Zeitschriften kann bei ganz wichtigen Titeln eine weitere ertragreiche Erlösquelle abgeben.

Taschenbuchlizenz

In der Bundesrepublik Deutschland sorgen Verlage wie *Bastei-Lübbe*, *btb*, *Diogenes*, *dtv*, *Fischer*, *Goldmann*, *Heyne*, *Knaur*, *Piper*, *Suhrkamp* und *Ullstein* für eine breit gefächerte Taschenbuchlandschaft. 9564 Titel im Jahr 2009, dies entspricht 11,7 Prozent Anteil an der Gesamtzahl der 81 793 Erstauflagen, sprechen hierfür eine deutliche Sprache. Der Marktanteil der Taschenbücher liegt allerdings höher. Allein belletristische Taschenbücher – rund 40 Prozent aller Taschenbücher sind diesem Segment zuzuordnen – haben nach dem Kölner Betriebsvergleich im Sortimentsbuchhandel einen Umsatzanteil von durchschnittlich 12 Prozent, der bei kleinen Buchhandlungen jedoch weit höher liegt. Kein Wunder, dass das Lizenzgeschäft gerade auf diesem Markt blüht, der monatlich mit Novitäten versorgt werden muss.

Die Lizenzabteilung verschickt die Verlagsvorschau zum frühestmöglichen Zeitpunkt an alle Taschenbuchverlage. Darüber hinaus stehen die Lizenzverantwortlichen im Hardcover-Verlag in den meisten Fällen in persönlichem Kontakt zu den Einkäufern im Taschenbuchverlag. So gehen für attraktive Bestseller international erfolgreicher Autoren oft schon Angebote von Taschenbuchverlagen ein, bevor die Originalausgabe überhaupt erschienen ist. Im Ausnahmefall werden die Rechte sogar gemeinsam erworben, weil der geforderte Honorarvorschuss von dem Hardcover-Verlag allein nicht aufgebracht werden kann. Im Regelfall werden jedoch zunächst die Originalausgaben unmittelbar nach Erscheinen an die Taschenbuchverlage verschickt und dort in den jeweils zuständigen Lektoraten geprüft. Die Taschenbuchverlage geben dann ihre Angebote ab und teilen den Originalverlagen mit, an welchen der ihnen zugesandten Titel sie nicht mehr interessiert sind.

Das Angebot eines Taschenbuchverlags kann die Garantieauflage, den Ladenpreis und das Honorar umfassen, zum Beispiel eine garantierte Erstauflage von 30 000 Exemplaren bei einem ungefähren Ladenpreis von 9,90 € und einer Honorarstaffel von 5 Prozent bis 20 000 Exemplare, 6 Prozent bis 40 000 Exemplare, 7 Prozent darüber hinaus. Dieses Honorar ist im Regelfall je zur Hälfte bei Vertragsabschluss und bei Erscheinen der Taschenbuchausgabe zur Zahlung fällig.

Die andere Möglichkeit besteht darin, dass der Taschenbuchverlag ohne Nennung einer garantierten Auflage oder eines Ladenpreises ein Garantiehonorar bietet, das später mit einem im Vertragsangebot genannten Staffelhonorar verrechnet wird. Diese Angebotsform ist bei sehr hohen Garantiesummen üblich, die nahezu regelmäßig ein auflagenbezogenes Honorar übersteigen. Es sind Taschenbuchabschlüsse für Bestseller bekannt geworden, bei denen eine Garantiesumme von 300 000 € gezahlt worden ist. Auch der Laie kann sich leicht ausrechnen, welche astronomisch hohen Verkaufsauflagen bei einem durchschnittlichen Taschenbuchpreis von 9,90 € und Taschenbuchhonoraren von 6 oder 7 Prozent erreicht werden müssten, wenn man die Summe mit einem absatzabhängigen Honorar abdecken muss.

Es ist richtig, dass für Bestseller mitunter horrende Summen gezahlt werden. Dennoch ist die Masse der Taschenbuchverträge von diesen astronomischen Zahlen weit entfernt. Die Garantiesummen normaler Taschenbuchverträge bewegen sich zwischen 7000 € und 12 000 €. Ein Abschluss über 40 000 € Garantie ist für den Lizenzgeber bereits ein exzellentes Ergebnis.

Es kommt in der Praxis häufig vor, dass zwei oder mehr Taschenbuchverlage für denselben Titel bieten. Dann ist das höchste Angebot natürlich ein sehr wichtiges Kriterium für die Entscheidung, aber keineswegs das alleinige.

Handelt es sich um das neue Werk eines eingeführten Autors, so kann es sein, dass seine früheren Bücher in einem bestimmten Taschenbuchverlag erschienen sind. Dann müssen schon besondere Gründe vorliegen, wenn dieser Verlag nicht die Priorität genießt. Häufig wird dem Autor ein gewichtiges Mitspracherecht eingeräumt. Es kommt in der Praxis nicht selten vor, dass der Verlag ein wesentlich höheres Angebot eines bestimmten Taschenbuchverlags ablehnen muss, weil sein Autor nicht wünscht, dass sein Buch in diesem Taschenbuchverlag erscheint. Selbstverständlich wird ein Verlag diesen Wunsch seines Autors respektieren. Denn ein guter Verlag wird immer darauf achten, dass das Programmumfeld dem eigenen Autor und seinem Buch angemessen ist.

Ganz allgemein lässt sich sagen, dass das Taschenbuchgeschäft heute von außerordentlich wichtiger Bedeutung für den Originalverlag ist. Für den Autor und seine Verbreitung ist das Taschenbuch nicht selten von ungleich größerer Bedeutung als die Originalausgabe. Aufgrund der meist höheren Startauflage, des besonderen Distributionssystems der Taschenbuchverlage und des relativ geringen Ladenpreises erreicht der Autor im Taschenbuch meist eine wesentlich größere Zielgruppe.

Da das Erscheinen der Taschenbuchausgabe im Regelfall den Absatz der Originalausgabe auf Null bringt, sind die Originalverlage bestrebt, den Erscheinungstermin so lange hinauszuschieben, bis die erwartete Hardcover-Verkaufsauflage ungefähr erreicht ist. Umgekehrt ist der Taschenbuchverlag natürlich daran interessiert, das Taschenbuch so rasch wie möglich nach Erscheinen der Originalausgabe zu publizieren. In der Praxis hat sich hier ein Zeitraum von ca. 18 Monaten nach Erscheinen der Originalausgabe entwickelt. In Einzelfällen liegt die Frist früher, vereinzelt aber auch viel später wie beispielsweise im Fall von Paulo Coelhos Roman *Der Alchemist*, der bei *Diogenes* im verlagseigenen Taschenbuchprogramm erst viele Jahre nach der gebundenen Version erschien. Häufig genug brechen jedoch Interessenskonflikte innerhalb eines Verlags hinsichtlich der Erscheinungstermine auf. So drängt die Lizenzabteilung darauf, den Termin vorzuziehen, während die Verkaufsabteilung ihn lieber hinausschieben möchte. In den meisten Verlagen muss der Verkaufsleiter seine Zustimmung zu dem vorgesehenen Erscheinungstermin geben, bzw. der Lizenzverantwortliche hält unmittelbar nach Eingang der Angebote bei jedem einzelnen Titel Rücksprache mit dem Verkaufschef, ob und zu welchem Zeitpunkt die Taschenbuchrechte vergeben werden können.

Weltbild- und Clublizenzen

Neben den Taschenbuchlizenzen können die Weltbild- oder Clublizenzen wirtschaftlich bedeutende Nebenrechte sein, die ein Originalverlag zu vergeben hat. Beginnen wir mit den Clublizenzen. Ähnlich wie die Taschenbuchverlage erhalten auch die Buchclubs unmittelbar nach Erscheinen die Produktion der Originalverlage. Daneben stehen die Programmverantwortlichen der Buchclubs in gutem Kontakt zu den Lizenzabteilungen der Originalverlage, sodass sehr häufig die Information über interessante Bücher bereits zu einem früheren Zeitpunkt als dem Erscheinungstermin ausgetauscht worden ist.

Die Programme der Buchclubs werden sehr stark im Hinblick auf die Leseinteressen eines breiten Publikums erarbeitet. Die Titel der Bestsellerlisten sind auch hier die Favoriten, für die die höchsten Angebote abgegeben werden. Schwierige Belletristik und sehr anspruchsvolle Sachbücher haben es auch bei den Mitgliedern von Buchclubs schwer und erhalten, wenn überhaupt, dann nur Angebote für relativ kleine Auflagen von einigen tausend Exemplaren, sodass mitunter die Notwendigkeit besteht, einen Partner für den Mitdruck zu finden. Das Problem kann manchmal dadurch gelöst werden, dass der Originalverlag eine Nachauflage gemeinsam mit der Buchclubauflage druckt oder dass sich ein weiterer Buchclub ebenfalls an der Auflage beteiligt. Das Bundeskartellamt hat übrigens gegen einen derartigen Mitdruck nichts einzuwenden; nach Spruchpraxis muss der normale Buchkäufer lediglich aufgrund der äußeren Ausstattung den Eindruck gewinnen, es handele sich um zwei verschiedene Ausgaben. Im Regelfall liegt das Angebot des Buchclubs jedoch bei 10 000 und mehr Exemplaren, und dann wird die Buchclubauflage unter Buchclub-Regie hergestellt. Weit bescheidener sind die Verhältnisse auch hier wieder bei Special Interest Titeln, die in der Originalauflage oft kaum 3000 Exemplare erreichen.

Am attraktivsten für den Originalverlag ist der so genannte Hauptvorschlagsband der Buchclubs. Dieses Buch wird einmal im Quartal jedem Mitglied als Pflichtband zugeschickt, wenn das Mitglied nicht innerhalb einer in den Mitgliedsbedingungen genannten Frist ein anderes Buch aus dem Angebot des Buchclubs gewählt hat. Diese Hauptvorschlagsbände erreichen sehr hohe Auflagen, und der einkaufende Buchclub ist bereit, entsprechend hohe Garantiesummen zu zahlen. Diese Garantiehonorare können eine Größenordnung von 100 000 € bis 200 000 € erreichen. Diese Summen sind jedoch Ausnahmefälle. Im Regelfall gilt auch für den Buchclubvertrag, was bereits über den Taschenbuchvertrag gesagt wurde: Die Garantiehonorare bewegen sich mehrheitlich in einer anderen Größenordnung, diese liegt oft nur zwischen 6000 € und 12 000 €. Das Stückhonorar, das die Buchclubs den Originalverlagen zahlen, beträgt in der Bundesrepublik 4 Prozent vom Mitgliederpreis.

Der Buchclubabschluss ist wie der Taschenbuchabschluss bei manchen Titeln für den Originalverlag von großer wirtschaftlicher Bedeutung. Beim Abschluss sehr großer Verträge mit sehr hohen Garantiesummen ist die vorherige Verständigung mit einem Buchclub- und einem Taschenbuchpartner oftmals die Voraussetzung dafür, dass der Originalverlag das notwendige Engagement überhaupt eingehen kann.

Als dritter Partner im Lizenzgeschäft ist seit der Jahrhundertwende die *Weltbild-Gruppe* hinzugestoßen, die unabhängig von ihren Verlagsaktivitäten als umsatzstärkster Versender sowie als Teilhaber der DBH Buchhandelsgesellschaft (ein Joint-Venture mit Hugendubel) am Markt operiert. Für ihre Versandschiene und die *Weltbild*-Ladenkette will sie preiswerte Bücher ohne Abonnement anbieten. Was liegt also näher, als sich um relativ frische Bestseller zu bemühen. Natürlich stoßen derartige Ausgaben auf Ablehnung im Sortiment und auf den Widerstand der Buchclubs. Immer wieder brechen im Einzelfall Querelen mehr oder weniger stark auf, obwohl zwischenzeitlich eine vom Verleger-Ausschuss initiierte, preisbindungsrechtlich abgesicherte Lösung erzielt worden ist, die auch die Akzeptanz des Bundeskartellamts gefunden hat. Die wichtigsten Bestimmungen betreffen – wie bei Buchclubausgaben – den Ausstattungsunterschied, den Zeitabstand sowie den Preisabstand zur Originalausgabe. Allein die Mitgliedsbindung fehlt.

Vergabe von Abdruckrechten

Neben Taschenbuch-, Reader- und Buchclubrechten sind die Abdruckrechte in Zeitungen und Zeitschriften im deutschsprachigen Lizenzgeschäft von Bedeutung. Bei den Vorabdrucken – also Veröffentlichungen vor Erscheinen des Buches – können bei populären Büchern wie im Falle politischer Sachbücher oder Biographien attraktiver Persönlichkeiten zum Teil sehr hohe Summen, die 100 000 € und mehr erreichen, erzielt werden.

Für den Originalverlag sind bei der Entscheidung über Vorabdrucke zwei Überlegungen maßgeblich: zum einen der Umfang und zum anderen der Zeitpunkt des Vorabdrucks. Insbesondere bei Sachbüchern kann ein zu umfangreicher Abdruck in einer hochauflagigen Zeitschrift, wie zum Beispiel ›Spiegel‹ oder ›Stern‹, beim Leser und potentiellen Buchkäufer den Eindruck erwecken, dass er nach Lektüre des Vorabdrucks über das Thema ausreichend informiert und der Kauf des Buches entbehrlich sei. Es gibt genug Beispiele dafür, dass ein Vorabdruck eine enorme Resonanz beim Publikum hatte, das Buch dann aber ein Flop wurde. Hier muss also mit Fingerspitzengefühl und Geschick ein Kompromiss gefunden werden zwischen den Interessen der Zeitschrift und denen des Buchverlags. Ebenso wichtig ist es, dass das Buch spätestens bei Erscheinen der letzten Folge eines Vorabdrucks im Buchhandel erhältlich ist. Nur ein harter Kern unter den Lesern und potentiellen Buchkäufern wird sich einige Wochen vertrösten lassen und den Kauf für einen späteren Zeitpunkt vornotieren. Bei richtiger Proportionierung und richtiger Wahl des Zeitpunkts kann der Vorabdruck in einer großen Zeitschrift den Erfolg eines Buches ganz wesentlich fördern. Umgekehrt gibt es zahlreiche Beispiele, in denen ein zu umfangreicher Abdruck zum falschen Zeitpunkt einen potentiellen Bestseller auf Normalmaß reduziert hat.

Abdrucke nach Erscheinen können sowohl komplette Romane wie Auszüge aus Büchern nahezu aller Programmbereiche umfassen. Im Gegensatz zu den Vorabdrucken gibt es hier keine Exklusivverträge, mit der selbstverständlichen Folge, dass die Honorare weitaus bescheidener ausfallen. Aber bei der Bewertung ist nicht nur die Größenordnung des erlösten Honorars von Bedeutung, sondern auch der Werbewert, den ein Abdruck mit entsprechendem Hinweis auf das Buch für den Verkauf haben kann.

Buchferne Lizenzen

Der Normvertrag für den Abschluss von Verlagsverträgen sieht auch die Übertragung der Film-, Fernseh-, CD-ROM-, DVD- und Videorechte an den Verlag vor. Die Wahrnehmung dieser Rechte, insbesondere die Verhandlung und Abfassung entsprechender Verträge, setzt eine sehr gute Kenntnis der Branche und sehr viel Erfahrung voraus. Aus diesem Grund übertragen große Verlage die Wahrnehmung dieser so genannten buchfernen Rechte (im Unterschied zu den vorher genannten buchnahen Rechten) nicht selten Theater- oder Bühnenverlagen bzw. spezialisierten Agenturen oder Agenten. Bei diesen buchfernen Rechten erhält der Autor einen wesentlich größeren Anteil am Honorarerlös als der Verlag. Aufteilungsschlüssel von 70 zu 30 oder 75 zu 25 – jeweils zugunsten des Autors – sind hier durchaus üblich.

9.2 Ausländische Rechte

Das ausländische Lizenzgeschäft umfasst den Verkauf von Übersetzungsrechten. Hier erwirbt ein ausländischer Verlag für seinen Sprachbereich die Verlagsrechte inklusive der buchnahen Nebenrechte. Ausgenommen sind im Regelfall die buchfernen Rechte, die im Land der Originalausgabe angeboten werden.

Die meisten größeren Verlage arbeiten in den wichtigen Sprachbereichen mit dort ansässigen Agenturen zusammen, oder sie verpflichten sogar eigene Agenten, die exklusiv für einen deutschen Verlag und für Verlage aus anderen Sprachbereichen arbeiten. Bei chancenreichen Titeln werden englischsprachige Begleitbriefe – vergleichbar den deutschsprachigen Waschzetteln – verfasst und zusammen mit den Prüfungsexemplaren unmittelbar nach Erscheinen der Bücher verschickt. Die Agenturen und Agenten übernehmen dann innerhalb ihres Sprachbereichs den Versand an die interessierten Verlage, weil sie am besten beurteilen können, welcher Verlag für welches Buch am besten geeignet ist. Jeder Verlag, der mit Agenten und Agenturen aufgrund von Verträgen zusammenarbeitet, wird direkte Anfragen, die ihn aus dem Ausland erreichen, nur über seine Agenten bzw. Agenturen abwickeln, um Doppelgleisigkeit zu vermeiden.

Der von den Agenten bzw. Agenturen auszuhandelnde Vertrag sieht im Regelfall ein Garantiehonorar vor, das mit allen sich aus dem Vertrag ergebenden Honoraren zu verrechnen ist. Diese Garantiesumme wird zu jeweils 50 Prozent bei Vertragsabschluss und bei Erscheinen der ausländischen Ausgabe zur Zahlung fällig. Als absatzabhängiges Honorar wird im Regelfall ein Staffelhonorar vereinbart, das bei mindestens 7 Prozent vom Ladenpreis einsetzt und bis 12 Prozent vom Ladenpreis reichen kann. Die Agentur bzw. der Agent erhält eine Provision, die zwischen 10 und 20 Prozent der im Vertrag vereinbarten Honorarsumme beträgt. Diese Provision hat der Originalverlag zu zahlen. Sehr häufig wird auch die Honorarzahlung über die Agentur bzw. den Agenten abgewickelt, der dann die Provision unmittelbar verrechnet.

Das Auslandsgeschäft ist schwierig. Bei Sachbüchern besteht wenig Neigung, die Autoren eines anderen Sprachbereichs zu verlegen, um die hohen Übersetzungskosten zu sparen. Bei belletristischen Autoren ist der Bekanntheitsgrad des Autors im Regelfall die Voraussetzung für einen Abschluss, oder es muss sich um niveauvolle Unterhaltungsliteratur mit nicht spezifisch deutscher Thematik handeln. In den Sprachbereichen USA und England kommt das Problem hinzu, dass kaum noch Lektoren die deutsche Sprache beherrschen, folglich nicht oder kaum in der Lage sind, ein deutschsprachiges Buch zu lesen und für den eigenen Markt zu beurteilen.

Nach Sprachen sortiert entfielen hinsichtlich der Lizenzvergabe ins Ausland im Jahr 2009 die Ränge eins bis zehn auf Polnisch, Chinesisch, Tschechisch, Koreanisch, Spanisch, Englisch, Italienisch, Niederländisch, Ungarisch und Französisch, wobei die Prozentzahl beim Spitzenreiter, Polnisch, mit 525 Titeln bei 8,4 Prozent lag.

9.3 Internationale Koproduktionen

Eine Sonderform des Auslandsgeschäfts sind die so genannten Koproduktionen, die insbesondere bei Bildbänden praktiziert werden. Zielgruppen-Bücher wie zum Beispiel zu den Themen Segeln, Tennis oder Windsurfing oder Länder, Städte, Regionen als Themen von Bildbänden sind für diese Art des Auslandsgeschäfts besonders geeignet, weil sie sich bei entsprechender Konzeption prinzipiell in allen wichtigen Sprachbereichen vermarkten lassen. Wenn derartige Bildbände über umfangreiches, meist farbiges Bildmaterial verfügen, liegt der Vorteil des Lizenznehmers darin, dass er das Buch zu einem geringeren Preis erwerben kann, als ihn die Produktion in eigener Regie kosten würde. Im Koproduktionsgeschäft lassen sich mehrere Modelle unterscheiden:

1. Der Originalverlag produziert auch die ausländische Ausgabe. Bei diesem Modell hat der ausländische Verlag die Textteile inklusive der Bildlegenden zu übersetzen, den Satz herzustellen und an den Originalverlag zu schicken. Der Originalverlag übernimmt die Produktion und liefert komplette Auslandsausgaben an den Lizenznehmer. Der Lizenzvertrag wird also von einem Produktions- und Liefervertrag ergänzt. Es wird dann ein Gesamtpreis vereinbart, der bereits das Lizenzhonorar und die eventuell anfallende Provision enthält. Fracht- und Versicherungskosten werden gesondert ausgehandelt und dem Preis zugeschlagen.
2. Der ausländische Verlag erwirbt die Lizenz und kauft Planobogen des Bildteils. Bei diesem Modell obliegt die weitere Herstellung dem Lizenznehmer, der jedoch den Vorteil nutzt, dass die hohen Herstellkosten des Bildteils durch die gemeinsame Produktion mit der Originalausgabe gedrückt werden können. Dieser Vorteil ist natürlich gleichzeitig der Vorteil des Originalverlags.
3. Der Lizenznehmer erwirbt die Lizenz und Digitaldateien des kompletten Bildteils und übernimmt selbst die Herstellung des Buches. Es wird ein normaler Lizenzvertrag abgeschlossen, der neben dem Lizenzhonorar außerdem die digitalen Daten in Rechnung stellt.
4. Ein bereits im Kapitel 3.4 angesprochener Spezialfall ist das *Book Packaging*. *Book Packager* recherchieren, lektorieren, layouten, produzieren und vermarkten Buchobjekte, manchmal weltweit. Ab einem bestimmten Stadium der Objekte kontaktieren sie dann auf internationaler Ebene einen oder mehrere Verlage als Lizenznehmer.

Bei der Beurteilung der Auslandslizenzen ist neben den wirtschaftlichen Erlösen der Gesichtspunkt der Autorenpflege von wesentlicher Bedeutung. Der Autor – ganz gleich ob Belletrist, Sachbuch- oder Fachautor – wird normalerweise stolz darauf sein, wenn sein Buch in einer oder gar mehreren fremdsprachigen Ausgaben erscheint, und das relativ unabhängig vom finanziellen Erlös solcher Ausgaben. Damit dienen Auslandsausgaben auch der Autorenbindung. Und welchen Stellenwert diese Autorenpflege und Autorenbindung gerade unter den heutigen Konkurrenzbedingungen hat, das braucht an dieser Stelle nicht noch einmal betont zu werden.

Für den Lektor ist es von besonderer Wichtigkeit, dass er nicht nur zu den Lizenzverantwortlichen im eigenen Hause engen Kontakt hält, sondern auch zu den Agenturen bzw. Agenten, mit denen sein Verlag zusammenarbeitet. Jeder Programmlektor sollte mindestens einmal im Jahr die wichtigen Agenten bzw. Agenturen besuchen, um dort über sein Programm zu sprechen, aber auch, um die Erfahrungen der Agenten aufzunehmen und mit ihnen zu diskutieren. Hierzu bieten die Buchmessen, vor allem aber die Frankfurter Buchmesse, Gelegenheit. Bei entsprechender Vorbereitung besteht dann eine gute Chance, die ohnehin investierten Kosten vernünftig zu nutzen. Bei rechtzeitiger Planung lässt sich die Stunde, die man braucht, um ein vernünftiges Gespräch miteinander zu führen, auch bei einem vielbeschäftigten Agenten einplanen.

Im Lizenzgeschäft spielen – wie im Bereich der Pressearbeit – persönliche Kontakte eine wesentliche Rolle. Diese persönlichen Kontakte müssen systematisch aufgebaut und gepflegt werden. Persönliche Besuche bei den Programmverantwortlichen in den Buchclubs und Taschenbuchverlagen, Reisen zu den wichtigsten potentiellen Partnerverlagen im Ausland bedeuten zwar einen erheblichen zeitlichen und finanziellen Aufwand, aber sie können die Basis für die notwendigen persönlichen Kontakte schaffen. Dabei sind für jeden, der die Absicht hat, im Lizenzgeschäft Fuß zu fassen, Fachwissen und Selbstdisziplin ebenso gefordert wie Ausdauer und ein gesundes Selbstbewusstsein.

Literatur

Adressbuch des deutschsprachigen Buchhandels. 3 Bde. Frankfurt a. M. (erscheint jährlich).

Bez, Thomas: ABC des Zwischenbuchhandels. Hrsg. vom Ausschuss des Zwischenbuchhandels. 5. Auflage. Norderstedt 2006

Böhringer, Joachim/Bühler, Peter: Kompendium der Mediengestaltung für Digital- und Printmedien. 4. Aufl. Heidelberg 2008.

Bramann, Klaus-Wilhelm/Hoffmann, C. Daniel/Lange, Mario: Wirtschaftsunternehmen Sortiment. Frankfurt a. M. 3 Aufl. Frankfurt 2008.

Breyer-Mayländer, Thomas u. a.: Wirtschaftsunternehmen Verlag. 4. Aufl. Frankfurt a. M. 2010.

Buch und Buchhandel in Zahlen 2010. Hrsg. vom Börsenverein des Deutschen Buchhandels e. V. Frankfurt a. M. 2010 (erscheint jährlich).

Das BuchMarktBuch. Der Literaturbetrieb in Grundbegriffen. Hrsg. von Erhard Schütz. Reinbek bei Hamburg 2005

Delp, Ludwig: Der Verlagsvertrag. Handbuch für die Praxis des Urhebervertragsrechts. 8. Aufl. München 2008.

Delp, Ludwig: Kleines Praktikum für Urheber- und Verlagsrecht. 5. Aufl. München 2005.

Die Zukunft der Gutenberg-Galaxis. Tendenzen und Perspektiven des Buches. Hrsg. von Werner Wunderlich und Beate Schmid. Bearbeitet von Sara Helfenstein. Bern 2008

Epstein, Jason: Vom Geschäft mit Büchern. Vergangenheit, Gegenwart und Zukunft des Verlagswesens. Zürich 2001.

Franzen, Hans/Wallenfels, Dieter/Russ, Christian: Preisbindungsgesetz. Die Preisbindung des Buchhandels. 5. Aufl. München 2006.

Groothuis, Rainer: Wie kommen die Bücher auf die Erde? Überarb. u. erw. Neuausgabe. Köln 2007.

Hardt, Petra: Buying, Protecting and Selling Rights. Dt. Ausgabe. Frankfurt 2008.

Heinold, Wolfgang Ehrhardt: Bücher und Büchermacher. Das Verlagswesen in der modernen Medienwirtschaft. 6. Aufl. Frankfurt 2008.

Hiller, Helmut/Füssel, Stephan: Wörterbuch des Buches. 7. Aufl. Frankfurt a. M. 2006.

Hömber, Walter: Lektor im Buchverlag. Repräsentative Studie über einen unbekannten Kommunikationsberuf. Konstanz 2010

Kerlen, Dietrich: Der Verlag. Lehrbuch der Buchverlagswirtschaft. 14. Aufl. Stuttgart 2006.

Körber, Patrick/Werner, Dorothée: Vom Buch bis zur digitalen Welt. Ausbildung im Verlag – ein Wegweiser für Medienkaufleute Digital und Print. Frankfurt 2007.

Krise des Lektorats? Hrsg. von Gunther Nickel. Göttingen 2006.

Laumer, Ralf: Verlags-PR – ein Praxisleitfaden. 2. Aufl. Frankfurt 2008.

Lucius, Wulf von: Verlagswirtschaft. 2. Aufl. Konstanz 2007.

Ökonomie der Buchindustrie. Herausforderungen in der Buchbranche erfolgreich managen. Hrsg. von Michel Clement, Eva Blömeke und Frank Sambeth. Wiesbaden 2009

Plinke, Manfred: Mini-Verlag. 6. Aufl. München 2006.

Recht im Verlag. Ein Handbuch für die Praxis. München 2004.

Reclams Sachlexikon des Buches. Hrsg. von Ursula Rautenberg. 2. Aufl. Stuttgart 2003.

Reinhardt, Klaus: Vom Wissen zum Buch. Fach- und Sachbücher schreiben. Bern 2008

Ruf, Winfried: Das 3 × 3 Verfahren zur Entwicklung von Verlagsobjekten – eine Einführung. In: Verlagshandbuch (a. a. O.), Marketing 6.

Schickerling, Michael/Menche, Birgit u. a.: Bücher machen – ein Handbuch für Lektoren und Redakteure, 2. Aufl. Frankfurt 2008.

Schiffrin, André: Verlage ohne Verleger. Über die Zukunft der Bücher. Berlin 2000.

Schneider, Ute: Der unsichtbare Zweite. Die Berufsgeschichte des Lektors im literarischen Verlag. Göttingen 2005

Schönstedt, E. / Breyer-Mayländer, Thomas: Der Buchverlag. Geschichte, Aufbau, Wirtschaftsprinzipien, Kalkulation und Marketing. 3. Aufl. Stuttgart 2010.

Schulze, Gernot: Meine Rechte als Urheber. Urheber- und Verlagsrecht. 6. Aufl. München 2009.

Seitfudem, Gerhard/Gunia, Dorit: Professionell Schreiben. Praktische Tipps für alle, die Texte verfassen. 3. Aufl. Erlangen 2007.

Verlagshandbuch. Leitfaden für die Verlagspraxis. Hrsg. von Ralf Plenz. 3. Aufl. Hamburg 2005 ff.

Verlagslexikon. 1511 Stichwörter – praxisnahe Definitionen – Literaturtipps. Hrsg. von Klaus-W. Bramann und Ralf Plenz. Frankfurt a. M./Hamburg 2002.

Wantzen, Stephan: Betriebswirtschaft für Verlagspraktiker. Jahresabschluss – Kalkulation – Erfolgssteuerung. 2. Aufl. Frankfurt 2008.

Willberg, Hans Peter/Forssman, Friedrich: Erste Hilfe in Typographie. Ratgeber für Gestaltung mit Schrift. 6. Aufl. Mainz 2009.

Willberg, Hans Peter/Forssman, Friedrich: Die [neue] Lesetypographie. Mainz 2005.

Wittmann, Reinhard: Geschichte des deutschen Buchhandels. 2. Aufl. München 1999.

Witzer, Brigitte: Satz und Korrektur. Mannheim 2002.

Wunderlich, Werner / Schmid, Beat: Die Zukunft der Gutenberg-Galaxis. Tendenzen und Perspektiven des Buches. Bern 2008.

Sachregister

Anhang

Buchpreisbindungsgesetz

Gesetz über die Preisbindung für Bücher (Buchpreisbindungsgesetz – BuchPrG) in der Fassung vom 14. Juli 2006

§ 1 Zweck des Gesetzes

Das Gesetz dient dem Schutz des Kulturgutes Buch. Die Festsetzung verbindlicher Preise beim Verkauf an Letztabnehmer sichert den Erhalt eines breiten Buchangebots. Das Gesetz gewährleistet zugleich, dass dieses Angebot für eine breite Öffentlichkeit zugänglich ist, indem es die Existenz einer großen Zahl von Verkaufsstellen fördert.

§ 2 Anwendungsbereich

(1) Bücher im Sinne dieses Gesetzes sind auch
1. Musiknoten,
2. kartographische Produkte,
3. Produkte, die Bücher, Musiknoten oder kartographische Produkte reproduziern oder substituieren und bei Würdigung der Gesamtumstände als überwiegend verlags- oder buchhandelstypisch anzusehen sind sowie
4. kombinierte Objekte, bei denen eines der genannten Erzeugnisse die Hauptsache bildet.

(2) Fremdsprachige Bücher fallen nur dann unter dieses Gesetz, wenn sie überwiegend für den Absatz in Deutschland bestimmt sind.

(3) Letztabnehmer im Sinne dieses Gesetzes ist, wer Bücher zu anderen Zwecken als dem Weiterverkauf erwirbt.

§ 3 Preisbindung

Wer gewerbs- oder geschäftsmäßig Bücher an Letztabnehmer verkauft, muss den nach § 5 festgesetzten Preis einhalten. Dies gilt nicht für den Verkauf gebrauchter Bücher.

§ 4 Grenzüberschreitende Verkäufe

(1) Die Preisbindung gilt nicht für grenzüberschreitende Verkäufe innerhalt des Europäischen Wirtschaftsraumes.

(2) Der nach § 5 festgesetzte Endpreis ist auf grenzüberschreitende Verkäufe von Büchern innerhalb des Europäischen Wirtschaftsraumes anzuwenden, wenn sich aus objektiven Umständen ergibt, dass die betreffenden Bücher allein zum Zwecke ihrer Wiedereinfuhr ausgeführt worden sind, um dieses Gesetz zu umgehen.

§ 5 Preisfestsetzung

(1) Wer Bücher verlegt oder importiert, ist verpflichtet, einen Preis einschließlich Umsatzsteuer (Endpreis) für die Ausgabe eines Buches für den Verkauf an Letztabnehmer festzusetzen und in geeigneter Weise zu veröffentlichen. Entsprechendes gilt für Änderungen des Endpreises.

(2) Wer Bücher importiert, darf zur Festsetzung des Endpreises den vom Verleger des Verlagsstaates für Deutschland empfohlenen Letztabnehmerpreis einschließlich der in Deutschland jeweils geltenden Mehrwertsteuer nicht unterschreiten. Hat der Verleger keinen Preis für Deutschland empfohlen, so darf der Importeur zur Festsetzung des Endpreises den für den Verlagsstaat festgesetzten oder empfohlenen Nettopreis des Verlegers für Endabnehmer zuzüglich der in Deutschland jeweils geltenden Mehrwertsteuer nicht unterschreiten.

(3) Wer als Importeur Bücher in einem Vertragsstaat des Abkommens über den Europäischen Wirtschaftsraum zu einem von den üblichen Einkaufspreisen im Einkaufsstaat abweichenden niedrigeren Einkaufspreis kauft, kann den gemäß Absatz 2 festzulegenden Endpreis in dem Verhältnis herabsetzen, wie es dem Verhältnis des erzielten Handeslvorteils zu den üblichen Einkaufspreisen im Einkaufsstaat entspricht; dabei gelten branchentypische Mengennachlässe und entsprechende Verkaufskonditionen als Bestandteile der üblichen Einkaufspreise.

(4) Verleger oder Importeure können folgende Endpreise festsetzen:
1. Serienpreise,
2. Mengenpreise,
3. Subskriptionspreise,
4. Sonderpreise für Institutionen, die bei der Herausgabe einzelner bestimmter Verlagswer-

ke vertraglich in einer für das Zustandekommen des Werkes ausschlaggebenden Weise mitgewirkt haben,
5. Sonderpreise für Abonnenten einer Zeitschrift beim Bezug eines Buches, das die Redaktion dieser Zeitschrift verfasst oder herausgegeben hat und
6. Teilzahlungszuschläge.

(5) Die Festsetzung unterschiedlicher Endpreise für einen bestimmten Titel durch einen Verleger oder Importeur oder deren Lizenznehmer ist zulässig, wenn dies sachlich gerechtfertigt ist.

§ 6 Vertrieb

(1) Verlage müssen bei der Festsetzung ihrer Verkaufspreise und sonstigen Verkaufskonditionen gegenüber Händlern den von kleineren Buchhandlungen erbrachten Beitrag zur flächendeckenden Versorgung mit Büchern sowie ihren buchhändlerischen Service angemessen berücksichtigen. Sie dürfen ihre Rabatte nicht allein an dem mit einem Händler erzielten Umsatz ausrichten.

(2) Verlage dürfen branchenfremde Händler nicht zu niedrigeren Preisen oder günstigeren Konditionen beliefern als den Buchhandel.

(3) Verlage dürfen für Zwischenbuchhändler keine höheren Preise oder schlechteren Konditionen festsetzen als für Letztverkäufer, die sie direkt beliefern.

§ 7 Ausnahmen

(1) § 3 gilt nicht beim Verkauf von Büchern:
1. an Verleger oder Importeure von Büchern, Buchhändler oder deren Angestellte und feste Mitarbeiter für deren Eigenbedarf,
2. an Autoren selbständiger Publikationen eines Verlages für deren Eigenbedarf,
3. an Lehrer zum Zwecke der Prüfung einer Verwendung im Unterricht,
4. die auf Grund einer Beschädigung oder eines sonstigen Fehlers als Mängelexemplare gekennzeichnet sind;
5. im Rahmen eines auf einen Zeitraum von 30 Tagen begrenzten Räumungsverkaufs anlässlich der endgültigen Schließung einer Buchhandlung, sofern die Bücher aus den gewöhnlichen Beständen des schließenden Unternehmens stammen und den Lieferanten zuvor mit angemessener Frist zur Rücknahme angeboten wurden.

(2) Beim Verkauf von Büchern können wissenschaftlichen Bibliotheken, die jedem auf ihrem Gebiet wissenschaftlich Arbeitenden zugänglich sind, bis zu 5 Prozent, jedermann zugänglichen kommunalen Büchereien, Landesbüchereien und Schülerbüchereien sowie konfessionellen Bereichen und Truppenbüchereien der Bundeswehr und des Bundesgrenzschutzes bis zu 10 Prozent Nachlass gewährt werden.

(3) Bei Sammelbestellungen von Büchern für den Schulunterricht, die zu Eigentum der öffentlichen Hand, eine Beliehenen oder allgemein bildender Privatschulen, die den Status staatlicher Ersatzschulen besitzen, angeschafft werden, gewähren die Verkäufer folgende Nachlässe:
1. bei einem Auftrag im Gesamtwert bis zu 25 000 Euro für Titel mit
   mehr als 10 Stück 8 Prozent Nachlass
   mehr als 25 Stück 10 Prozent Nachlass
   mehr als 100 Stück 12 Prozent Nachlass
   mehr als 500 Stück 13 Prozent Nachlass
2. bei einem Auftrag im Gesamtwert von mehr als
   25 000 Euro 13 Prozent Nachlass
   38 000 Euro 14 Prozent Nachlass
   50 000 Euro 15 Prozent Nachlass
   Soweit Schulbücher von den Schulen im Rahmen eigener Budgets angeschafft werden, ist stattdessen ein genereller Nachlass von 12 Prozent für alle Sammelbestellungen zu gewähren.

(4) Der Letztverkäufer verletzt seine Pflicht nach § 3 nicht, wenn er anlässlich des Verkaufs eines Buches
1. Waren von geringerem Wert oder Waren, die im Hinblick auf den Wert des gekauften Buches wirtschaftlich nicht ins Gewicht fallen, abgibt,
2. geringwertige Kosten der Letztabnehmer für den Besuch der Verkaufsstelle übernimmt,
3. Versand- oder besondere Beschaffungskosten übernimmt oder
4. andere handelsübliche Nebenleistungen erbringt.

§ 8 Dauer der Preisbindung

(1) Verleger und Importeure sind berechtigt, durch Veröffentlichung in geeigneter Weise die Preisbindung für Buchausgaben aufzuheben, deren erstes Erscheinen länger als achtzehn Monate zurück liegt.
(2) Bei Büchern, die in einem Abstand von weniger als achtzehn Monaten wiederkehrend erscheinen oder deren Inhalt mit dem Erreichen eines bestimmten Datums oder Ereignisses erheblich an Wert verlieren, ist eine Beendigung der Preisbindung durch den Verleger oder Importeur ohne Beachtung der Frist gemäß Absatz 1 nach Ablauf eines angemessenen Zeitraums seit Erscheinen möglich.

§ 9 Schadensersatz- und Unterlassungsansprüche

(1) Wer den Vorschriften dieses Gesetzes zuwiderhandelt, kann auf Unterlassung in Anspruch genommen werden. Wer vorsätzlich oder fahrlässig handelt, ist zum Ersatz des durch die Zuwiderhandlung entstandenen Schadens verpflichtet.
(2) Der Anspruch auf Unterlassung kann nur geltend gemacht werden
   1. von Gewerbetreibenden, die Bücher vertreiben,
   2. von rechtsfähigen Verbänden zur Förderung gewerblicher Interessen, soweit ihnen eine erhebliche Zahl von Gewerbetreibenden angehört, die Waren oder gewerbliche Leistungen gleicher oder verwandter Art auf demselben Markt vertreiben, soweit sie insbesondere nach ihrer personellen, sachlichen und finanziellen Ausstattung imstande sind, ihre satzungsgemäßen Aufgaben der Verfolgung gewerblicher Interessen tatsächlich wahrnehmen, und die Handlung geeignet ist, den Wettbewerb auf dem relevanten Markt wesentlich zu beeinträchtigen,
   3. von einem Rechtsanwalt, der von Verlegern, Importeuren oder Unternehmen, die Verkäufe an Letztabnehmer tätigen, gemeinsam als Treuhänder damit beauftragt worden ist, ihre Preisbindung zu betreuen (Preisbindungstreuhänder),
   4. von qualifizierten Einrichtungen, die nachweisen, dass sie in die Liste qualifizierter Einrichtungen nach § 4 des Unterlassungsklagengesetzes oder in dem Verzeichnis der Kommission der Europäischen Gemeinschaften nach Artikel 4 der Richtlinie 98/27/EG des Europäischen Parlaments und des Rates vom 19. Mai 1998 über Unterlassungsklagen zum Schutz der Verbraucherinteressen (ABl. EG Nr. L 166 S. 51) in der jeweils geltenden Fassung eingetragen sind.

Die Einrichtungen nach Satz 1 Nr. 4 können den Anspruch auf Unterlassung nur geltend machen, soweit der Anspruch eine Handlung betrifft, durch die wesentliche Belange der Letztabnehmer berührt werden.
(3) Für das Verfahren gelten bei den Anspruchsberechtigten nach Absatz 2 Nr. 1 bis 3 die Vorschriften des Gesetzes gegen den unlauteren Wettbewerb und bei Einrichtungen nach Absatz 2 Nr. 4 die Vorschriften des Unterlassungsklagegesetzes.

§ 10 Bucheinsicht

(1) Sofern der begründete Verdacht vorliegt, dass ein Unternehmen gegen § 3 verstoßen hat, kann ein Gewerbetreibender, der ebenfalls Bücher vertreibt, verlangen, dass dieses Unternehmen einem von Berufs wegen zur Verschwiegenheit verpflichteten Angehörigen der wirtschafts- oder steuerberatenden Berufe Einblick in seine Bücher und Geschäftsunterlagen gewährt. Der Bericht des Buchprüfers darf sich ausschließlich auf die ihm bekannt gewordenen Verstöße gegen die Vorschriften dieses Gesetzes beziehen.
(2) Liegt eine Zuwiderhandlung vor, kann der Gewerbetreibende von dem zuwiderhandelnden Unternehmen die Erstattung der notwendigen Kosten der Buchprüfung verlangen.

§ 11 Übergangsvorschriften

Von Verlegern oder Importeuren vertraglich festgesetzte Endpreise für Bücher, die zum 1. Oktober 2002 in Verkehr gebracht waren, gelten als Preise im Sinne von § 5 Abs. 1.

AUTOREN-HERAUSGEBER-FRAGEBOGEN

Wir wollen für Ihr Buch intensiv werben. Unsere Werbeabteilung benötigt dazu Ihre Unterstützung. Bitte beantworten Sie alle folgenden Fragen möglichst vollständig. Da mit der Werbung schon einige Monate vor Erscheinen begonnen wird, sind wir für eine rasche Übersendung der Informationen besonders dankbar.

Auch für die Presse- und Öffentlichkeitsarbeit sind Ihre Informationen und Materialien wichtig. Nur mit Ihrer Hilfe sind wir in der Lage, Anfragen der Presse möglichst schnell zu bearbeiten bzw. Neuerscheinungen so früh und so interessant wie möglich zur Rezension anzubieten.

Buchtitel:

Untertitel:

Ihre Adresse(n)
Aus bibliographischen Gründen werden ausgeschriebene Vornamen benötigt. Bitte geben Sie auch an, in welcher Form die Namensangabe im Buch erfolgen soll. (Name/Vorname/Titel/Dienstbezeichnung/Anschrift)

Anschriften:
dienstlich:

Tel.:

privat:

Tel.:

Staatsangehörigkeit und Geburtsdatum (wird für den Copyright-Vermerk benötigt):

Sonstiges (Kurzangaben über wissenschaftlichen Lebenslauf, Ehrungen, Verdienste, Ämter und frühere Veröffentlichungen, die bei der Umschlaggestaltung und Werbung für Ihr neues Buch verwendet werden können.)

Sind Sie damit einverstanden, daß wir Ihre Adresse(n) bei Presseanfragen an die entsprechende Stelle weiterleiten?

Inhaltliche Informationen

Als Grundlage für unseren Werbetext geben Sie uns bitte eine umfassende Information über Ihr Buch:

- ausführliche Inhaltsangabe:(Extrablatt)

- Nennen Sie die Alleinstellungsmerkmale Ihres Buches? (ev. Extrablatt) (Was ist das Besondere ?)

1)

2)

3)

- Welche neuen Ergebnisse oder Methoden werden behandelt? (ev. Extrablatt)

- Welchen besonderen Nutzen hat es für den Käufer? (ev. Extrablatt)

- Falls es sich um eine Neuauflage handelt: wie unterscheidet sich diese von der vorigen Auflage?

- Kurztext

Bitte formulieren Sie kurz (in 5-6 Zeilen) das Thema und die für den Käufer wichtigsten Aspekte Ihres Buches in englischer Sprache (für Lizenzangebote an ausländische Verlage).

- Max. fünf Schlagwörter für Katalogregister und VLB (Verzeichnis lieferbarer Bücher)

- Konkurrenzwerke

Gibt es Veröffentlichungen zum gleichen Thema? Wodurch unterscheidet sich Ihr Buch von diesen? Geben Sie, falls Ihnen bekannt, Umfänge und Preise an.

- Welche Abbildung/welches Motiv würde sich für die Umschlaggestaltung eignen? (Bitte Kopie mit Fundstelle beilegen)

Werbliche Informationen

Bitte legen Sie ein Paß-/Portraitfoto für Werbezwecke bei.

- Käuferkreis

Bitte nennen Sie uns die Zielgruppe, für die Sie Ihr Buch geschrieben haben.

- Gesellschaften

Welche akademischen oder sonstigen Berufsorganisationen, Gesellschaften, Verbände usw. sind an Ihrem Buch interessiert?

- Bitte schicken Sie uns entsprechende aktuelle Mitgliederlisten, evtl. auch Teilnehmerlisten von Symposien und wissenschaftlichen Tagungen zu oder nennen Sie uns Quellen, von denen wir Adressenlisten potentieller Interessenten beziehen können.

- Pressearbeit und Rezensionen

Bitte nennen Sie in der Reihenfolge ihrer Bedeutung etwa 5-10 Zeitschriften, die Sie für eine Besprechung Ihres Buches empfehlen würden. Die eingehenden Besprechungen werden gesammelt und Ihnen in Kopie zugesandt.

- Anzeigen

Welche Zeitschriften (nicht unbedingt die bereits vorher aufgeführten) sollten wir für die Schaltung von Anzeigen in Betracht ziehen (in der Reihenfolge der Wichtigkeit)?

- Tagungen/Buchausstellungen/Buchpräsentationen

Ihr Buch oder das entsprechende Werbematerial wird nach Möglichkeit bei einschlägigen Tagungen ausgestellt. Sollten Sie hierzu spezielle Vorschläge haben, bitten wir Sie, uns die in Frage kommenden Tagungen zu nennen (mögl. mit Ort, Termin und Veranstalter).

- Wären Sie bereit, bei Veranstaltungen (Lesungen, Diskussionsrunden, Pressegesprächen, Interviews etc.) mitzuwirken?

- Steht das Buch im Zusammenhang mit einem bedeutenden aktuellen Ereignis (Jubiläum, Veranstaltung etc.)?

- Haben Sie weitere Anregungen für die Werbung?

____

Datum Unterschrift

Lektor ______________________

Redakteur ______________________

Autor/Hrsg. ______________________

Titel ______________________

Reihe __________ Band __________ Format __________

PRIMUS VERLAG

Redaktionsanweisung / Satzanweisung

Schrift ______________________

Grundschrift __________ Pkt.

Kleinschrift __________ Pkt.

Satzbreite __________ Cicero (__________ mm)

☐ 1-spaltig ☐ 2-spaltig

Kolumnenzwischenschlag bei zweisp. Satz ______ mm

Satzspiegel

Höhe ______ Zeilen Grundschrift à ______ Pkt.

Höhe einschl. Kol.titel u. Zw.schlag ______ mm

Höhe ausschl. Kol.titel u. Zw.schlag ______ mm

Kolumnentitel ☐

Kleinschrift auf Mitte, Pagina außen in Kleinschrift

Pagina unten außen ☐

Seitenziffern in Grundschrift außen ☐

Fahnensatz ☐ **Satz auf Umbruch** ☐

Korrektur bei ☐ WB ☐ Autor/Hrsg.

☐ Autor alleinverantwortlich

Titelei: siehe ausgezeichnetes Manuskript

Inhalt: siehe ausgezeichnetes Manuskript

Gliederung: siehe Anlage

Kolumnentitelliste: siehe Anlage

Zwischentitelseite/Kapitelanfangsseite ohne Pagina

Leerzeilen: beziehen sich immer auf die Grundschrift

Überschriften:

Wertigkeit:

(UK) = Kapitelüberschrift ______________

(U1) = 1. Unterschrift ______________

(U2) = 2. Unterschrift ______________

(U3) = 3. Unterschrift ______________

(U4) = 4. Unterschrift ______________

(U5) = 5. Unterschrift ______________

(U6) = 6. Unterschrift ______________

Bei (UK) stets ____ LZ vorschalten und 1 LZ danach
Bei (U1) bis (U ____) stets 2 LZ vorschalten
und 1 LZ danach

Alle Überschriften: auf Mitte ☐ linksbündig ☐

Spitzmarken ☐ 1 LZ vorschalten, danach keine LZ,
1 Geviert Einzug
Dezimalgliederung linksbündig, 1 Geviert Vorschlag,
umlaufend schönstellen
mit Punkt nach der/den Hauptkapitelziffer(n)
alle weiteren Untergliederungen ohne Punkt nach der
Klassifizierung

Kapitelüberschriften

stets neue linke/rechte Seite
Achtung: nach Einleitung(en), die nicht in die Kapitelzählung aufgenommen ist/sind bzw. Textpassagen mit einleitendem Charakter beginnt das 1. Kapitel stets mit neuer rechter Seite.

Zwischentitel

setzen aus ____ Pkt. ☐ Versalien gew./halbfett
☐ groß/klein gew./halbfett
stehen auf der ____ Zeile von oben auf Mitte

Kapitelanfang

1 Textzeile bzw. Überschriften der Wertigkeit U1
beginnen auf der ____ Zeile von oben

115

Primus Verlag GmbH
Postfach 101153
64211 Darmstadt
Tel.:06151/318047

Wissenschaftl.Buchgesellschaft
Hindenburgstrasse 40
64295 Darmstadt
Tel.:06151/3308127

KRED.NR.
12772

Koch, Neff & Oetinger & Co Verlagsauslieferung GmbH, D-70551 Stuttgart (Schockenriedstr. 39, D-70565 Stuttgart) Tel. (0711) 7899-0, Fax (0711) 7899-

ABC-Buchhandlung

Buchstr. 1

10000 Buchhausen

Auftragsbestätigung und
R e c h n u n g

Kunden-Nr. Customer-No.	Rechnungsnr. Invoice No.	Datum Date	Seite Page
22222	242897	10.01.2003	1

Bitte bei Zahlungen oder Rückfragen angeben
Please quote on payments or queries
Lieferung erfolgt zu den umseitig genannten Bedingungen
Terms of delivery see overleaf
VGM

Versandweg / manner of delivery

KV - Köln

Menge Quantity	ISBN/Titelnr.	Titel / Bestellangaben Title / Order Ref	Laden-Pr. EUR	Rab. %	Netto-Preis EUR	Gesamt Total EUR
		229931, Best. vom 07.01.2003 über Telefax, 760				
		*** Primus Verlag ***				
3	3-89678-443-9	Smart,Weltgesch./Denkens	49,90	35,00	32,44	97,32
2	3-89678-448-X	Gronemeyer,Macht/Bedürf.	14,90	35,00	9,69	19,38
	Mehrwertsteuersatz 1: 7,00%					
4,026 kg Net.Gew.	5 Exemplare	Steu.Entg. 106,89	MWST 7,48			116,70

Bei Gutschriften ist es notwendig die Steuernummer d.Gutschriftsempfängers anzugeben.Bitte teilen Sie uns diese mit (Nicht Privatkunden). Michael.Brall@kno-va.de oder FAX:0711/78991010

Nettopreis

Porto 0 % Skonto 2,33-

114,37

Einzug über B A G

Rechnungsbetrag Total

Fällig am 25.01.2003

Zentr.Regul. über Konto Nr. 22222, ABC

09.01.2003 N5 00900834 **Duplikat** 007988/01/12

116 115

Allgemeine Geschäftsbedingungen des Primus Verlages

1. Bestellung
Die Lieferung erfolgt grundsätzlich auf Kosten und Gefahr des Bestellers mit Eigentumsvorbehalt gemäß § 455 BGB. Fachgemäße Verpackung wird garantiert, für Transportschäden übernimmt der Primus Verlag keine Haftung.

Technische Mängel und Schäden. Trotz sorgfältiger Überprüfung aller Produkte können gelegentliche Beschädigungen oder technische Mängel nicht ausgeschlossen werden. Mangelhafte Exemplare werden gegen einwandfreie umgetauscht. Wir bitten, schadhafte Exemplare innerhalb von 14 Tagen unter Angabe des Rechnungsdatums und der Kundennummer zurückzusenden. Der Umtausch ist porto- und gebührenfrei.

2. Lieferungs- und Zahlungsbedingungen
Preise: Alle angegebenen Preise sind gebundene Ladenpreise; Stand der Angaben und Preise 01.12. 2002
Änderungen vorbehalten.

Mengenpreise teilen wir auf Anfrage mit.

Buchhändlerrabatte.
Es gelten für alle eingehenden Bestellungen jeweils die folgenden Staffelrabatte:
:

1-3 Expl. gemischt	25%
4-9 Expl. gemischt	30%
ab 10 Expl. gemischt	35%

Der Reiserabatt beträgt 35%. Partiebestellung ist möglich.

Remissionen: Rücksendungen fest bezogener Bücher nehmen wir nur nach vorheriger Einwilligung an. In der Regel stimmen wir nur bei entsprechendem Bezug anderer Bücher zu.
Bei der Gutschrift für angenommene Remittenden behalten wir uns Abschläge für nicht einwandfreien Zustand vor. Bei Rücksendungen bitten wir um Angabe von Rechnungsdatum, Rechnungsnummer und Kundenummer. Fehlen die Angaben der Bezugsdaten, erfolgt die Gutschrift auf der Basis des jeweils höchsten Rabattsatzes.

Porto. Das Porto für Lieferungen geht zu Lasten des Empfängers bzw. Bestellers.

Fälligkeit der Rechnungen.
Für alle Rechnungen gilt ein Zahlungsziel von 30 Tagen (für den Buchhandel außerhalb Europas von 90 Tagen) oder von 10 Tagen mit 2% Skonto nach Rechnungsdatum.

Zahlungsverkehr.
Zahlung bitte nur über das auf der Rechnung angegebene Konto.
Geben Sie bei Ihren Zahlungsanweisungen bitte stets die **vollständige Kundennummer, das Rechnungsdatum und den € - Rechnungsbetrag** an. **Bitte aber nicht für andere Mitteilungen**, wie Bestellungen, etc. **verwenden.**

Bitte beachten Sie, daß wir der BAG (Buchhändler- Abrechnungsgesellschaft) angeschlossen sind.

Lieferungsvorbehalt. Lieferungen erfolgen im allgemeinen „gegen Rechnung". Der Primus Verlag behält sich jedoch vor, Vorauszahlungen anzufordern oder Nachnahmelieferungen durchzuführen.

Guthaben (Überzahlungen, Gutschriften etc.) bitte bei Zahlungen selbst von dem Rechnungsbetrag abziehen, die Kürzung bitte auf dem Zahlungsabschnitt vermerken. Aus verwaltungstechnischen Gründen ist eine Berücksichtigung solcher Guthaben bei Ihren Folgebestellungen nicht möglich.

Eigentumsvorbehalt. Gelieferte Ware bleibt bis zur vollständigen Bezahlung Eigentum des Primus Verlages.

Erfüllungsort und **Gerichtsstand** ist Darmstadt.